# 基督教文化研究丛书

主编 何光沪 高师宁

八编 第 10 册

默默存想，与神同游
——基督教艺术研究论文集（上）

曲 艺 著

花木兰文化事业有限公司

国家图书馆出版品预行编目资料

默默存想，与神同游——基督教艺术研究论文集（上）／曲艺
著－－初版－－新北市：花木兰文化事业有限公司，2022〔民
111〕
序2+ 目2+164 面；19×26 公分
（基督教文化研究丛书 八编 第10 册）
ISBN 978-986-518-699-9（精装）
1.CST：宗教艺术 2.CST：基督教 3.CST：文集
240.8                                110022055

ISBN-978-986-518-699-9

9 789865 186999

基督教文化研究丛书
八编　第十册　　　　　　ISBN：978-986-518-699-9

## 默默存想，与神同游
### ——基督教艺术研究论文集（上）

作　　　者　曲　艺
主　　　编　何光沪 高师宁
执行主编　张　欣
企　　　划　北京师范大学基督教文艺研究中心
总 编 辑　杜洁祥
副总编辑　杨嘉乐
编辑主任　许郁翎
编　　　辑　张雅淋、潘玟静、刘子瑄　美术编辑　陈逸婷
出　　　版　花木兰文化事业有限公司
发 行 人　高小娟
联络地址　台湾 235 新北市中和区中安街七二号十三楼
　　　　　　电话：02-2923-1455 ／传真：02-2923-1452
网　　　址　http://www.huamulan.tw 信箱 service@huamulans.com
印　　　刷　普罗文化出版广告事业
初　　　版　2022 年 3 月
定　　　价　八编 16 册（精装）台币 45,000 元　　　版权所有 请勿翻印

# 默默存想，与神同游
## ——基督教艺术研究论文集（上）

曲艺 著

## 作者简介

曲艺，2004 年至 2009 年就读于德国海德堡大学东亚艺术史系和西方艺术史系，2009 年获硕士学位；2009 年至 2013 年师从著名德国汉学家、艺术史学家雷德侯（Lothar Ledderose, 1942–）攻读博士学位，2013 年获得德国海德堡大学东亚艺术史博士学位。2013 年起任职于南京艺术学院。曾在《华裔学志》(monumenta serica)、《亚洲研究》(Asiatische Studien / Etudes Asiatiques) 发表德语论文两篇，在《世界宗教研究》、《文艺研究》等 C 刊发表关于明末基督教艺术、西方基督教艺术等论文十余篇。

## 提　要

　　这本小文集汇集了笔者在德国海德堡大学攻读西方艺术史和东亚艺术史期间的学期论文、节选了硕士和博士论文的部分章节，以及笔者回国工作后陆续在"澎湃新闻·上海书评"栏目和网络媒体 IQuest 上发表的关于基督教艺术史及相关译著的书评文章。

　　基督教艺术包含建筑、绘画、以及由圣髑盒、祭坛、彩色玻璃等构成的工艺美术。基督教艺术不仅占据了一千五百多年来欧洲美术史的重要地位，也深深影响着当今人们的艺术与文化生活。此小书前六章选取了西方教堂、基督教绘画、工艺美术以及基督教灵修和节日等某些个案，以期向读者呈现不同类别基督教艺术的形式风格、图像学意义，以及基督教艺术在个人灵修、公共性宗教活动以及城市政治文化生活中所起到的重要作用。

　　16 世纪下半叶，耶稣会士在中国传教伊始便利用艺术作品作为传教工具。保存至今的多为便于大量复制、广泛传播的版画作品。本书第七章的四篇文章通过对明末两本含版画插图的基督教书籍《诵念珠规程》和《天主降生出像经解》，以及"圣像"的版画复制品的研究，旨在探索耶稣生平故事以及"圣母"与"上帝"形象在明代晚期的建构、传播、接受与影响。本书最后一章包含三篇书评，是对近年来翻译出版西方艺术史著作的评论，它们分别涉及西方教堂建筑、风景画和肖像画。

# "基督教文化研究丛书"总序

何光沪 高师宁

基督教产生两千年来，对西方文化以至世界文化产生了广泛深远的影响——包括政治、社会、家庭在内的人生所有方面，包括文学、史学、哲学在内的所有人文学科，包括人类学、社会学、经济学在内的所有社会科学，包括音乐、美术、建筑在内的所有艺术门类……最宽广意义上的"文化"的一切领域，概莫能外。

一般公认，从基督教成为国教或从加洛林文艺复兴开始，直到启蒙运动或工业革命为止，欧洲的文化是彻头彻尾、彻里彻外地基督教化的，所以它被称为"基督教文化"，正如中东、南亚和东亚的文化被分别称为"伊斯兰文化"、"印度教文化"和"儒教文化"一样——当然，这些说法细究之下也有问题，例如这些文化的兴衰期限、外来因素和内部多元性等等，或许需要重估。但是，现代学者更应注意到的是，欧洲之外所有人类的生活方式，即文化，都与基督教的传入和影响，发生了或多或少、或深或浅、或直接或间接、或片面或全面的关系或联系，甚至因它而或急或缓、或大或小、或表面或深刻地发生了转变或转型。

考虑到这些，现代学术的所谓"基督教文化"研究，就不会限于对"基督教化的"或"基督教性质的"文化的研究，而还要研究全世界各时期各种文化或文化形式与基督教的关系了。这当然是一个多姿多彩的、引人入胜的、万花筒似的研究领域。而且，它也必然需要多种多样的角度和多学科的方法。

在中国，远自唐初景教传入，便有了文辞古奥的"大秦景教流行中国碑颂并序"，以及值得研究的"敦煌景教文献"；元朝的"也里可温"问题，催生了民国初期陈垣等人的史学杰作；明末清初的耶稣会士与儒生的交往对话，带来了中西文化交流的丰硕成果；十九世纪初开始的新教传教和文化活动，更造成了中国社会、政治、文化、教育诸方面、全方位、至今不息的千古巨变……所有这些，为中国（和外国）学者进行上述意义的"基督教文化研究"提供了极其丰富、取之不竭的主题和材料。而这种研究，又必定会对中国在各方面的发展，提供重大的参考价值。

就中国大陆而言，这种研究自 1949 年基本中断，至 1980 年代开始复苏。也许因为积压愈久，爆发愈烈，封闭越久，兴致越高，所以到 1990 年代，以其学者在学术界所占比重之小，资源之匮乏、条件之艰难而言，这一研究的成长之快、成果之多、影响之大、领域之广，堪称奇迹。

然而，作为所谓条件艰难之一例，但却是关键的一例，即发表和出版不易的结果，大量的研究成果，经作者辛苦劳作完成之后，却被束之高阁，与读者不得相见。这是令作者抱恨终天、令读者扼腕叹息的事情，当然也是汉语学界以及中国和华语世界的巨大损失！再举一个意义不小的例子来说，由于出版限制而成果难见天日，一些博士研究生由于在答辩前无法满足学校要求出版的规定而毕业受阻，一些年轻教师由于同样原因而晋升无路，最后的结果是有关学术界因为这些新生力量的改行转业，后继乏人而蒙受损失！

因此，借着花木兰出版社甘为学术奉献的牺牲精神，我们现在推出这套采用多学科方法研究此一主题的"基督教文化研究丛书"，不但是要尽力把这个世界最大宗教对人类文化的巨大影响以及二者关联的方方面面呈现给读者，把中国学者在这些方面研究成果的参考价值贡献给读者，更是要尽力把世纪之交几十年中淹没无闻的学者著作，尤其是年轻世代的学者著作对汉语学术此一领域的贡献展现出来，让世人从这些被发掘出来的矿石之中，得以欣赏它们放射的多彩光辉！

2015 年 2 月 25 日
于香港道风山

# 序　言

·

　　基督教艺术包含建筑、绘画以及由圣髑盒、祭坛、彩色玻璃等构成的工艺美术。今天，它们遍布在教堂、博物馆或城市公共空间中。基督教艺术不仅占据了一千五百多年来欧洲美术史的重要地位，也深深影响着当今人们的艺术与文化生活。此小书前六章选取了西方教堂、基督教绘画、工艺美术以及基督教灵修和节日等某些个案，以期向读者呈现不同类别基督教艺术的形式风格、图像学意义，以及基督教艺术在个人灵修、公共性宗教活动以及城市政治文化生活中所起到的重要作用。

　　16世纪下半叶，耶稣会士开始在中国传教。除了展开布道、弥撒等宗教活动及撰写大量关于天主教教义的书籍外，他们还利用艺术作品作为传教工具。虽然现在大部分作品已经不存于世，但通过耶稣会士的信札、晚明文人文集等，可以得知在明末有大量作为传教工具的油画、雕塑、铜版画、圣像等被从欧洲带到中国，或者由中国人模仿西方作品制作完成。保存至今的多为便于大量复制、广泛传播的版画作品。本书第七章的四篇文章通过对明末两本含版画插图的基督教书籍《诵念珠规程》和《天主降生出像经解》，以及"圣像"的版画复制品的研究，旨在探索耶稣生平故事以及"圣母"与"上帝"形象在明代晚期的建构、传播、接受与影响。本书最后一章包含三篇书评，是对近年来翻译出版西方艺术史著作的评论，它们分别涉及西方教堂建筑、风景画和肖像画。

　　笔者期望读者朋友们读罢此小书后能对基督教信仰及其传统影响下的西方文明以及中西艺术交流史有更深刻的体悟。

# 目

# 次

# 第一章　教堂艺术

## 永不消逝的巴黎圣母院

　　位于塞纳河畔西堤岛上的巴黎圣母院（Cathédrale Notre Dame de Paris）是巴黎市著名地标，天主教巴黎总教区的主教座堂，欧洲第一座完全哥特式教堂，拥有大量 13 至 17 世纪的宗教艺术作品。巴黎圣母院因此具有极高的历史、宗教、艺术价值。

　　相信很多中国人对巴黎圣母院的了解来自法国文豪维克多·雨果（Victor Hugo, 1802-1885 年）1832 年的同名小说《巴黎圣母院》。作家在序言中曾表达对这座教堂命运的担忧："在墙上写这个词的人，几百年以前已从尘世消逝；就是那个词，也已从主教堂墙壁上消逝，甚至这座主教堂本身恐怕不久也将从地面上消逝。"[1] 在 2004 年的一部讲述午后巴黎街头故事的电影《爱在日落黄昏时》中，男主作家杰西问女主赛琳娜："你相信巴黎圣母院有一天会消失吗？"

　　小说、电影中的悲观浪漫主义感伤最终遭遇了现实一场无情的大火。2019 年 4 月 15 日 18 时 50 分许，巴黎圣母院从尖塔下部的脚手架开始起火，火势迅速蔓延，19 时许，93 米高的教堂尖塔在一片火光中倾斜倒塌。直至次日上午 10 时大火才被完全扑灭。火灾导致教堂尖塔倒塌，外层屋顶被烧毁。不幸中万幸的是，教堂的主体结构、三面玫瑰花窗和三件耶稣受难时的圣物等得以幸存。

---

1 维克多·雨果（著），管震湖（译）：《巴黎圣母院》，上海译文出版社，2011 年。

## 一、石材建筑也会失火？

说到哥特式大教堂，可能人们首先想到的是用石头和彩色玻璃建构的高耸建筑物。石材建筑能很大程度避免火灾，这也是相较中国木材建构的建筑，西方建筑得以长久保存的重要原因。作为第一座完全的哥特式教堂，巴黎圣母院的地面、柱子、墙面、交叉拱、尖拱、第二层圆形拱顶以及飞扶壁均为石材，雨果就将巴黎圣母院誉为"石头制造的波澜壮阔的交响乐"。那为什么巴黎圣母院会失火呢？

问题出在屋顶！中国古建筑是木柱而非墙体支撑房屋的重量，建筑物多为单层平铺院落式，屋顶无论在尺寸还是重量上都占据整座建筑主要部分，以此保证建筑结构的坚固稳定。西方中世纪教堂则是由石材垒建，石材建筑要建得高耸，就必须有轻盈的屋顶。巴黎圣母院的第一层外层房顶和尖塔（spire）就是由上千根砍伐于 12 世纪的橡树木建成的。教堂尖塔一般位于石质塔楼或教堂中殿和唱诗班席交叉的十字形耳堂（transept）之上，是由木材构建的多边形建筑物。如果说西方高耸天际的建筑表达了人类藉此靠近上帝的愿望，那么教堂尖塔就是离上帝最近的地方。此次火灾就是肇始于教堂尖塔下方的脚手架，火势随后蔓延到大教堂尖塔和外层屋顶，一个多小时后，塔尖在人们的扼腕叹息中轰然坍塌，最终几乎全部的木质结构的尖塔和外层屋顶被大火吞灭。万幸的是，由石材构建的教堂主体结构得以保存。

## 二、天主教圣物——耶稣荆棘冠（Crown of thorns）

天主教圣物是指圣人或真福的遗体或者遗骨，以及圣人生前用过的或者与圣体接触过的物品。在耶稣和早期教会时期，人们就相信圣物的神奇功效。《马太福音》记载一个患血漏的女人在摸了耶稣衣服的䙓头之后就治愈了，[2]《使徒行传》圣保罗的毛巾和围裙被放在病人身上，疾病和魔鬼便离开他们了。[3]

"耶稣荆棘冠"是在耶稣受难前夕，罗马士兵为了戏弄侮辱耶稣为"犹太人的王"，逼迫耶稣戴上的用荆棘编成的冠冕。[4]耶稣荆棘冠是被耶稣触碰过的物品，象征着耶稣的受难，属于天主教二级圣物，是天主教信仰中历史

---

2 和合本《圣经》《新约·马太福音》9：20-22。

3 和合本《圣经》《新约·使徒行传》19：11-12。

4 和合本《圣经》《新约·马太福音》27：29；《圣经》《新约·马可福音》15：17；《圣经》《新约·约翰福音》19：2。

最悠久的圣物之一，也是巴黎圣母院保存的最珍贵的圣物。长满尖刺的荆棘编成圈状冠被放置在金丝缠绕、华丽繁复的玻璃器中，其上更装饰有璀璨夺目的宝石，与质朴的圣物形成强烈对比。透明的玻璃材质，让圣物能为信徒所见，圣物盒珍贵的材质也吸引着信徒的目光。事实上，此次火灾前，耶稣荆棘冠在每月第一个周五和斋期的每个周五向人们展示。

中世纪教堂的名气由它所拥有的圣物决定，不同教堂也通过对比拥有圣物的数量和级别展开竞争。13 世纪 30 年代，法王路易九世从威尼斯买下耶稣荆棘冠，并特别令人修建了著名的巴黎圣礼拜堂，专门收藏荆棘冠等耶稣受难时的圣物；拿破仑时期，荆棘冠被送往巴黎圣母院保存，拥有耶稣荆棘冠的巴黎圣母院因此和拥有圣彼得遗骨的梵蒂冈圣彼得大教堂和拥有三王圣髑的科隆大教堂并称为世界三大教堂。从大火中抢救出的荆棘冠将被临时保存在巴黎的艺术中心——卢浮宫。

## 三、彩色玻璃窗

巴黎圣母院以其西面、北面和南面的三面玫瑰花窗而著称。最早建造的是西面教堂正立面之上的玫瑰花窗（约 1225 年），它的面积也最小，并于 19 世纪重建。南北耳堂的玫瑰花窗（约 1250-1260 年）则因为飞扶壁减轻了教堂中殿墙壁的重量而加增了面积。南面玫瑰花窗在法国大革命时期严重受损，目前的玫瑰花窗也是 19 世纪重修后的面貌。只有北面玫瑰花窗是真正中世纪的作品（彩图 1）。三面玫瑰花窗在此次火灾中都得以幸存。

用玻璃花窗作为教堂装饰可追溯至公元 4 世纪。到了公元 12 世纪，哥特式教堂的出现，它的尖肋拱顶减轻了拱顶重量、平衡了各个建筑构建的关系，飞扶壁则将教堂穹顶的重量转移至外部地基，从而减轻了建筑的负荷，哥特式教堂最终摆脱罗曼式教堂厚重的墙体的限制，使建筑大面积的开窗得以实现。在某些地区，教堂玻璃彩窗逐渐取代教堂壁画，成为基督教神圣空间的重要组成部分。不同于无色玻璃窗，通过它，光线不仅可以直接照射入室内空间，从室内也可看见室外事物；教堂彩窗则不能让人看见外部事物，从这个意义说，它更像一面墙。一方面，教堂彩窗通过所描绘的画面，例如圣经故事、圣徒生平、教堂捐赠者形象或者是赋予象征基督教信仰意义的动植物图形，传达圣经信息和基督教教义；另一方面，透过教堂彩窗的光线被斑斓的色彩柔和，为教堂空间增添了神圣的、天国般的气氛。

## 四、巴黎圣母院的建造与重建

巴黎圣母院从 1160 年开始建造，直到 1345 年才建成。工人既有本地居民，也有雇用的流动工匠，由石匠、木匠、铁匠、玻璃匠、雕刻家等组成。他们从远方开采岩石，通过船只运送到邻近塞纳河畔的教堂建址，加工石材，搭建脚手架，用绘画、雕塑、彩色玻璃妆点教堂。近两百年的建造时间使得他们一旦得到教堂的一纸合同，即可保证一辈子衣食可依。不同地方的工匠相互交流，又代代相传、前赴后继，让教堂一层又一层地加高，又一间又一间地加宽，最终形成成为巴黎城最高大巍峨、庄严华丽的完全哥特式的教堂建筑。

然而到了 18 世纪时，历经 600 多年历史的巴黎圣母院已经是破旧不堪、满目疮痍。1789 年爆发的法国大革命更让巴黎圣母院遭受毁灭性破坏。大革命后，象征教会与皇家权力的巴黎圣母院被洗劫一空，甚至改名，圣母院的主要建筑也被摧毁。直到 1801 年，巴黎圣母院才重新获得教会地位，1804 年，拿破仑在此加冕，巴黎圣母院的政治地位得以加强。伴随着法国民族意识的觉醒，以及盛行的浪漫主义风气使得人们对中世纪重新燃起兴趣，人们崇尚中古艺术，加上作家雨果等人的推动，引发了民众修缮当时已残旧不堪的圣母院的愿望，促进当时政府对巴黎圣母院惨状的关注，人们发起募捐计划，修复工程于 1844 年开始，工程持续了 23 年。今天教堂的尖塔，圣器堂，西面、南面的彩色玻璃花窗等都是那时在建筑师勒·杜克（Eugène Viollet-le-Duc, 1814-1897 年）主持下修缮重建后的状况。

事实上，西方教堂建筑的一个重要特征还在于它是逐渐形成的结果。相较于中国木质建筑的易毁性，石质的欧洲教堂极少完全被摧毁，而是从其建造伊始就是在不断修复、改建、扩建中使用不同材料、累积不同艺术风格的产物。一座哥特式教堂可能保留部分古代墙体或地下墓室的圆柱，其尖拱和飞扶壁是哥特式的，而穹顶又是巴洛克时期的，甚至在 21 世纪用钢筋水泥作为其修复材料。一座建筑没有终结设计者，每位建筑师都是这座建筑谱系的续写者，这个谱系联系了古代遗存和"现代"的设计，呈现建筑的历史和传统。

## 五、巴黎圣母院的未来

面对高大巍峨的中世纪教堂，圣伯尔纳（St. Bernard de Clairvaux, 1090-

1153 年）曾抨击其毫无节制的建筑规模，他感叹道："虚荣中的虚荣啊！这是多么无聊且疯狂！高墙内的教堂熠熠生辉，对墙外的穷人，她一毛不拔。在砖石表面，她涂上金色，自己的孩子，她却让他们光着身子。"此次火灾后巴黎圣母院的重建也同样遭到了质疑："圣母院发生的事是一场悲剧，但人比石头更重要。""数以百万的钱都给了圣母院，我们呢？穷人呢？""一切都给了圣母院，什么都没留给悲惨世界。"

诚然，物质性的（material）的教堂不是非物质性（immaterial）的教会的全部，但教会是建立在有形之教堂基础上的。教堂的物质性对教会活动和信徒信仰举足轻重。人们在教堂里举行宗教仪式，忏悔祈祷、默想灵修；除了教堂建筑本身，人们也通过教堂内的圣物、雕塑、祭坛画、彩色玻璃等了解圣经故事、理解教理教义，藉由有形之造物，理解无形之造物主。

巴黎圣母院不仅是人类文化艺术遗产，亦是历代基督徒信仰的承载。中世纪居住在简陋房舍、目不识丁的老妪，或是今天身处高楼密集、霓虹璀璨的现代都市人，当他们走进教堂，都会身心暂别世俗的纷繁与搅扰，沈醉在哥特建筑高耸的威严、严密的秩序和神圣的光辉之中。因此，无论是基于教堂的历史、艺术还是信仰价值，重建巴黎圣母院，尽快恢复其往昔之光彩都是毋庸置疑的。

# 第二章　西方基督教绘画

## 战斗与享受的信仰生命——路德遗像

2017 年，在庆祝宗教改革 500 周年的一系列活动中，老鲁卡斯·克拉那赫（Lukas Cranach, 1472-1553 年）绘制的这场宗教改革运动的主要发起人马丁·路德（Martin Luther, 1483-1546 年）肖像的复制品随处可见。

作为新教徒的克拉那赫与路德是朋友。1505 年，克拉那赫定居维滕贝格（Wittenberg），成为选帝侯智者腓特烈（Friedrich III der Weise, 1463-1525 年）及其继承人等几个萨克森朝廷的宫廷画师。从 16 世纪 20 年代开始，克拉那赫及其工作室画师绘制了大量路德肖像：从"作为奥古斯丁修士的路德"（1520 年）（图 1），"化名为荣客·约克的路德"（1521 / 1522 年）（彩图 2），和凯瑟琳·冯波娜（Katharina von Bora, 1499-1552 年）的结婚双人肖像（1525 年）（彩图 3），到 30 年代开始绘制的大量路德身穿新教圣衣、手持圣经的胸像（彩图 4，5），以及 1546 年路德去世后绘制的路德遗像。这些路德肖像不仅描绘了不同时期的路德形象和人生状态，成为当时肖像画的经典作品，同时也被画家后人及工作室以油画或版画的媒介大量模仿，成为广为流传的宗教改革的宣传品。[1]

这些画像上的路德都呈四分之三侧像；他身穿黑色的新教圣衣，在浅绿或浅蓝色的背景中凸显其镇定从容的形象；路德的目光朝向远方，或是凝视

---

[1] Staatliche Kunthalle Karlsruhe（Hrsg.）, *Unter vier Augen. Sprachen des Porträts.* Kerber Verlag Bielefeld, 2013. S. 70-73.

观者；眉骨高耸、眉头微锁；鼻子挺立，双唇紧闭。克拉那赫画笔下的路德呈现出作为宗教思想家的高远心智与宏才韬略，以及作为宗教改革者虔敬的追寻、坚定的信念和顽强的意志。作为造型艺术的路德画像甚至超过思想和语言，以其充沛的精神、真诚的反省与探索成为宗教改革的有力代言者。

与之形成鲜明对比的则是 1546 年路德去世后由克拉那赫工作室画师及后人所绘制的一系列路德遗像。"路德遗像"（Luther im Tode）也被称为"临终床上的路德"（Luther auf dem Totenbett）是指一系列描绘路德去世后的画像。很可能在路德去世时，克拉那赫工作室的画家卢卡斯·福尔特纳格尔（Lukas Furtenagel, 1505-1546 年后）为已去世的、尚躺在临终床上或棺材内的路德绘制了素描稿（图 2），随后的油画版本是克拉那赫工作室画师根据这张素描稿所绘制的，[2]除此之外，还有大量后人绘制的复制品。路德同时期及其后世的新教追随者想借大量的路德遗像向世人证明，路德是在平静和安详中进入上帝的怀抱，而非如天主教所说的那样被魔鬼带入地狱。[3]路德遗像成为宗教改革和新教的合法性的证据。

路德遗像包括不同版本的胸像、半身像。它们的统一之处在于：不同于一般肖像画，路德遗像带给观者从上往下俯视路德躺着的面容；路德头像呈四分之三右侧；他身穿白色寿衣，头枕白色枕头；他的头部硕大，几乎看不到脖子，深陷在枕头里；寿衣带花纹的领子勒住肥厚的双下巴；寿衣严实地包裹着路德圆厚的双肩和肥大的身躯。路德面容安详宁静，双目紧闭，眉头微锁，短小肥厚的鼻子高挺，双唇紧闭，嘴角略下垂，微卷的短发中夹杂着些许白发，此时的路德已经走过他六十三载奔波战斗的人生。然而，这里的路德则看不出风烛残年的削弱，他身躯肥胖且面色红润，更像是一个强壮的农民，结束了一天农田劳作，在酒足饭饱后躺卧在柔软的床上即将入睡，他的微锁的眉头即将舒展、下垂的嘴角即将放松、从他肥厚的短鼻子中将要传来阵阵鼾声。这样一具血肉之躯不仅和路德的其他肖像大相径庭，也很难将其和遗像联系在一起。

---

2　Georg Stuhlfauth, *Die Bildnisse D. Martin Luthers im Tode*（=Kunstgeschichtliche Forschungen zur Reformationsgeschichte, Bd. 1）, Weimar 1927.

3　Harald Meller（Hrsg.）, *Fundsache Luther. Archäologen auf den Spuren des Reformators.* Stuttgart: Theiss; Halle: Landesamt für Denkmalpflege und Archäologie Sachsen-Anhalt, Landesmuseum für Vorgeschichte, 2008.

　　路德遗像更像是路德深深入睡的画像，而不是进入永远的沉睡。但白色的寿衣和枕头明确了这是路德的遗像。肥胖的路德让人推测他死于高血压等肥胖引发的疾病，这是他放纵私欲、无节制享乐的结果，以今天的眼光看，路德应该为自己的死负责！然而，路德遗像也透露出，不仅是因为神学思想，也在世俗肉身生活上，路德放弃了奥古斯丁修会严苛的禁欲、苦修的会规。路德认为，是撒旦引发苦难和痛苦，上帝的一切创造则是无比美好，人们应该享受现世一切上帝的恩典。比起禁欲和苦修，好吃好喝才是上帝赐予活泼美好生命的最好见证。

　　在汉诺威下萨克森州立博物馆（Niedersächsisches Landesmuseum，Hannover）、莱比锡大学收藏（Universitätssammlung，Leipzig）、柏林的德国历史博物馆（Deutsches Historisches Museum, Berlin）、德累斯顿的国立艺术博物馆（Staatliche Kunstsammlung, Gemäldegalerie Alte Meister, Dresden）等版本的路德遗像上（彩图6，7，8），画家描绘的路德临终床宛如一片云彩，路德如同乘云升天，投入天堂上帝怀中，但路德同时期的天主教敌人则认定他会被魔鬼带入地狱。在卡尔斯鲁厄国家艺术画廊（Staatliche Kunsthalle，Karlsruhe）的路德遗像上（彩图9），路德的寿衣和枕头的折纹围绕着路德的头部形成了神圣光圈。路德生前明确反对天主教的圣人崇拜，他一定不愿意被描绘成头顶神圣光圈的圣人，但克拉那赫画坊的画家用自然巧妙的方式，将路德形象神圣化。不再是天主教圣徒画像上的金色光晕，路德在日常生活的物品中被神圣化，一如路德在追求食物和婚姻享受的世俗生活中开辟了信仰的新纪元。

　　1524年，路德将8世纪的一首额我略圣咏《我们的生命被死亡包围》（"media vita in morte sumus"）翻译增补为德语圣诗。正如歌名所言："我们的生命被死亡包围"，路德认为世俗生活会戛然而止，死亡随时将至，我们需要做的则是享受上帝赐予当下生命的美好。路德的一生是辛劳颠簸的一生，它在当时曾激起政治和信仰上的愤怒和斗争，对后世的政治革命、宗教自由和现代社会影响深远；而路德遗像则呈现路德一生的信仰生活：沉着、安详，享受世俗日常生活，以及对上帝恩典与应许的坚定信心与盼望。

## 宗教媒体的世俗用途——法国和尼德兰 15、16 世纪时祷书中的大卫与拔示巴主题

### 一、引言

在法国和尼德兰，时祷书（Book of Hours）的鼎盛时期从 15 世纪一直延续到 16 世纪。[4]同祈祷手册（Brevier）不同，时祷书是信徒在家中用于个人默想祷告的书籍。[5]尽管时祷书的内容来自于教会官方祷告书，它的插图同时也反映出教会和世俗相关的一些元素，比如宗教观念、委托人的艺术品味及其个人财富和社会地位等。[6]

大卫和拔示巴的主题常出现在 15、16 世纪时祷书忏悔诗篇的插图中。本文将处理以下几个问题：忏悔诗篇有哪些不同描绘方式？它与大卫和拔示巴的故事有什么联系？为什么 15、16 世纪"大卫看拔示巴沐浴"成为最受欢迎的题材？不同时期的人们是如何理解这个《旧约》故事？通过时祷书中这一主题的描绘我们又可以领悟到当时怎样的宗教思想和社会政治现象？

文章首先将介绍什么是时祷书，它出现的时间、原因和基本组成部分。与大卫和拔示巴主题相对应的文字是忏悔诗篇，因此接下来我将阐述忏悔诗篇的绘画传统和图像类型，每种图像类型都有相应的一幅或多幅插图来说明。之后将着重研究关于大卫和拔示巴故事的插图。这里特别要讨论"大卫看拔示巴沐浴"这一图像主题在 15、16 世纪得以流行和普及的问题。作为极具私密性的媒介，时祷书中沐浴的拔示巴提供了一个女性裸体形象，其原因不仅可从宗教性角度理解，也反映出委托人的目的以及社会和艺术环境的影响。

### 二、时祷书

中世纪基督教教会的礼拜仪式是按照祈祷手册的特定时间举行，[7]"祈祷手册包含时辰礼仪（Divinum Officium）、祷告、圣诗和合唱团中修士或修女

---

4　参见 Wilhelm Hansen（Bearb.），*Kalenderminiaturen der Stundenbücher: Mittelalterliches Leben im Jahreslauf.* München: Callwey Verlag, 1984. S. 9.

5　参见 John Harthan, *Stundenbücher und ihre Eigentümer.* Freiburg: Herder Verlag, 1982. S. 9.

6　同上。

7　同上，页 12。

在祷告时间的颂唱。"[8]13 世纪，由于平信徒对私人默想书的需求，时祷书应运而生。[9]14 到 16 世纪，时祷书得到广泛传播，并被誉为"中世纪的畅销书"。[10]尽管内容上时祷书是依据神职人员使用的祈祷手册，它也因考虑委托人的需求而形式多样并配有丰富的插图。时祷书最前面是日历（Kalendarium），在内容上时祷书以节选自福音书的经文为开始并常配有福音书作者的图画，在此之后是两段祷告"我向祢呼求"（Obsecro te）和"永远和我在一起"（O intem erata）。在此之后是对童贞女玛丽亚的时祷、敬拜十字架的时祷、对圣灵的时祷。然后是由旧约诗篇的七个篇章组成的忏悔诗篇，即诗篇第六章、三十二章、三十八章、五十一章、一百零二章和第一百四十三章。忏悔诗篇之后是传统祷告——连祷（Litanei），它包括呼唤圣灵、童贞女玛丽亚、天使长加百列、米迦勒和拉斐尔以及所有圣徒和本地圣人。连祷之后是安息祷（Officium defunctorum），这是一段当灵柩被送往墓地埋藏之前、仍保存在教堂唱诗班位置的时候被诵读的祷告。最后是祈求圣徒代祷和一段由对唱、诗篇、回应和祷告构成的简短默想时间。[11]

在时祷书每一章节前都有一幅或几幅插图。[12]大卫和拔示巴的故事就是忏悔诗篇最重要的描绘主题。下面我将介绍忏悔诗篇的图像传统。

## 三、忏悔诗篇的图像传统

忏悔诗篇在时祷书中极为重要。当人们诵读忏悔诗篇时可以表达人性的痛苦，对罪的认识和对赦免的盼望。[13]如前所述，忏悔诗篇包括旧约诗篇第六章、三十二章、三十八章、五十一章、一百零二章和第一百四十三章。对应忏悔诗篇的插图也多种多样，从"最后的审判"到大卫生平的不同故事，或是一个或由多个故事组合成一幅插图。

---

8 „Das Brevier umfasst das Stundengebet（Divinum Officium oder Lob Gottes），die Gebete, Hymnen und andere von Mönchen und Nonnen zu den Gebetszeiten im Chor gesungene Texte. "引自 John Harthan, *Stundenbücher und ihre Eigentümer.* Freiburg: Herder Verlag, 1982. S. 12.

9 同上，第 13 页。

10 同上，第 9 页。

11 同上，第 12-19 页。

12 参见 Roger S. Wieck, *The book of hours in medieval art and life.* London: Sotheby´s Publications, 1988. pp. 97-100.

13 参见 John Harthan, *Stundenbücher und ihre Eigentümer.* Freiburg: Herder Verlag, 1982. S. 17.

## 1. 最后的审判

"最后的审判"在 13、14 世纪，某些地区甚至到 15 世纪，仍然是忏悔诗篇的传统图像题材。[14]《诗篇》第六章第一节："耶和华啊，求祢不要在怒中责备我，也不要在烈怒中惩罚我。"忏悔诗篇中紧随《诗篇》第六章的是《诗篇》第三十二章第一节："得赦免其过、遮盖其罪的，这人是有福的。"忏悔诗篇的第三节是《诗篇》第三十八章第一节经文，再次重复了《诗篇》第六章第一节。忏悔诗篇的前三段经节（即旧约诗篇第六章、三十二章和三十八章）都表达了对罪的认识和在祷告中寻求上帝的赦免，符合"罪"和"最后的审判"的主题，所以人们将忏悔诗篇和最后的审判联系在一起。

1445 年左右完成的布鲁日时祷书是一个很典型的例子（图 3）。画面上，基督坐在天上的宝座之上，他的手势、身体上的伤口、地面上人的面孔和天上吹号角的天使都表明这是最后审判的场景。作为忏悔诗篇的插图，它提醒着读者认识其罪、进行忏悔并在最后的审判前为自己的罪行承担责任。

## 2. 大卫和歌利亚

因为忏悔诗篇被认为是《圣经·旧约》先知大卫王所写，忏悔诗篇的插图也多表现大卫的生平故事，比如《旧约》描写的少年大卫做牧羊人时打败巨人歌利亚的故事。[15]

佛罗伦萨艺术家扎诺比·斯特罗兹（Zanobi Strozzi, 1412-1468 年）在阿迪马里（Adimari）时祷书中就描绘了大卫和歌利亚的故事（图 4）。插图上，少年大卫站在巨人歌利亚的身体上，他左手拿着歌利亚的首级，右手拿着击倒歌利亚的掷石器。另一个例子表现了少年牧羊人大卫和巨人歌利亚两两决斗的紧张情景（图 5），画面前方大卫拿着他的武器快速冲向全副武装的巨人歌利亚，并向他投掷石头。画面后方是等待中的军队和消失在远处的建筑物和山脉。

## 3. 大卫跪于上帝前

与表现勇敢的少年大卫不同，15 世纪忏悔诗篇的插图尤为常见的是年迈的大卫跪在上帝面前祷告的情景。[16]

---

14 参见 Roger S. Wieck, *The book of hours in medieval art and life.* London: Sotheby´s Publications, 1988. S. 97.

15 和合本《圣经》《旧约·撒母耳记上》17：41-51。

16 参见 Roger S. Wieck, *The book of hours in medieval art and life.* London: Sotheby´s Publications, 1988. S. 97.

忏悔诗篇第四篇（《旧约·诗篇》第五十一章第一节）："神啊，求祢按祢的慈爱怜恤我，按祢丰盛的慈悲涂抹我的过犯。"忏悔诗篇第五篇（《旧约·诗篇》第一百零二章第一节）："耶和华啊，求祢听我的祷告，容我的呼求达到祢面前。"忏悔诗篇第六篇（《旧约·诗篇》第一百三十章第一、二节）："耶和华啊，我从深处向祢求告。主啊，求祢听我的声音，愿祢侧耳听我恳求的声音。"忏悔诗篇第七篇（《旧约·诗篇》第一百四十三章第一节）："耶和华啊，求祢听我的祷告，留心听我的恳求，凭祢的信实和公义应允我。"这四节忏悔诗篇是大卫祈求上帝赦免罪过的祷告。与此相应，忏悔诗篇的插图中大卫也常被描绘为头戴冠冕的国王跪在上帝面前忏悔。《诗篇》提到的大卫的罪记载在《旧约·撒母耳记下》中：

"一天傍晚，大卫由床上起来，在宫殿的房屋顶上散步；从房顶上看见一个女人在沐浴，这女人容貌很美。大卫遂派人打听这女人是谁；有人告诉他说：'这不是厄里安的女儿，赫特人乌利亚的妻子拔示巴吗？'大卫便派人将她接来；她来到他那里，大卫就与她同寝，那时她的月经刚洁净了。事后，她便回了家。不久，那女人自觉怀孕，就打发人告诉达味说：'我怀了孕。'"[17]

15世纪60年代，西蒙·马儿尼翁（Simon Marnion，约1425-1489年）在其画坊制作的时祷书流传下来八幅插图，其中一幅就表现了大卫王身穿华服头戴冠冕跪在地上，他双手上举面朝上帝，在那里，天使手拿厉剑，借此表达上帝的怒火。

另一幅特里武尔齐奥（Trivulzio）《时祷书》中《忏悔诗篇》的插图也表现了大卫跪着仰天祷告的场景（彩图10）。这次大卫背向读者，仰望天空；上帝并没有出现在画面中，但是他的怒火同样通过天使手中的剑得以表达。

洛克罗斯特《祈祷手册》（Rooclooster Brevier）中《诗篇》的插图也表现了大卫仰望天空，画面左上角天空的云彩中发散出上帝临在的金色光芒。

在这三幅表现大卫跪在地上仰面朝天忏悔的插图中，大卫都身穿帝王华服，头戴冠冕，身旁的竖琴是他的象征物（大卫曾为扫罗王弹琴，治疗王的头疼）。他跪在一片静寂的风景中，背景是一系列诸如皇宫或是教堂等的壮丽建筑物。上帝的形象被放置在天空中一片金色的半圆内或是通过一束金光来代表，连同天使手中的厉剑表达了上帝对大卫罪的愤怒。

---

17 和合本《圣经》《旧约·撒母耳记下》11：2-4。

### 4. 大卫和乌利亚

大卫和乌利亚的故事常描绘为"大卫寄信给乌利亚"这一场景[18]（彩图11）。这是当大卫和乌利亚的妻子拔示巴同房后让约押送信给乌利亚，并命令众人，当乌利亚到达阵势危险地方的时候，其他士兵就退后，使得乌利亚被敌军杀死。

### 5. 大卫和拿单

忏悔诗篇第四篇（《旧约·圣咏集》第五十一章第一、二节），描写了大卫与拔示巴同室之后，先知拿单来见他。[19]与这节经文对应的插图是"大卫与拿单"。

勃根第的玛丽亚（Marie de Bourgougne, 1457-1482）的《时祷书》《忏悔诗篇》八幅插图中的一幅描绘了这个场景。在一片平原风景中，大卫身穿红色外衣，没有带王冠。在他面前站着先知拿单。拿单左手指向上方天空中的上帝，上帝手握剑表达了他的愤怒。

在另一幅鲁昂（Rouen）《时祷书》的插图上，大卫跪在一座宫廷建筑物内双手合掌祈祷，身边是其王冠和竖琴。先知拿单右手上举，正指责大卫和拔示巴破坏婚姻的罪行。大卫朝着拿单左手的指向，面向上帝悔罪祷告（彩图12）。此幅插图同圣经故事有所差异。[20]按圣经描述，在大卫向先知拿单认罪后，他才来到上帝面前祷告。艺术家让几个时间先后的故事场景同时出现，即拿单对大卫破坏别人婚姻的指责，大卫的认罪和大卫向上帝祈求赦免的祷告同时出现在一幅画面中。

### 6. 大卫和他死去的儿子[21]

在先知拿单谴责大卫的罪之后，大卫和拔示巴所生的儿子得了重病。大卫为了孩子恳求上帝，禁食七天，但最后孩子还是在第七天死去。这个故事情节很少在绘画中出现，其中之一便是索恩（Saône）《时祷书》包含十四幅插图的《忏悔诗篇》。画面上描绘了位于室内空间中的三个妇人，一个妇人正拿着手绢擦拭脸上的眼泪，另两位妇人在将一具死去孩子的尸体放入棺枢内。这幅插图旁边一幅插图描绘了大卫王匍匐在一间卧室中的祭坛前忏悔祷告。

---

18 和合本《圣经》《旧约·撒母耳记下》11: 14-16。

19 和合本《圣经》《旧约·诗篇集》51: 1-2。

20 和合本《圣经》《旧约·撒母耳记下》，12: 1-15。

21 和合本《圣经》《旧约·撒母耳记下》，12: 15-18。

大卫不再是仅仅跪在地上，而是整个身体都趴伏在地面上，这表现了大卫在上帝面前真诚的忏悔。卧室内的床则暗示了大卫的罪行。

### 7. 大卫和拔示巴

拔示巴沐浴的主题最早出现在 9 世纪。[22]到了 15、16 世纪大卫和拔示巴的题材主要有两种表现类型，即"大卫看拔示巴沐浴"或是此题材和其他大卫故事相结合同时出现在一幅画面中。

#### 7.1. 大卫看见坐着沐浴的拔示巴

许多忏悔诗篇的插图描绘了大卫看坐在池塘边或水池边沐浴的拔示巴。路德维希九世（1214-1270 年）的《诗篇》[23]开篇插图，在首写大写字母"B"内呈现两幅插图，即上部圆圈内的大卫和拔示巴主题和下部圆圈内大卫祷告的主题（彩图 13）。描绘"大卫和拔示巴"主题的插图常常出现一个难题，即如何将两个人物安置于同一幅很小的画面中。大部分艺术家将两个人物上下放置，这样看起来两个人物是一前一后的，这样的布局呈现给读者更多是拔示巴迷人的身体而不是大卫王。在这幅 13 世纪的插图中，大卫和拔示巴是并排出现在画面上的，拔示巴一丝不挂地坐在大卫面前，她头略低垂，两只手遮住胸部和私处。

让·富凯（Jean Fouquet，约 1420-1481 年）的继承者在 15 世纪 60 年代的时祷书中借鉴了这一构图方式（图 6）。这幅插图中两个人物也是并排出现。画面右边是坐在水池边的拔示巴，她在大卫面前掀开她的衣服。画面左边是跪在拔示巴迷人身体前惊呆了的大卫。大卫双手交叉放于胸前，表示出他已经完全被拔示巴所迷住。通过拔示巴在大卫面前打开衣服这一姿势可以看出画家将拔示巴负面地描绘成引诱者的意图。尽管这两幅插图中拔示巴面对大卫王而坐，但拔示巴裸露的身体则是侧向读者的，《时祷书》的读者一定能感受到画面的色情氛围。

---

22 参见 Elisabeth Kunoth Leifels, *Über die Darstellungen der "Bathseba im Bade": Studien zur Geschichte des Bildthemas; 4. bis 17. Jahrhundert.* Essen, 1962. S. 8.

23 "The Psalter was the predecessor to the book of hours as the preeminent private devotional book, which enjoyed its greatest flowering in the High Gothic era of the thirteenth century."
参见 Thomas Kren, "Looking at Louis XII.'s Bathsheba." In: Thomas Kren & Mark Evans（ed.），*A masterpiece reconstructed the hours of Louis XII.,* Los Angeles: Getty Museum, 2005. p. 45.

1473 年，让·科伦布（Jean Colombe）为路德维希十一世（1423-1483 年）的女儿法兰西博热的安妮（Anne de Beaujeu, 1460/1461-1522 年）绘制了《时祷书》的插图（彩图 14）。虽然是位女性委托人，艺术家同样没有放弃画面的色情描绘。拔示巴飘向其斜后方大卫王的眼神暗示出她已知道大卫王被她的美貌所吸引。尽管拔示巴衣服遮体，但她的裙子高高挽起，露出双腿。引人注意的是，拔示巴裸露的双腿伸向画面最前方右下角，直接面对读者。读者一定会被插图中近距离看到高高挽起裙子的女性强烈吸引。而大卫王仅出现在拔示巴背后的画面背景中。

不同于法兰西博热的安妮的《时祷书》，在 1500 年前后巴黎画工完成的《时祷书》《忏悔诗篇》的插图上，拔示巴虽然仍在大卫王的前方，但她转了个方向，不再是背朝大卫王，而是面向大卫王，这样大卫王可以稍稍瞥见拔示巴的身体（彩图 15）。艺术家通过描绘拔示巴裸露的身体和清晰可见的身体私处，表现了女性身体强烈的诱惑感，拔示巴肤色的写实描绘以及金色的头发和红红的脸颊更是增强了她的女性魅力。

### 7.2. 大卫看见站着淋浴的拔示巴

还有许多插图描绘了大卫看站在水塘里或水池里沐浴的拔示巴（彩图 16）。时祷书的《忏悔诗篇》的这四幅插图呈现出拔示巴相似的姿势。拔示巴或是站在画面中央，或是稍稍偏右，站在一个水塘或是有喷泉的水池里。水刚淹没到她的大腿。她的头稍稍向右倾斜。四幅插图只有一幅描绘了完全裸体的拔示巴，而在其他三幅插图中，水面遮住水面下拔示巴身体的部分，同时，拔示巴还用手或是用一块布遮住了其私处，然而这一动作反倒更加吸引读者对于身体这一部分的注意。拔示巴柔软优美的身体呈 S 形占据画面中心的大部分位置，与此相反大卫王则被描绘得很小，隐藏在远处画面幽暗的背景中。裸露的女性身体突出了画面的色情气氛。

另一种插图描绘了拔示巴不同的体态。在这两幅插图中，拔示巴的身体正好呈镜面对称。通过拔示巴偏离大卫方向的头，她金色的头发，完全裸露并微微扭转的身体和没在水中但仍然清晰可见的私处，我们可以知道让·布尔迪松（Jean Bourdichon, 1457/1459-1521 年）受到让·富凯（Jean Fouquet，约 1420-1481 年）的继承者让·夏庞蒂埃画工（Meister von Jean Charpentier）的影响。但让·布尔迪松比他的前任更为突出画面的色情效果。一方面，他用银光色画出闪闪发光的水面，拔示巴身体的私处在银点中更为清晰；[24]另一方面，让·布尔迪松将大卫王放置在更远的背景中，拔示巴在更近处，因此也更靠近读者，更清晰近距离的女性身体描绘加强了画面的色情气氛。

另一引人注意的是，与其他插图不同，让·布尔迪松的插图中拔示巴眼神面向读者。在 1510 年至 1515 年出现的另一幅插图也采取了拔示巴眼望观者的眼神描绘（彩图 17）。拔示巴将自己裸露的身体显在读者面前，她诱惑的眼神也是面向读者的，所以与其说拔示巴是在诱惑大卫王，不如说她是在诱惑《时祷书》的读者。

### 7.3. 大卫和拔示巴主题与其他主题结合

除了"大卫看拔示巴沐浴"这一极富戏剧性的表现主题，大卫和拔示巴也常常和其他主题一起出现。贝佛特公爵约翰（Johnann, Herzog von Bedford, 1389-1435 年）和勃艮第的安妮（Anne von Burgund, 1404/05-1432 年）《时祷书》的插图（图 7）描绘了大卫和拔示巴故事的三个情节。插图上没有出现大卫看拔示巴沐浴的场景。画面右侧是被大卫王唤去的拔示巴在随同的陪伴下受到大卫王的接见，拔示巴身穿华丽的衣服。这一场景的左边是大卫让人给乌利亚送信。画面的上方是大卫在上帝面前祷告。这三幅场景从右往左，从下往上按照时间的顺序被描绘，并由房屋和周围的风景所间隔开。不再是描绘大卫和拔示巴罪行的故事，这幅插图更适合于反映贝佛特公爵约翰的执政权，1422 年，在亨利五世去世后直到 1435 年贝佛特公爵约翰代替他未成年的侄子亨利六世执政管理法国北部。另一方面《时祷书》赞助人的目的是通过拔示巴是大卫的妻子隐喻勃艮第的安妮同贝佛特公爵约翰的政治联姻。英国和勃艮第的政治联合在这里得到了合法化。[25]

苏格兰詹姆斯四世（James IV of Scotland）和他妻子玛格丽特·都铎（Margaret Tudor）《时祷书》的忏悔诗篇的开篇是一幅两面一整页的插图（彩图 18）。在壮丽的宫殿前大卫王跪着祷告，他的帽子和竖琴放在绿色草地上。右上角上帝手拿杖杆和地球，头上围着金色的光晕。画面周围边框中的插图解释了大卫悔过忏悔的原因：拔示巴坐在宫廷外的花园里沐浴，她面朝观者

---

24　参见 Thomas Kren & Mark Evans（ed.），*A masterpiece reconstructed the hours of Louis XII.*, Los Angeles: Getty Museum, 2005. p. 44.

25　参见 Thomas Kren & Mark Evans（ed.），*A masterpiece reconstructed the hours of Louis XII.*, Los Angeles: Getty Museum, 2005. p. 46-47.

站在泉水池里，她的左小臂上挂着一块白布，右手用白布的另一端遮住私处。令人注意的是拔示巴带着金色项链。在她右侧的侍女手拿镜子，拔示巴正从这面镜子中打量自己。左侧的侍女们为她准备着首饰、衣服、食物和水。画面上方大卫从他皇宫的窗户张望这个美丽的女子。大卫的帽子、衣服、红色的披肩和他金色的套袖在这本时祷书中重复出现，用以证明他的身份。这幅插图旁边的插图描绘了少年大卫战胜巨人歌利亚后凯旋而归的场景。他手拿长矛，矛尖上是巨人歌利亚的首级。拿着乐器的妇女们出城门欢迎凯旋者。在画面右侧靠近水平线的地方能看见帐篷和士兵，这是大卫和歌利亚战争的地方。

根据《时祷书》上的苏格兰徽章和苏格兰詹姆斯四世肖像画推测这本时祷书是新郎给新娘的结婚礼物。还有一种观点根据 1503 年 6 月 26 日的一段账单记录，[26]认为这本《时祷书》是新娘从她父亲那里得到的陪嫁品。虽然仍无法在两种观点中定夺，但通过时祷书徽章那页上的两个字母"I"（Iaob）和"M"（Margaret）可以确定这本时祷书是为他们的婚礼而制作的。[27]

## 四、大卫和拔示巴描绘的趋向及其原因

中世纪以来，艺术家对《圣经》中大卫和拔示巴故事的描绘相对有很大的自由空间。[28]对于大卫和拔示巴故事题材的选择反映出宗教观念、政治和社会环境、委托人的目的和艺术风格等诸多因素。15、16 世纪"大卫看拔示巴沐浴"的题材愈发流行，在这一场景中拔示巴或半身或全身裸露，提供给艺术家一个表现女性裸体的机会。下面将梳理同时期其他题材和媒介中描绘女性裸体形象的情况。

### 1. 宗教默想书和世俗文献中的原型

从瓦卢瓦王朝（House of Valois, 1328-1589 年）开始色情含义的女性形象

---

26 "Queen of Scots…3/4 yars black sayn to line the covering of her book."
参见 Thomas Kren & Mark Evans（ed.）, *A masterpiece reconstructed the hours of Louis XII.*, Los Angeles: Getty Museum, 2005. p. 47.

27 参见 Franz Unterkircher, *Das Gebetbuch Jakobs IV. von Schottland und seiner Gemahlin Margaret Tudor, Kommentarband.* Graz, Austria: Akademische Druck- u. Verlagsanstalt, 1987. S. 14-15。

28 参见 Thomas Kren, "Looking at Louis XII.´s Bathsheba." In: Thomas Kren & Mark Evans（ed.）, *A masterpiece reconstructed the hours of Louis XII.*, Los Angeles: Getty Museum, 2005. p. 44.

便开始流行，并备受皇室、诸侯和贵族们的喜爱。[29]它不仅出现在宗教默想书籍中，也出现在世俗文献中。其中一些成为后来裸体拔示巴形象的范本。

在贝里公爵（Duke of Berry, 1340-1416 年）的《时祷书》中圣女卡塔琳娜臀部往上都是裸露的。她金色的头发，窄窄的肩膀，细细的腰部和高挺的胸部，微微向下倾斜的头部和女性柔美的 S 性曲线都让人不禁联想到让·科伦布和让·布尔迪松的拔示巴形象。这一裸体的女性深受贝里公爵的喜爱，通过插图中色情氛围可以了解到和贝里公爵有紧密关系并对 15 世纪书籍插图有重要影响的林堡兄弟[30]一定深谙赞助人的趣味。[31]

让·富凯（Jean Fouquet, 约 1420-1481）安特卫普双联祭坛画的右翼"被天使包围的圣母和耶稣"也可以看做裸体拔示巴的另一个范本。[32]安特卫普的玛利亚属于"童贞女哺乳"（Virgo Lactans）题材。[33]

宫廷画家，如让·科伦布、让·布尔迪松、林堡兄弟、让·富凯等和皇室关系密切。宫廷画家一定是按照委托人的要求和审美趣味将裸体女性形象加入到具有私密性特点的宗教默想书籍中。[34]

插图"浴室"描绘了汉尼拔军营中荒淫奢华的情景"酒、肉、妓女、游戏和无所事事。"（wine, meats, prostitues, gaming and doing nothing.）[35]这张插图可以说既是对文本的刻画，也是对当时日常生活的反映。[36]画面中间一位老人站在一对对沐浴男女后面的一间小木室内，他的头冠、红色衣服和手势都让人联想到大卫和拔示巴主题插图上的大卫王。另一幅插图"浴室"中沐

---

29 参见 Thomas Kren, "Looking at Louis XII.´s Bathsheba." In: Thomas Kren & Mark Evans（ed.）, *A A masterpiece reconstructed the hours of Louis XII.,* Los Angeles: Getty Museum, 2005. p. 51.

30 参见 David Macgibbon, *Jean Bourdichon: a court painter of the 15. century.* Glasgow 1993, p. 29.

31 参见 Thomas Kren, "Looking at Louis XII.´s Bathsheba." In: Thomas Kren & Mark Evans（ed.）, *A masterpiece reconstructed the hours of Louis XII.,* Los Angeles: Getty Museum, 2005. p. 53.

32 同上。

33 参见 Margaret Ruth Miles, "The Virgin's One Bare Breast: Nudity, Gender, and Religious Meaning in Tuscan Early Renaissance Culture." In: Norma Broude and Mary D. Garrard,（ed.）, *The Expanding Discourse: Feminism and Art History.* New York: Icon Editions, 1992. p. 27.

34 参见 Thoma Kren and Scrot McKendrick, *Illuminating the Renaissance. The triumph of Flemish manuscript painting in Europe.* Los Angeles: Getty Museum, 2003. p. 256.

35 同上，第 74 页。

36 同上，第 74 页。

浴的两个男性形象不是遮盖住身体的关键部分就是被侧面表现的，与此不同，两位裸体女性都是被正面刻画的并且眼望读者，这让人不禁联想到沐浴的拔示巴。私人宗教书籍或是世俗读物中的插图反映了当时的社会环境，正是这一社会环境影响着拔示巴形象的描绘。

### 2. 大卫和拔示巴故事的宗教理解

《圣经》对拔示巴的描写并非负面。但对大卫和拔示巴的故事有很多不同的阐释。13 世纪就有观点认为拔示巴是诱惑者，比如在布鲁内托·拉丁尼（Brunetto Latini, 1220-1294 年）的作品中。[37]14 世纪晚期，贵族若弗鲁瓦四世·德拉图尔·朗德里（Geoffroy IV. de la Tour Landruy, 约 1320-1391 年）也认为是卖弄风情的拔示巴引诱了无辜的大卫王。[38]在加尔文（Jean Calvin, 1509-1564 年）看来，也是拔示巴导致了大卫犯罪。"……她应该更谨慎，她应该知道如何不被看见。"[39]14 到 16 世纪拔示巴越来越多被负面评价。与之相应出现了我们看到的大量沐浴中裸体色情的拔示巴形象。

另一个特别引人注意的是将拔示巴和夏娃形象相联系的现象。比较路易一世（奥尔良公爵）（Louis von Orleans）《时祷书》中的两幅插图"大卫看拔示巴沐浴"和"夏娃的诱惑"，就能观察到拔示巴和夏娃的形象惊人得相似（彩图 19）。花园里水池中站着的拔示巴和伊甸园中的夏娃有着相同金色长发和相似的面容和身材，只是她们身后不同的环境对两人身份加以区分。法兰西博热的安妮《时祷书》中也可以看到拔示巴和夏娃形象相似的现象（彩图 20）。圣经中的两个裸体出现的女性人物拔示巴和夏娃的相似性刻画暗示了与夏娃诱惑亚当一样，人们将拔示巴视为诱惑者。正如加尔文的观点，夏娃和拔示巴要为她们的罪负责。[40]

### 3. 时祷书——私密性的媒体

"大卫看拔示巴沐浴"作为广受欢迎的题材不仅出现在《时祷书》中，

---

37 同上，第 50 页。

38 参见 Elisabeth *Über die Darstellungen der "Bathseba im Bade": Studien zur Geschichte des Bildthemas; 4. bis 17. Jahrhundert.* Essen, 1962. S. 15-16.

39 "...she ought to have been more discreet; she should thought how not to be seen." In William James Bouwsma, *John Calvin: A sixteenth-century portrait.* New York: Oxford University Press, 1988. p. 53.

40 参见 Susan Dackerman（Hrsg.），*Chaste, Chasted & Chastened. Old Testament Women in Northern Prints.* Cambridge: Harvard University Art Museum, 1993. p. 3.

也出现其他媒介，如挂毯上。彩图 21 是奥地利的玛格丽特（Margaret of Austria，1480-1530 年）四幅系列挂毯中的一幅。挂毯右上方大卫王在一座壮丽的建筑物中，他正注视着衣着华丽的拔示巴，他派出的侍者正跪在拔示巴面前。拔示巴身边的喷泉和身后的侍女以及在高大建筑物里注视着她的大卫王都毫无异议地指明画面"大卫看拔示巴沐浴"这一生动的场景。

中世纪盛期挂毯在宫廷、城堡和富有的市民住宅都普遍出现。[41]挂毯不仅能装饰住宅，还具有重要的教育功能。[42]联系到长期以来被认为具有道德和说教意义的大卫和拔示巴的故事，奥地利的玛格丽特委托制作的挂毯极有可能是对不圣洁生活的警示，所以挂毯上沐浴的拔示巴衣着整齐。

与之相反，书本中色情插图的私密性则能唤起读者的欲望。[43]《时祷书》中"大卫看拔示巴沐浴"正好提供一个色情描绘女性沐浴形象的机会。

## 五、结语

《时祷书》《忏悔诗篇》的题材根据时间变化和地区不同有所差异。有些题材，比如"最后的审判"和"大卫忏悔祷告"，都是和赎罪、审判等宗教观念紧密结合。插图和从祈祷手册中截取的章节共同帮助敬虔平信徒的祷告。15、16 世纪大卫和拔示巴的故事主要有两种表现形式，即"大卫看拔示巴沐浴"和此情节同其他大卫故事情节相结合。如果说"最后的审判"和"大卫忏悔祷告"等题材将对罪的认识和道德教育意义相结合，那么在 15、16 世纪法国宫廷《时祷书》更多出现的"大卫看拔示巴沐浴"题材则偏离了道德说教的目的。如同世俗读物中的书籍插图，"大卫看拔示巴沐浴"赋予人们观看女性裸体的机会。宫廷画家让·科伦布、让·布尔迪松、林堡兄弟和让·富凯等同皇室关系紧密，他们按照委托人的要求和品味创作，脱离了《时祷书》最初宗教说教的用意。政治联合和宣传以及色情的描绘揭示了《时祷书》功能的变化。

---

41 参见 Hermann Schmitz, Bildteppiche. Geschichte der Gobelinwirkerei. Berlin: Verlag für Kunstwissenschaft, 1922. p. 31.

42 参见 Christina Cantzler, *Bildteppiche der Spätgotik am Mittelrhein 1400-1550.* Tübingen: Ernst Wasmuth Verlag, 1990. S. 11.

43 参见 Paul Henry *Saenger, Space between Words: The origins of Silent reading.* Stanford California: Stanford University Press, 1997. pp. 274-275.

# 疏离抑或亲近？——伦勃朗画作中的错视觉"挂帘"与"画框"

德国黑森州卡塞尔市博物馆群的古代大师画廊（Museumslandschaft Hessen Kassel, Gemäldegalerie alte Meister）收藏一幅伦勃朗（Rembrandt Harmenszoon van Rijn, 1606-1669 年）绘于 1646 年的作品——《带挂帘的圣家庭》（Die Heilige Familie mit dem Vorhang）（彩图 22）。这幅画于橡木木板的油画高 46.8 厘米，宽 68.4 厘米。1752 年，威廉八世（Wilhelm VIII., 1682-1760 年）从荷兰海牙收得此作。[44] 这幅"带挂帘的圣家庭"是艺术史上首次用错视觉效果同时描绘了挂帘和画框的作品。挂帘和画框分割了观者和画面主题，凸突出了前景，加强了画面的景深感；区分画面昏暗与光亮的"挂帘"也隐含深刻的神学理念；画面的错视觉效果增强了艺术品的物质价值，突显了图像的客观对象性。但相较于其同时期画家，伦勃朗的错视觉绘画呈现半虚半实的效果，这揭示了图像与观者的微妙关系。本文通过对这些问题的考察，探讨伦勃朗这幅画作中的个人信仰表达。

## 一、伦勃朗"带挂帘的圣家庭"

画面三个人物身处于一座黑暗的废墟建筑内；左边前景坐在木条凳上的是一位抱着婴孩的妇女，她身穿深绿色衣服，头戴白色头巾，怀抱着身穿红色衣服的婴孩；妇人像是刚刚从身边的婴儿床抱起孩子，轻柔地将他靠向自己的脸庞；画面中央是燃烧的小火堆；火堆边是一个里面放了一把勺子的碗和一只靠向火堆取暖的小猫；右边的背景中依稀可以辨认出一位做木工活儿的男人；画面左上角至右下角的对角线分割了处于光照下的左侧前景和昏暗中的右侧背景。

画家在此创作了一个特别亲密的场景，正如海特·梅耶尔（A. Hyatt Mayor）的观察，圣母与小耶稣的脸庞亲密倚偎的画面源于安德里亚·曼特尼亚（Andrea Mantegna, 1431-1506 年）近一个世纪前的铜版画"谦卑的玛丽亚"（The Madonna of Humility）（图 8），但伦勃朗比任何画家更能想象小耶稣被温暖的家庭所拥抱的样子，画家自身对家庭亲密关系的追求和热爱让他改变和丰富了曼特尼亚的铜版画。1654 年，伦勃朗还创作了一幅蚀刻画"有小猫

---

44 http://altemeister.museum-kassel.de/33765/（2019 年 9 月 30 日）

的圣家庭"（The Holy Family with a cat）（图 9），它同"带挂帘的圣家庭"也有很多相似性。正如梅耶尔所说，真正的创意不在于寻找新的主题，而是要在旧的主题中开发出意想不到的可能性。[45]这正是伦勃朗所擅长的。

与这幅画有相同主题的是伦勃朗在此前一年（1645 年）创作的"圣家庭和小天使"（彩图 23）。画面前景是强烈光线照射下的圣母玛丽亚和婴孩耶稣，做着木工活的约瑟处于黑暗的背景中。伦勃朗通过在画面上增加的小天使和玛丽亚手上拿的《圣经》确定了"圣家庭和天使"画面的基督教主题。"带挂帘的圣家庭"则没有宗教性象征物，因为画面风俗画般的质朴感，直到 19 世纪，这幅作品一直被称作"樵夫家庭"（Die Holzhacker Familie）。[46]单纯质朴的风格让画面充满了和谐温馨的家庭氛围。正如李格尔对伦勃朗和 17 世纪荷兰肖像画家的观察那样，他们通过一些主观性安排（subjektivistische Arrangments），例如描绘做纺织或读书的女子（彩图 24，25），亦或是垂钓的男子，这些人物是转向内心的，他们的动作安静且专注，画面因此显得平和宁静，以此邀请观者参加进入一个专注和沉思的状态中。[47]

质朴的画面并没有隐藏其神圣的宗教感：昏暗的背景衬托着前景柔和的光线，金色光照下的圣母子显得尤为神圣。事实上，伦勃朗常就同一主题创作许多幅画，其中一些画面中没有宗教线索，但画家确实对风俗画本身并不感兴趣，这些作品大多是在 18 世纪后才被确定为宗教主题并被重新命名的。[48]

尤其令人注目的是画家画出了画框以及挂在画框上的金属细杆和红色挂帘，为观者制造了错视觉效果（Trompe l'oeil）：画面"圣家庭"被"装裱"在金色"画框"中，"画框"左右两边壁柱的上方钉着一条"金属细杆"，"细杆"上环绕的"金属环"下系着一块红色"挂帘"，"挂帘"从左拉至右侧，遮盖了画面约三分之一的部分。

---

45 Cf. A. Hyatt Mayor, "Rembrandt and the Bible", In: *The Metropolitan Museum of Art Bulletin*, Vol. 36, No. 3（Winter, 1978-1979）: 2-48.

46 http://altemeister.museum-kassel.de/33765/（2019 年 9 月 30 日）

47 Cf. Alios Riegl, *Das holländische Gruppenporträt. Jahrbuch der kunsthistorischen Sammlung des Allerhöchsten Kaiserhauses*, No. 23. Wien: Tempsky, 1902. S. 71-278.

48 Cf. Wolfgang Kemp, *Rembrandt: Rembrandt, Die Heilige Familie, oder, die Kunst, einen Vorhang zu lüften*, Frankfurt am Main: Fischer Verlag, 1986. S. 5-20.
茨维坦·托多罗夫：《日常生活颂歌——论十七世纪荷兰绘画》，曹丹红译，华东师范大学出版社 2012 年版，第 30-35 页。

## 二、"挂帘"母题在绘画中的历史

伦勃朗以前，画有挂帘的最富盛名之作非拉斐尔（Raffaello Sanzio,1483-1520 年）的"西斯廷圣母"（Sistine Madonna）莫属（彩图 26），[49]它一直被誉为西方最精美的画作之一。"西斯廷圣母"的画面上方也描绘了一条金属细杆，细杆上环绕的圆环系着长幅绿色挂帘，挂帘从中间向两侧打开，圣母玛利亚手抱着婴孩耶稣踏云而下；画面右边微微下跪的是圣芭芭拉；左边身穿金色锦袍的是教宗西斯笃一世，他左手放于胸前，右手指向前方（观者），呈现出迎接从挂帘后天国世界到来的圣母子的姿态。画面下方是两位仰头托腮的小天使。

"西斯廷圣母"与伦勃朗"圣家庭"都描绘了圣母子，也都描绘了挂在金属杆上的挂帘，但两幅画中的挂帘除了颜色不同，还有两点重要区别：首先"西斯廷圣母"再现的是从中间向两边拉开的两段挂帘，微微下坠的金属细杆暗示了挂帘的体量，厚重的挂帘被卷起，一直垂至圣芭芭拉和西斯笃一世身后；伦勃朗的"圣家庭"描绘的则是一整块从左向右展开的挂帘，画家并没有强调挂帘的重量感，相反挂帘左下部轻微抬起，搭落在画框上。除此以外，"西斯廷圣母"描绘了一个画面之内、场景之中的挂帘；而"圣家庭"则用错视觉方法描绘的是画面场景之外、画幅之上的挂帘。

考古学家格哈尔特·罗登瓦尔特（Gerhart Rodenwalt, 1886-1945 年）发现最早有确切纪年、画有对称向两边卷起挂帘的是在公元 354 年一幅对君士坦提乌斯二世（公元 317-361 年）的描绘（图 10）。[50]一根细杆与上端三角门楣相连接，细杆上的圆环系着挂帘，挂帘分为两段，从中间像两边打开，两边挂帘的三分之一处被扎起挂在壁柱上，壁柱上方的三角门楣内有贝壳型装饰物。提奥多·克劳泽尔（Theodor Klauser, 1894-1984 年）认为画面是古典和拜占庭晚期在仪式上的正式表现，挂帘模仿了古代东方帝王用帷幔遮住臣民视线以此隐藏自己的功能。[51]

---

49 对于"西斯廷圣母"挂帘的研究参见：Johann Konrad Eberlein, "The Curtain in Raphael's Sistine Madonna.", In: *The Art Bulletin*, Vol. 65, No. 1. Mar., 1983. pp. 61-77.

50 Cf. Gerhart. Rodenwaldt, "Cortinae. Ein Beitrag zur Datierung der antiken Vorlage der mittelalterlichen Terenzillustrationen", In: *Nachrichten der Gesellschaft der Wissenschaften zu Göttingen, Philologisch-historische Klasse*, 1925. pp. 33-49.

51 Cf. Theodor. Klauser, "Der Vorhang vor dem Thron Gottes", In: *Jahrbuch für Antike und Christentum,* III, 1960. S. 141f.

　　"挂帘"（亦或"帷幔"）最早出现在犹太、基督教艺术中也正是因为其"藏与显"的含义。帘子的希伯来原文是 pôrekheth，有"分界线"的意思。在《旧约》中，它分割了祭司日常供职所到的"圣所"与只有大祭司才能进入（且是一年一次的赎罪日）的"至圣所"。因为人类始祖犯罪后，神将他们逐出伊甸园，并安置基路伯看守通往伊甸园的道路，所以人不能进入放置约柜和施恩座的至圣所，不能直接进到神的面前。但大祭司可以在每年的赎罪日进入至圣所，通过献祭与神和好。[52]拉比中心主义时代，犹太人信仰的重点从圣殿会幕转移至圣典，律法书本身被用作崇拜的象征和对象。[53]公元 7 世纪阿什伯纳姆《摩西五经》（Ashburnham Pentateuch）的标题页（图 11）模仿了古典和拜占庭"君王帷幔"（cortinae reginae）的构图，所不同的是帘子中间不是君主像，而是此书的标题。这让人想起早期犹太教，礼拜期间它被放置在犹太会堂的壁龛内，壁龛前有挂帘，礼拜期间挂帘会被打开，向公众展示。[54]挂帘在这里预表了分割《旧约》圣所和至圣所的帷幔。[55]加罗林时期，坐在帘子中间的统治者被福音书作者取代。现存最早的例子是约公元 750 年斯德哥尔摩奥里斯抄本（Stockholm Codex Aureus）中的福音作者像（图 12），直到 12 世纪，这一主题仍然流行。[56]不同于"君王帷幔"，在"福音书作者"上方的拱圈内还描绘有福音书作者的象征物。

　　古典和拜占庭晚期帷幔"隐藏君主"的意义随之向基督教意义转化：在耶路撒冷圣殿，帷幔挡住了信徒们投向至圣所的目光；《新约》时期，打开的帷幔反映了圣母玛利亚作为"耶和华约柜"（arche du Seigneur）的功能和基

---

52 和合本《圣经》《旧约·出埃及记》，26 章，31-35 节："你要用蓝色紫色朱红色线，和捻的细麻织幔子。要以巧匠的手工绣上基路伯。要把幔子挂在四根包金的皂荚木柱子上，柱子上当有金钩，柱子安在四个带卯的银座上。要使幔子垂在钩子下，把法柜抬进幔子内，这幔子要将圣所和至圣所隔开。又要把施恩座安在至圣所内的法柜上。把桌子安在幔子外帐幕的北面，把灯台安在帐幕的南面，彼此相对。"

53 Cf. David Noel Freedman（ed.），*The Anchor Bible Dictionary,* Vol. 1-5. New York: Doubleday, 1992. p. 1083, 1087, 1088.（感谢伍伟亨博士在此处的提示。）

54 Cf. Joseph Gutmann, "The Jewish Origin of the Ashburnham Pentateuch Miniature", In: *Jewish Quarterly Review* N. S. XLIV. 1953-1954. pp. 57-58.

55 Cf. Johann Konrad Eberlein, "The Curtain in Raphael's Sistine Madonna.", In: *The Art Bulletin*, Vol. 65, No. 1. Mar., 1983. pp. 67.

56 Cf. Johann Konrad Eberlein, "The Curtain in Raphael's Sistine Madonna.", In: *The Art Bulletin*, Vol. 65, No. 1. Mar., 1983. pp. 66.

督教道成肉身的"启示"，[57]亦即潘诺夫斯基提出的"旧约被遮隐，新约被彰显"（Vetum Testamentum velatum, Novum Testamentum revelatum）[58]。

## 三、"圣母子与挂帘"母题的绘画传统

约翰·康拉德·埃伯利（Johann Konrad Eberlein）认为"西斯廷圣母"的帷幔源于古典和拜占庭时期的"君王帷幔"（cortinae regiae）的传统，当"帷幔"与"圣母子"结合时，可以唤起人们对"帷幔"的意象。[59]他以保存在开罗科普特博物馆的浅浮雕"科普特哺乳玛利亚"（Coptic Relief, Maria lactans）（图 13）和埃奇米阿津福音书里的"玛利亚"（Madonna in the Etchmiadzin Gospelbook）（公元 989 年）（图 14）为例，二者描绘了圣母子端坐在打开的两段挂帘中间。[60]在前一个例子和拉斐尔的"西斯廷圣母"中都出现了天使的母题，阿拉斯将之解释为锻造在约柜金板两端的基路伯（Cherubins），[61]他们在耶路撒冷圣殿的帷幔上，在上帝不可见的临在面前，履行着守护者的职责。[62]圣母子、帷幔与天使组合的图像，强调了圣母玛利亚等同于约柜的功能。

直到 11 世纪，西方才在拜占庭的影响下出现了圣母子、帷幔和小天使母题组合的图像主题。[63]文艺复兴时期，这一图像的形式风格、布局以及图像类

---

57 Cf. Johann Konrad Eberlein, "The Curtain in Raphael's Sistine Madonna.", In: *The Art Bulletin*, Vol. 65, No. 1. Mar., 1983. pp. 66.
参见达尼埃尔·阿拉斯（著），李军（译）：《拉斐尔的异象灵见》，北京：北京大学出版社，2014 年，第 111 页。

58 Cf. Erwin Panofsky, *Early Netherlandish Painting: Its Origins and Character,* 2 vols., Cambridge, Mass.: Harvard University Press, 1953. p. 337.

59 Cf. Johann Konrad Eberlein, "The Curtain in Raphael's Sistine Madonna.", In: *The Art Bulletin*, Vol. 65, No. 1. Mar., 1983. pp. 66.

60 Cf. Johann Konrad Eberlein, "The Curtain in Raphael's Sistine Madonna.", In: *The Art Bulletin*, Vol. 65, No. 1. Mar., 1983. pp. 70-71.

61 和合本《圣经》《旧约·出埃及记》25 章，17-22 节：要用精金作施恩座（"施恩"或作"蔽罪"。下同），长二肘半，宽一肘半。要用金子锤出两个基路伯来，安在施恩座的两头。这头作一个基路伯，那头作一个基路伯。二基路伯要接连一块，在施恩座的两头。二基路伯要高张翅膀，遮掩施恩座。基路伯要脸对脸，朝着施恩座。要将施恩座安在柜的上边，又将我所要赐给你的法版放在柜里。我要在那里与你相会，又要从法柜施恩座上二基路伯中间，和你说我所要吩咐你传给以色列人的一切事。"

62 达尼埃尔·阿拉斯（著），李军（译）：《拉斐尔的异象灵见》，北京：北京大学出版社，2014 年，第 123-127 页。

63 Cf. Johann Konrad Eberlein, "The Curtain in Raphael's Sistine Madonna.", In: *The Art Bulletin*, Vol. 65, No. 1. Mar., 1983. pp. 61-77.

型也变得更丰富。斯特凡·洛赫纳（Stefan Lochner，约 1400 年-1451 年）的
"玫瑰花篱中的圣母和婴孩耶稣"（约 1450）（彩图 27）将怀抱婴孩耶稣的
圣母玛利亚放置在绿草地上和玫瑰花篱笆前，他们周围是一群奏乐天使，画
面上方两角是飘舞着两个天使，他们双手掀开红底金色花纹的帘子，帘子后
显露出金色的背景，画面上方中央显现上帝和代表圣灵的鸽子。

老卢卡斯·克拉纳赫（Lukas Cranach, 1472 年-1553 年）的"玛丽亚和摘
葡萄的耶稣"（约 1515-1520）和老汉斯·霍尔拜因（Hans Holbein, 1465-1524
年）的"玛利亚和熟睡的婴孩耶稣"（约 1520）（彩图 28，29）则将帷幔和
小天使从人物两边移至人物背后，帷幔在圣母子背后，如同神圣光圈（halo），
凸显了圣母子的尊贵神圣性。对帷幔珍贵精美材质的描绘，以及对背景中的
建筑物和风景的描绘体现了文艺复兴绘画特征。

除了以人物为主体的"圣母怀抱婴孩耶稣"像，以圣母子和帷幔为母题
的图像类型还出现在"圣母领报"、"耶稣降生"、"牧羊人朝拜"和"圣
家庭"等叙事性图像中。这其中"耶稣降生"也许最鲜明地体现了"圣母启
示"的神学意义。[64]在中世纪的这类图像传统中，"福音作者像"上部圆拱内
描绘福音书作者象征物被诞生在马槽中的小耶稣取代，下部两个壁柱上连接
着细杆和挂帘，挂帘中间是侧卧在床榻上的圣母玛利亚，约瑟被安排在图像
边缘（图 15）。这一神学表达也被伦勃朗继承，在"带挂帘的圣家庭"中，伦
勃朗将约瑟放置在昏暗的背景中，突显了金色光照下的圣母子，通过光线和
色彩的对比，弱化了约瑟在"道成肉身"事件中的地位。

文艺复兴时期，弗莱芒画家雨果·凡·德·古斯（Hugo van der Goes，
约 1430/40-1482 年）的"牧羊人朝拜新生儿耶稣"上也描绘了挂帘（彩图
30）。画面中心是新出生的婴孩耶稣，他躺在一块放置在马槽上的白布上，
他的两边的是玛丽亚和约瑟，天使们双手合十，围聚在他们身边。画面左边
进来几位穿着简陋的牧羊人，他们听从天使的带领，来到伯利恒小城崇拜新
出生的耶稣基督。与其他描绘牧羊人朝拜马槽中的新生儿耶稣不同，凡·
德·古斯在画面前景的两边描绘了《旧约》先知，即左边的以赛亚和右边的
耶利米。以赛亚左手掀起帘子，他的眼睛注视着耶利米，耶利米也是用左手
拨开帘子，他的右手向前展开，眼睛注视观者。以赛亚和耶利米的身体似乎

---

64 Cf. Johann Konrad Eberlein, The Curtain in Raphael's Sistine Madonna.", In: *The Art Bulletin*, Vol. 65, No. 1. Mar., 1983. pp. 61-77.

已经伸出画框，和观者一起构成了另一个独立于"牧羊人朝拜新生儿耶稣"之外的空间。画面中系在小环上的帘子挂在细杆上，细杆好像被固定在真实的画框上。凡·德·古斯通过对帘子、细杆以及先知空间的一种错视觉效果的描绘，将观者、先知和画面建立了联系。一方面，画中的帘子与教堂祭坛前的帘子呼应，先知以赛亚和耶利米打开帘子，向观者介绍了"牧羊人朝拜新生儿耶稣"这一幕，这也正如祭坛前将要开始的礼拜仪式，祭坛的帘子将由神职人员打开，人们将看到献祭的婴孩耶稣。[65]另一方面帘子也是先知对上帝道成肉身的预表，借此旧约圣经所描绘的隔离圣所和至圣所的幔子被揭开，如新约《希伯来书》所指，耶稣的身体就是幔子，因耶稣的献祭，幔子被揭开，我们可以坦然进入至圣所。[66]

玛丽亚和小耶稣背后的由天使举起的帘子也出现在"圣母领报"图像中。约翰·科尔拜克（Johann Koerbecke，约 1415/20-1491 年）是德国哥特晚期威斯特法伦地区的画家。他最重要的作品是其 1457 年为北威州的马林费尔德（Marienfeld）的修道院所绘的马林费尔德祭坛画（Marienfelder Altar）。祭坛内部左翼中间一幅画面描绘了"天使报喜"。如同前面讲到的"圣母怀抱婴孩耶稣"像，此处在天使向圣母玛丽亚报喜的场景背后也是手持幔子飘舞在金色背景中的四位天使。绿色的幔子上面装饰有金色植物图案，它和圣母、天使的蓝色与红色的衣服产生强烈对比，幔子将人物从金色的背景分隔出来，突出强调了人物的主体地位。同时，幔子也让人物所处空间和背景产生空间感（彩图 31）。虽然"天使报喜"的空间再现了一个安放有床榻、读经台的室内场景，但金色的背景唤起了一种超自然的效果，画面上的建筑构建也让空间关系含混不清。

与科尔拜克同时期并对其有影响的德国画家斯特凡·洛赫纳（Stefan Lochner，约 1400-1451 年）也在科隆大教堂的"三王朝拜耶稣"祭坛画的外翼上描绘了"天使报喜"（彩图 32）。与科尔拜克"天使报喜"中不明确的空间不同，洛赫纳的"天使报喜"清楚地描绘了一个真实的室内空间。玛丽亚和天使身后的帘子也不再是由天使双手举着，而是挂在了一根细杆上，细杆

---

65　Cf. Barbara. G. Lane, '"Ecce Panis Angelorum": The Manger as Altar in Hugos Berlin Nativity', In: *Art Bulletin*, LVII, 1975. p. 486.

66　和合本《圣经》《新约·希伯来书》10 章，19-21：弟兄们，我们既因耶稣的血，得以坦然进入至圣所，是藉着他给我们开了一条又新又活的路，从幔子经过，这幔子就是他的身体。

两头固定在房间的墙壁上，金色厚重的锦缎帘子垂直垂下，挂环在帘子上形成的褶皱平行对称地占据祭坛两翼，只在祭坛右翼微微开启，让人略微瞥见一个圆拱形的门，光线从这里照射进房间，也可以想象此前报喜天使加百利刚从此门踏入玛丽亚的房间。

另外，洛赫纳也巧妙的将中世纪绘画传统的金色背景转化为画面真实场景中的帘子。金色背景源于拜占庭东正教的圣像画艺术，被称为"护壁"（Riza），它一方面对摆放在蜡烛和熏香前的圣像画材料起到保护作用，避免圣像画的色泽变暗，金色的背景让画面熠熠发光；另一方面，也突出了金色背景前的人物的神圣感。[67]洛赫纳的"圣母领报"继承了拜占庭圣像画金色背景传统，通过背景的金色凸显了圣母崇高神圣的地位。相较平面的金色背景，洛赫纳金色帘子上丰富的装饰图案更具表现力，其褶皱在右侧光源照射下呈现了帘子的质感和体积感。另外，因为金色在基督教艺术中象征着《创世纪》中上帝所创造的"光"，[68]光的不可见性被等同于不可见的上帝，洛赫纳也借此在画中强调了上帝的不可见性[69]。

洛赫纳也赋予金色的帘子以写实性，让观者认同他所描绘的"天使报喜"是发生在一个真实的室内空间内。如前所述，洛赫纳所绘的帘子是挂在杆子上的，这根杆子和画面水平平行，如若画面上方描绘房间的木屋顶和帘子的右边略微向右推移，金色帘子将会遮蔽整个画面背景。但此处帘子略微被推开，由此暗示了帘子后面的空间，以及被遮蔽的事物。帘子传达出可见与不可见，用被帘子遮蔽和未被遮蔽传达出在场且不可见的证明。此处的帘子暗示了另一个空间，也暗示了一个在场而不可见的证明，即对被圣灵感孕在玛丽亚肚子里耶稣的暗示——在场，却不可见。[70]

---

67 Cf. Ellen J. Beer, "Marginalien zum Thema Goldgrund.（Heinz Roosen-Runge zum Gedenken）." In: *Zeitschrift für Kunstgeschichte 46*, 1983. S. 271-286.

68 Erwin Panofsky, *Perspective as Symbolic Form*, trans. Christopher S. Wood, New York: Zone Books, 1996. pp. 48-49.

69 Cf. Barbara Schellewald, "Hinter und vor dem Vorhang. Bildpraktiken der Enthüllung und des Verbergens im Mittelalter", in Claudia Blümle & Beat Wismer（eds.）: *Hinter dem Vorhang. Verhüllung und Enthüllung seit der Renaissance - von Tizian bis Christo*, München: Hirmer, 2016, p. 128.

70 Cf. Barbara Schellewald, "Hinter und vor dem Vorhang. Bildpraktiken der Enthüllung und des Verbergens im Mittelalter", in Claudia Blümle & Beat Wismer（eds.）: *Hinter dem Vorhang. Verhüllung und Enthüllung seit der Renaissance - von Tizian bis Christo*, München: Hirmer, 2016, pp. 124-129.

若联系到整个祭坛，当复活节祭坛被打开时，"天使报喜"上的"帘子"也随之被打开，展现在信徒眼前的内部祭坛画就是"三王朝拜"，正如耶稣被钉十字架时，圣殿的帷幕被撕裂，[71]而这正是通过耶稣的诞生，或者说上帝的道成肉身得以实现的。

伦勃朗的"带挂帘的圣家庭"和洛赫纳的"圣母领报"都是横构图，也都描绘了向单侧拉开的挂帘，因此具有形式上的某些相似性。两幅作品都是藉由"帘子"母题显明相同的神学理念：圣母作为"耶和华约柜的功能"和上帝道成肉身的启示，即耶稣基督的到来打破了《旧约》时代分割圣所和至圣所的幔子，他揭开了隐藏奥秘的事，他就是本物的真像，他用自己的身体献上永远的赎罪祭，开启了救赎的历史。

然而，不同于其他前述作品中作为背景中的挂帘，伦勃朗描绘的挂帘是在画面前方。卡尔·纽曼（Carl Neumann）认为伦勃朗画了挂帘是为了构图需要，也就是为了让画面产生景深感。[72]在艺术史中这种技法被称为"Repoussoir"，即在画面前景中描绘颜色较深的物体或人物（时常是背影），以此加强画面的景深感，并引导观者视线进一步进入画面。[73]然而伦勃朗并没有像其他典型巴洛克画家，如维米尔（Johannes Vermeer, 1632-1675 年）那样（彩图 33），以画面中前景的帷幔作为这种画面构图元素，伦勃朗的"挂帘"并非画面场景中的挂帘，而是首次用错视觉方法描绘画幅前的挂帘，它仿佛一块真的挂帘遮盖在画面上。"带挂帘的圣家庭"中，同样用错视觉方法描绘的还有"画框"。伦勃朗用他精湛的画技勾画出一个华丽的金属画框，它突出于画面，两边是带台基的方壁柱，画框下部是泛着金光泽的繁复装饰物。与之相反，画框上部留下的则是画家寥寥几笔，笔触边缘与末端的金色似乎也暗合了画框的光线效果，

---

71 和合本《圣经》《新约·马太福音》27 章，50-52 节：耶稣又大声喊叫，气就断了。忽然，殿里的幔子从上到下裂为两半，地也震动，磐石也崩裂，坟墓也开了，已睡圣徒的身体，多有起来的。

72 "Für Rembrandt war Vorhang oder gemalter Rahmen oder beides eine Vordergrundgeste, um dem Bild in der Ferne räumlich-örtliche Bestimmtheit und Sicherheit zu geben"（对于伦勃朗来说，挂帘或是画框，或是两者是一种前景物，它们都是为了在距离中确定和保证了画面的空间和局部。）
Cf. Carl Neumann, *Aus der Werkstatt Rembrandts*, Heidelberg: C. Winter Verlag, 1918. pp. 86-87.

73 Cf. Johannes Jahn（Begr.）, Wolfgang Haubenreißer（fortgef.）, *Wörterbuch der Kunst.* Zwölfte, durchgesehene und erweiterte Auflage, Stuttgart: Alfred Kröner Verlag, 1995, pp. 710-711.

但潦草的笔触减弱了画框的立体性和造型感，它提醒观者画框并非真实的。艺术史上，只有卡尔·马德森（Karl Madsen, 1855-1938 年）在上世纪 10 年代关注了伦勃朗"带挂帘的圣家庭"这种打破错视觉效果的绘画现象[74]，直到 2016 年，帕特里克·罗伊特斯威尔特（Patrik Reuterswärd, 1922-2000 年）注意到伦勃朗的"以马忤斯的晚餐"为另一幅打破错视觉效果的作品。[75]但是，两位学者并没有进一步清晰阐释，为什么伦勃朗一方面第一次用错视觉效果描绘了画幅前面的挂帘、金属杆和画框，但另一方面又有意消抹这种错视觉的效果，从而制造出与观者亦亲近亦疏离的效果。这是下文将要说明的问题。

## 四、错视觉描绘

错视觉主义画家的主旨是超越对可见世界的模仿，以便虚构出属于这个世界的、日常生活中的某种物体。[76]早在古罗马时期，作家老普里尼（Pliny the elder，公元 23-79 年）就记载了画作前的"帘子"：在宙克西斯（Zeuxis）和帕拉休斯（Parrhasios）绘画比赛的故事中，宙克西斯先画了一盘葡萄，引来鸟儿啄食。帕拉休斯趁宙克西斯不在，为画面添上了一层透明的纱帘，宙克西斯看后当真，以手拂帘。最后，宙克西斯承认自己失败，因为他的画只能欺骗鸟儿，而帕拉休斯却可以欺骗画家。[77]古希腊画家借画"帘子"产生的错视觉效果来炫耀自己的绘画技艺。

---

74 Cf. Karl Madsen, *Billeder af Rembrandt og Hans Elever i den Kgl. Maleri-Samling,* Kobenhavn-Kristiania, Gyldendalske Boghandel-Nordisk Forlag, 1911.

马德森认为："通过对画框和挂帘半虚半实的模仿，画家似乎是想明确地说：我不能表现现实，你所看到的只是一幅画，一幅出自我想象并由我亲手完成的画。但这种表现需要你的尊敬。"（"Durch das Hinzufügen der halb illusionsbrechenden Nachahmung von Bildrahmen und Vorhang wirkt es, als habe der Maler ausdrücklich sagen wollen: Ich vermag es nicht, die Wirklichkeit zu zeigen. Du siehst nur ein Gemälde, ein Bild, welches aus meiner Fantasie entstand und von meinen Händen ausgeführt wurde. Diese Darstellung aber verlangt nach deiner Verehrung. "）

75 Cf. Patrik Reuterswärd, "Bildvorhang zu einem Motiv der holländischen Malerei des 17. Jahrhunderts", In Claudia Blümle & Beat Wismer（ed.）: *Hinter dem Vorhang. Verhüllung und Enthüllung seit der Renaissance - von Tizian bis Christo,* München: Hirmer, 2016, pp. 88-99.

76 斯维特拉娜·阿尔珀斯（著），冯白帆（译）:《伦勃朗的企业——工作室与艺术市场》，南京：江苏美术出版社，2014 年，第 160-161 页。

77 Cf. Plinius Secundus d. Ä., *Naturalis historia. Naturkunde,* Buch 35, Kapitel 65-66, hg. u. Übers. Von Roderich König, Düsseldorf/Zürich, 1997.

Cf. Wolfgang Kemp, *Rembrandt: Die Heilige Familie oder Kunst: Einen Vorhang zu lüften,* Frankfurt am Main: Fischer Verlag, 1986, p. 30.

事实上，17 世纪开始出现的错视觉效果挂帘源于当时流行在画作前挂挂帘的习惯。从 16 世纪开始，为了防止灰尘、光线等因素对画面的破坏，整个欧洲都流行在绘画前挂上帘子。[78]今天我们仍然能从一些意大利、法国、英国、西班牙、德国和荷兰的绘画上找到证据，那些保存在绘画陈列室或画廊里的绘画前的挂帘被拉开、掀起或者遮住画面。[79]

1628 年，意大利人朱利奥·曼奇尼（Giulio Mancini）曾记录：

"毫无疑问，挂帘有利于保存的目的。如果可能的话，应该将它从下往上掀起，或者从上往下放下，而不是从两边拉开，以此避免挡住视线和光线。[……]关于颜色，我建议使用绿色或肉色；关于材料，我建议用丝绸、塔夫绸或轻质的轻松坠下丝质材料，以此提高绘画作品的地位。"[80]

"Kein Zweifel, dass die Vorhänge zum Zwecke der Erhaltung nützlich sind. Wenn möglich, sollten sie von unten nach oben heraufgezogen oder von oben herabgelassen und nicht von der Seite her zugezogen werden, damit der Blick und der Lichteinfall nicht behindert werden. ... Was ihre Farben anbelangt, so würde ich Grün und Inkarnat, und als Material würde ich, um Rang der Malerei zu betonen, Taftseide oder Taft oder ein anderes und leicht fallendes Seidenmaterial vorschlagen."[81]

---

78 Cf. Wolfgang Kemp, "Lasst den Vorhang herunter! Die Kunst beginnt... Zu gemalten Bildervorhang bei Rembrandt und seinen Schülern", in Claudia Blümle & Beat Wismer （eds.）: *Hinter dem Vorhang. Verhüllung und Enthüllung seit der Renaissance - von Tizian bis Christo,* München: Hirmer, 2016, p. 58.

79 古罗马时期，为了防止灰尘和污渍，人们就在蜡画前覆盖帘子。17 世纪开始，可能受到人们在书架、镜子前盖上帘子习惯的影响，人们开始在画作前挂帘子。但事实上，油画对光线相对耐受，在画前挂帘子并不非必须，五十年后，这个习惯便不在流行。
Cf. Patrik Reuterswärd, "Bildvorhang zu einem Motiv der holländischen Malerei des 17. Jahrhunderts", In: Claudia Blümle & Beat Wismer （ed.）: *Hinter dem Vorhang. Verhüllung und Enthüllung seit der Renaissance - von Tizian bis Christo,* München: Hirmer, 2016, p. 58.

80 本文作者的翻译。

81 Cf. Wolfgang Kemp, "Lasst den Vorhang herunter! Die Kunst beginnt... Zu gemalten Bildervorhang bei Rembrandt und seinen Schülern", in Claudia Blümle & Beat Wismer （eds.）: *Hinter dem Vorhang. Verhüllung und Enthüllung seit der Renaissance - von Tizian bis Christo,* München: Hirmer, 2016, p. 58.

法国画家尼古拉斯·普桑（Nicdas Poussin, 1594-1665 年）也写信给收藏人强调，要用挂帘挂在他的画前，这样在许多画紧密排列挂在一起的时候，人们的眼睛不会很快疲劳。[82]可见，最晚在 17 世纪早期，画家本人或收藏家就为画家指定了挂帘的标准，以此确定画作完成后的面貌。这些标准或从保护画面的角度，或从观者的角度出发，旨在保存画作和不影响观者的观画体验。[83]特别意味深长的是，曼奇尼还强调了挂帘的材质可以提高绘画的地位。

在中国，最晚从 6 世纪开始人们就根据审美标准对艺术品进行鉴赏，[84]相较而言，在欧洲，长期以来对艺术评价的标准是艺术品的物质价值而非审美价值。文艺复兴时期的珍奇柜（Kunstkammer）是包含科学仪器、武器、器物、动植物标本等各类珍奇异宝的集合，主要是因为它们的物质价值而被欣赏和收藏，它们常常超过大部分绘画的价值。[85]丽莎·雅丹（Lisa Jardine）也将被本雅明称之为文艺复兴以来三百年的"世俗审美事业"（der profane Schönheitsdienst）[86]归于一种对物质关注的文化。[87]事实上，16、17 世纪荷兰家庭账单也显示画框的价值往往超过画在亚麻布上绘画的金额。[88]

---

82 "Die Absicht, Eure Bilder zu verdecken, ist ausgezeichnet, und wenn nur jeweils eines nacheinander sichtbar gemacht wird, dann wird man ihrer weniger überdrüssig werden, denn sie alle zusammen zu sehen, das würde die Wahrnehmung mit einem Male zu sehr belasten."
In: Nicolas Poussin, *Correspondance,* hg. von Charles Jouanny, Paris 1911, S. 384.
Cf. Wolfgang Kemp, "Lasst den Vorhang herunter! Die Kunst beginnt... Zu gemalten Bildervorhang bei Rembrandt und seinen Schülern", in Claudia Blümle & Beat Wismer（eds.）: *Hinter dem Vorhang. Verhüllung und Enthüllung seit der Renaissance - von Tizian bis Christo,* München: Hirmer, 2016, p. 58.

83 Cf. Stephan Berg: „Im Spiegellabyrinth." S. 87-97. In: Gerhard Richter, *Über Malen/frühe Bilder. Kat. Kunstmuseum Bonn*, S.M.A.K. Gent（2017）, S. 95.

84 Cf. Lothar Ledderose, „Der politische und religiöse Charakter der Palastsammlungen im chinesischen Altertum." S. 153-159. In: Roger Goepper / Dieter Kuhn / Ulrich Wieser（Hrsg.）, Zur Kunstgeschichte Asiens. 50 Jahre Lehre und Forschung an der Universität Köln. Wiesbaden: Franz Steiner, 1977. S. 158.

85 Cf. Wolfgang Kemp, "Lasst den Vorhang herunter! Die Kunst beginnt... Zu gemalten Bildervorhang bei Rembrandt und seinen Schülern", in Claudia Blümle & Beat Wismer（eds.）: *Hinter dem Vorhang. Verhüllung und Enthüllung seit der Renaissance - von Tizian bis Christo,* München: Hirmer, 2016, p. 58.

86 瓦尔特·本雅明：《机械复制时代的艺术作品——在文化工业时代哀悼"灵光"消逝》，李伟/郭东译，重庆出版社 2016 年版。

87 Cf. Lisa Jardine, "Worldly Goods. A New History of the Renaissance", London 1996.

88 Cf. Wolfgang Kemp, "Lasst den Vorhang herunter! Die Kunst beginnt... Zu gemalten Bildervorhang bei Rembrandt und seinen Schülern", in Claudia Blümle & Beat Wismer

伦勃朗只有极少数作品进行了错视觉表现，它们是 17 世纪 40 年代伦勃朗及其助手做的一些尝试，并不具有代表性。[89]在这极少数的错视觉效果的作品中，伦勃朗如同荷兰、尼德兰许多画家一样，通过"艺术"弥补"作品"相对低劣的物质价值。伦勃朗在"带挂帘的圣家庭"中精心描绘的挂帘和金属画框吸引了观者对绘画的注意，增强了作品的物质价值。正如阿尔珀斯所说，通过强调其纯粹的物质性，伦勃朗创造使其艺术作品商品化，并将其作为耐用品在市场中进行推广。[90]

然而，比起同时期画家对挂帘珍贵材质的精心描绘，伦勃朗的"带挂帘的圣家庭"挂帘显得非常简单朴素；暖红色挂帘和金色画框与"圣家庭"场景的色调相吻合；挂帘和画框的明暗效果显示出它们与画面场景有相同的光源；这让观者感觉到，挂帘和画框在此并非是要完全隔离观者和画面场景，相反，它们与画面显示出一种融合性。画框上部简单平面的笔触与下部错视觉效果描绘的复杂立体的装饰，制造出视觉效果上的强烈反差与矛盾。种种这些都暗示画家并没有追求彻底的错视觉的效果。伦勃朗的精湛画技是毋庸置疑的，我们不禁要问，画家为什么要有意创造这种"半错视觉"的效果呢？

## 五、疏远亦或亲近？

提香（Tiziano Vecellio,1488/1490-1576 年）约 1558 年绘制的"帘后的菲利波·阿尔金托"出现了一幅半透明薄纱帘（彩图 34）。画面描绘了坐在椅中的主教的四分之三侧面坐像。半透明的挂帘遮住画面右半边，主教左半边脸和身体、拿着书的左手都只能透过薄纱帘隐隐看见。主教右手的食指好像随时可以掀开薄纱，让画面充满生动性。[91]意大利艺术史家卢卡·朱利安尼（Luca Juliani, 1950-）细致观察到，帘子竖直垂下，只在画面下部略微向右边摆动了一点。帘子与人物，无论是头部、身体还是腿部似乎保持一样的距离，帘子像是紧贴着人物，而并没有因为主教坐在座椅上，而绘出帘子与人物的

（eds.）: *Hinter dem Vorhang. Verhüllung und Enthüllung seit der Renaissance - von Tizian bis Christo,* München: Hirmer, 2016, pp. 56-64.

89　Wolfgang Kemp, *Rembrandt: Die Heilige Familie oder Kunst: Einen Vorhang zu lüften,* Frankfurt am Main: Fischer Verlag, 1986, pp. 46-54.

90　斯维特拉娜·阿尔珀斯：《伦勃朗的企业——工作室与艺术市场》，冯白帆译，江苏美术出版社 2014 年版，第 160-161 页。

91　Cf. Horst Bredekamp, *Theorie des Bildakts. Frankfurter Adorno-Vorlesungen 2007,* Berlin: Surkamp Verlag, 2010. pp. 17-18.

距离感。朱利安尼解释帘子与人物的这种空间不协调：帘后的不是主教，而是一幅主教的画像。

朱利亚尼还例举了安托内罗·达·梅西纳（Antonello da Messina, ca. 1430-1479 年）"救世主像"（彩图 35）上的纸片和彼德鲁斯·克里斯蒂（Petrus Christus）所绘"卡尔特教团修士的半身像"（彩图 36）上一只比例失调的苍蝇，达尼埃尔·阿拉斯（Daniel Arasse, 1944-2003 年）也在洛伦佐·洛托（Lorenzo Lotto, 1480? -1556 年）"苦修士圣哲罗姆"（Saint Jerome penitent）的画作边缘观察到一只与画面表现内容比例失调的蚱蜢，[92]它们都并非在画面虚构的空间中，而是在我们的空间里，在画的表面之上。肖像画中被画者被视为真实与在场的，但通过制造中间介质，能够消除这种错觉，中间介质提醒观者，被描绘的肖像为人工制品，被画者的主体性降低，随之增强了画作的客观对象性。这些介质与画面虚拟空间不协调，反而与观者的现实空间协调一致，从而建立了与观者现实世界的联系，它们因此比起画面上的肖像画看起来更具生命力。朱利亚尼将其归为具有画家自我指涉功能的介质，它提醒观者对画家技艺的钦佩。[93]

无论是肖像画还是宗教故事画，画家们都是通过增加中间介质，强调了观者和画面人物/主题的界限。帘子作为这样的中间介质，也可通过一些画家的其他辅助技法，增强这种界限感。例如在画面上投下帘子的阴影（彩图 37）。通过画面上投下帘子的阴影，让观者产生帘子作为必然实在之物体的幻觉，从而进一步增强画面的客观对象性。正如贡布里希所说"阴影则不同，因为它们不是真实世界的一部分。我们不能触及它们也不能捕捉它们。影子的显现也能证明物体的实在，因为投下影子的东西必然是实在的。"[94]另一个强调画作客观对象性的方法则是利用挂帘与画面场景色彩和光线上的强烈反差，将画面主题与挂帘清晰区分，错视觉描绘的挂帘因此更加独立于画面主题，而强调挂帘真实性的幻觉，以及画面场景独立于观者之外的客观对象性。这在伦勃朗后继者，诸如尼古拉斯·梅斯（Nicolas Maes, 1634-1693 年）的"窃

---

92 达尼埃尔·阿拉斯（著），何蒨（译），董强（审校）：《我们什么也没看见——一部别样的绘画描述集》，北京：北京大学出版社，2007 年，第30-32 页。

93 卢卡·朱利亚尼（撰），赵四（译）：《肉体还是石头——米开朗基罗的洛伦佐·美第奇墓雕》，载《荣宝斋》，第 11 期，2013 年。

94 贡布里希（著），王立秋（译）：《阴影——西方艺术中对投影的描绘》，重庆：重庆大学出版社，2016 年，第 11 页。

听者"（彩图 38）与安德里安·凡·盖伊斯贝克（Adriaen van Gaesbeeck, 1621-1650 年）的"逃往埃及路上的小憩"（彩图 39）上就清晰可见。挂帘的冷色调清晰区分了暖色调的画面场景，挂帘褶皱的阴影也暗示了画面场景之外的光源。错视觉效果描绘的挂帘强调了画面主题是独立于挂帘的客观对象，它是一幅图像，而挂帘也是独立于画面的物品，画家是对两个客观对象的描绘，它们共同构成了这幅绘画。

　　赫尔曼·鲍尔的研究发现伦勃朗的早期绘画有将表现内容客观对象化（Vergegenständlichung）的倾向，这种倾向将画作视为绘画对象（Bildgegenstand），画家强调的是作品的客观性/对象性（Gegenstand/Objekt），并非绘画的主题（Thema）。赫尔曼·鲍尔如是评价伦勃朗的"带挂帘的圣家庭"：

　　　　它实际上描绘的是一个图像，准确的说是一幅带物品的静物画：一幅绘画。这在西方艺术史上是全新的。[95]

　　　　Es handlet sich eher um die Abbildung eines Bildes, genaugenommen ein Stilleben mit dem Gegenstand: Gemälde. In der abendländischen Kunstgeschichte ist das neu.[96]

　　然而，如前所述，伦勃朗的"带挂帘的圣家庭"并非完全如鲍尔所说的这类通过错视觉描绘增强作品的客观对象性的情况。在另一幅伦勃朗工作室的作品"以马忤斯的晚餐"（彩图 40）中，在耶稣与门徒围坐在桌边的场景前方同样用错视觉方法描绘了金属细杆和挂帘（这次是从右往左拉开）。画面处于一片灰色昏暗中，只从耶稣左边两位站立的门徒那里散发出一道金色的光晕。挂帘和金属细杆也是相同的色调，挂帘上部褶皱暗示了画面之外的金色光源，与精细描绘的金属细杆不同，挂帘下部的寥寥笔触清晰可见，它搭落在同样错视觉描绘的黑色画框上。无论是"带挂帘的圣家庭"还是"以马忤斯的晚餐"，伦勃朗及其学生都并非旨在用错视觉效果创作一幅明确区分观者和绘画场景的中间介质（挂帘、挂杆、画框）。相反，借助相近的色调与光源，画面场景与中间介质产生一种融合的效果。尤其是描绘"画框"的笔触，时刻提醒观者中间介质的不真实性，从而减低了观者与画面，主观与客

---

95　本文作者的翻译。

96　Hermann Bauer, "Rembrandt vor der Staffelei", In: Wolfgang Braunfels & Friedrich Piel（ed.）, *Festschrift Wolfgang Braunfels,* Tübingen: Verlag Ernst Wasmuth, 1977. p. 5.

观的界限。伦勃朗画面中的中间介质并非主客观的界限，它们是让观者融入画面的手段。

伦勃朗出生于保守的大学城莱顿，他的母亲是荷兰改革宗教会的成员，她将伦勃朗培养成为一名敬虔的加尔文派的信徒。伦勃朗后来的大部分时间是在繁华的阿姆斯特丹度过的，在阿姆斯特丹，阿明尼乌派在政治和商业上掌权，相对比较宽容。然而，伦勃朗并不是常人眼中虔诚的基督徒，甚至是一位叛教者，他因与亨德丽吉同居而引发教会的谴责，为此甚至宣布退出教会。[97]作为独立自信的艺术家，伦勃朗对冷酷的说教、晦涩的教义不屑一顾，加之 17 世纪荷兰宽松的信仰背景，以及波折坎坷的命运让他的信仰更是新教式的，体现在作品中，它们不再受委托人订单和宗教教义的限制，退去了华丽的外表，它们质朴而真挚，体现了画家个人深切淳厚的宗教情感。伦勃朗这种打破错视觉效果描绘的挂帘和画框是其作为新教教徒的信仰表达：正如我无法通过绘画再现真实的历史，我的绘画只是想象之作，对于圣经也没有固定的理解和阐释，每个人都有自己对信仰的领受，作为新教信徒人人都是祭祀，都可以直接与上帝沟通，而无需他者作为中介。每位观画者都被邀请进入画面，将自身融入救恩的历史中。

## 六、结语：超越时空的救赎

最早在古典和拜占庭晚期对君王的描绘中出现挂帘（帷幔）的母题。基督教艺术中出现"帷幔"也正是因为其"显与藏"的含义。圣母玛丽亚与帷幔母题相结合时，打开的帷幔反映了圣母玛利亚作为"耶和华约柜"的功能和基督教道成肉身的"启示"。伦勃朗的"带挂帘的圣家庭"中打开的挂帘反应了这一神学理念，即耶稣基督的到来打破了《旧约》时代分割圣所和至圣所的幔子，他揭开了隐藏奥秘的事，他就是本物的真像，他用自己的身体献上永远的赎罪祭，开启了救赎的历史。

伦勃朗一方面用错视觉效果描绘了画幅前面的挂帘、金属杆和画框，挂帘、挂杆和画框分割了观者和画面主题，强调突出了前景，加强了画面的景深感；错视觉性的表现突显了图像的客观对象性，体现了伦勃朗精湛的画技，以及画家借用"艺术"弥补"作品"相对低劣的物质价值的意图。然而，相

---

97 约安尼斯·凡·隆恩（著），周国珍（译）：《伦勃朗传》，上海：上海人民美术出版社，1997 年。

较其同期画家，伦勃朗有意消抹这种错视觉的效果，两幅绘画上的"挂帘"和"画框"的色调、光源和质朴的风格都与画面主题相融合，从而减低了观者与画面、主观与客观的界限，制造出与观者亦亲近亦疏离的效果。尤其是画家描绘挂帘和画框的笔触，时刻提醒观者中间介质的不真实性，它们同时也宣告着画家的在场。伦勃朗通过其独特的错视觉性描绘，邀请不同时间、地域和文化传统背景的观者超越时空，与画面主题以及画家本人连接，一同进入对圣经启示的默想中。

# 第三章　基督教工艺美术

## 宗教圣物·艺术珍品·政治筹码——科隆大教堂的三王圣髑盒

在科隆大教堂后殿主祭坛的玻璃展柜里存放着一座珍贵的三王圣髑盒。从 12 世纪开始，它是每位来到这座中世纪哥特式大教堂朝圣信徒所瞻仰的圣物。（彩图 41）

三王圣髑盒由橡树木制成，外表镏金、银、铜，并由塑像、宝石和镶嵌各种珍贵材料作为装饰。它长 220 厘米、宽 110 厘米、高 153 厘米，重达 500 公斤。三王圣髑盒的外形常被描绘为"巴西利卡式"（Basilica），即由一间高于两边侧殿的中殿、两间侧殿和七进梁间组成的巴西利卡式教堂建筑。但事实上三王圣髑盒是由三座有着三角门楣外形的圣髑盒两两并列，并在其上叠加一层而构成的。

三王圣髑盒的下层两侧的人物浮雕分别是《旧约》的十二位先知，每侧中间的人物是《旧约》的所罗门王和大卫王；圣髑盒上一层的两侧人物浮雕则是《新约》的十二位门徒，其中每侧中间是炽天使和智天使的形象。三王圣髑盒正面下方中间描绘了圣母玛丽亚和婴孩耶稣，左右两边分别描绘的是三王朝圣和耶稣受洗的场景，正面上层是耶稣作为世界审判者的形象，他由两位天使围绕，天使手上拿着象征圣餐的盘子和杯子。最上方的圆弧形下方还有三位天使长的半身塑像，其中中间的圣米歇尔大天使在 1684 年被用一块黄玉所替代。三王圣髑盒背面的下层中间描绘的是先知耶利米或以赛亚，左右两边分别是耶稣被鞭打和耶稣被钉十字架。在耶稣被鞭打场景的上方是一个圆龛，里面是象征"忍耐"的人物塑像以及两位天使形象；在被钉十字架场景的上方是天使和月亮、太阳的形象。最上一层是头戴冠冕的耶稣基督立像，旁边还有两位殉道的圣人。在他们之上是象征信、望、爱的人物半身像。上下两层中间是将三王圣髑收入科隆大教堂的大主教莱纳德·冯·达塞尔（Rainald von Dassel, 1120-1167 年）的半身浮雕像。

三王圣髑盒两侧的人物塑像的布置是按照《圣经》时间顺序，从下往上描绘了《旧约》先知和《新约》门徒；圣髑盒正面和背面的浮雕也是从下往上、从左往右按时间顺序描绘了耶稣生平中的重要事件。人物和故事情节由立柱和半圆拱券分割。而用人物形象作为信仰品质的象征反映了西方中世纪以来基督教艺术的一个特点。三王圣髑盒被认为是中世纪保存下来的体量最大、艺术成就最高的"圣髑盒"。

圣髑的拉丁文 reliquiae 的意思为遗留之物，圣髑是为宗教崇拜所保留下的圣人的遗体或遗物。对圣髑的保存和崇拜是世界几大宗教共有的传统。在天主教，圣髑是指圣人或真福的遗体或遗骨，广义上讲，它也包括圣人生前用过的物品，或是与圣体接触过的物品。

基督教信仰相信上帝再次来临的时候身体复活，因而重视人死后对遗体的保存。天主教徒也相信圣人和真福死后，在复活的耶稣基督内继续关心和帮助尘世的信徒，因而在上帝和信徒中扮演着救恩中保的角色。人们在殉道者的墓地上建立教堂，比如著名的罗马圣彼得大教堂，以期待圣徒的庇护。然而圣徒墓地数目毕竟有限且有地域的限制，并不是每位信徒都有机会去往埋葬圣徒遗体的地方朝圣。因此，在后期的西方教会，圣人和真福的遗骨或遗物被保存在圣髑盒中，成为信徒所崇拜瞻仰的圣物。在《圣经》中也能找到圣物具有神迹能力的证据：《马太福音》第 9 章第 21 到 22 节记载了一位患了血漏十二年的女人，她从后面走进耶稣，摸了摸耶稣衣服的缝头，因为她心里想"只要我摸一摸他的衣服，我就会好了。"[1]《使徒行传》的第 19 章中也记载了有人从保罗身上拿手巾或围裙放在病人身上，病就退了，恶鬼也出去了。[2]

"东方三王"的故事源于《马太福音》第 2 章。耶稣降生后，有几位博士从沙漠以东的远方来到耶路撒冷。他们告诉当地人，他们在东方见到了一颗异

---

1 和合本《圣经》《新约·马太福音》9: 21-22。
2 和合本《圣经》《新约·使徒行传》19。

常明亮的星，而这颗星正是代表新降生的犹太王，于是他们一路打听新生的犹太王降下的地方，一直来到圣城耶路撒冷。这个消息很快传到了当时的犹太王希律那里，希律大吃一惊，他把东方来的博士召来，打发他们跟着犹太王星到伯利恒去寻找新生王，然后希望除掉耶稣。博士们出了耶路撒冷城，在那个星的引导下，来到了伯利恒，耶稣出生的地方。博士们终于见到耶稣和圣母。他们俯身拜见，并虔诚地献上带来的黄金、乳香和没药三件礼物。到了晚上，天使托梦指示博士们，他们就没有回耶路撒冷，而是绕道回到东方。[3]

　　《圣经》中从东方来朝拜耶稣的人被称为"博士"，意思是"有学问的聪明人"，后来东方三博士有了专门称呼——"玛日"，它原是对波斯拜火教祭祀的称呼，有时也兼任部落的酋长或者分封王，因而东方博士也就有了"东方三王"的称呼。因为他们是从东方来，而献上的礼物是三件，因而在绘画作品中"博士们"常常被描绘成不同肤色的三位帝王。天主教将每年一月六日定为三王朝圣节。

　　关于对东方三王及其圣骨的朝拜目前并没有准确记载。但根据流传，公元 326 年，君士坦丁的母亲圣海伦娜去巴勒斯坦朝圣的时候发现了三王圣骨并将其带回君士坦丁堡。4 世纪末，三王尸骨被从君士坦丁堡运往米兰。对三王朝拜的具体时间无法确定，因为早期的圣徒朝拜几乎都是关注于殉道者的。直到 1158 年，三王圣骨都放在一个 3 世纪的棺材里，被保存在米兰城外的一间教堂。当米兰受到腓德烈一世（Friedrich I Barbarossa，约 1122-1190 年）的进攻时，人们将圣骨转移到城墙内的钟楼内。一直到 1162 年底，腓德烈一世毁灭了米兰城，他将战利品三王圣骨盒作为礼物送给他的军事幕僚、科隆大主教莱纳德冯达塞尔，三王圣骨才来到科隆。在 1190 到 1225 年期间，由金匠尼古拉斯·冯·凡尔登（Nikolaus von Verdun，约 1130/40-1205 年）为其制作完成了三王圣髑盒，被保存在科隆大教堂。事实上，在三王圣骨到达科隆大教堂之前，教堂里面已经有很多珍贵的圣髑，其中包括彼得杖、彼得被捕的链子、教宗西尔维斯特一世（Silvester I）的头骨圣髑等。但直到三王圣髑盒的到来，科隆才成为继西班牙的圣地亚哥、意大利的罗马和德国的亚琛之后最有名的天主教朝圣地。

　　科隆大主教莱纳德是德意志国王、神圣罗马帝国皇帝腓特烈一世亲密的幕僚，他经常参与腓德烈一世对米兰及其周围意大利城市的征战，对欧洲帝

---

3　和合本《圣经》《新约·马太福音》9：21-22。

国军事政治有很大影响。三王圣龛的三王作为第一次朝拜耶稣基督——"君王中的君王"——的皇帝，成为世俗帝王的模范。通过对三王圣骨的拥有，莱纳德加强了其为德国国王加冕的要求，从而更进一步增强了其自身的政治权利。宗教圣物成为了世俗权利的筹码。

　　教堂通过对圣髑的拥有吸引了信徒的朝圣和崇拜，从而提高了教堂的宗教地位；大主教也因此得以加强其宗教和世俗权利。同样，对于古代欧洲帝王来说，他们不仅通过收藏皇冠、君王节杖和带十字架的金球，也通过收藏圣髑来确立其帝王王权的合法性。相似的理念在二十世纪的中国亦有体现。（彩图 42）

# 纽伦堡游戏挂毯——二元世界观的寓意性描绘

## 一、引言

　　1385 至 1400 年间制作于德国上莱茵省（Oberrhein），可能是阿尔萨斯（Elsaß）地区[4]的"纽伦堡游戏挂毯"是 15 世纪早期于德国南部制作的大量挂毯之一。[5]除了宗教题材，中世纪晚期的挂毯还发展了世俗题材，例如对中古高地德语诗歌的描绘，以及对野人、狩猎场景以及集体游戏的描绘等。"纽伦堡游戏挂毯"一方面描绘了宫廷集体游戏，另一方面挂毯上宗教和世俗性建筑物也占据了画面的大部分区域，暗示了挂毯在世俗和宗教方面的背景和功能。本文主要讨论分析"纽伦堡游戏挂毯"的图像意义，并探讨它们是如何反映中世纪晚期宗教和世俗二元的世界观。[6]

　　文章首先将描绘组成挂毯上的母题，如玩游戏的人物、建筑物、动植物等自然母题和徽章等，并分析其图像学意义；接下来通过例举挂毯中一些中世纪集体游戏并分析他们在中世纪宫廷社会的意义，探讨"纽伦堡游戏挂毯"的社会功能。最后文章将阐释"纽伦堡游戏挂毯"是如何反映中世纪宫廷社会的宗教和世俗世界观。

---

4　参见 Heinrich Göbel, *Wandteppiche. (III. Teil, Band 1): Die Germanischen und Slawischen Länder: Deutschland einschliesslich Schweiz und Elsass (Mittelalter), Süddeutschland (16. bis 18. Jahrhundert)*. Leipzig: Klinkhardt & Biermann, 1933. S. 84-85.

5　参见 Hermann Schmitz, Bildteppiche. Geschichte der Gobelinwirkerei. Berlin: Verlag für Kunstwissenschaft, 1922. S.72.

6　本文集中研究挂毯的图像学意义以及功能，而它的材料、编织方法及风格并不在此文的探讨范围内。

直到 2005 年对"纽伦堡游戏挂毯"的研究仍很少。海因里希·格贝尔（Heinrich Göbel）、贝蒂·库尔特（Betty Kurth）和赫尔曼·施密茨（Hermann Schmitz）都曾在各自文章中探讨过"纽伦堡游戏挂毯"的产地问题。[7]他们的文章是我这篇研究的基础。此外，本文以"贝里公爵的时祷书"（Les Très Riches Heures du duc de Berry），"特伦托布翁孔西格利奥城堡的鹰塔中的月份湿壁画"（Il Ciclo di Mesi di torre d'Aquila di castello del Buonconsiglio di Trento）以及一幅在莱茵河中游地区制作完成的晚期哥特风格挂毯为对比资料，用以分析"纽伦堡游戏挂毯"的构图布局情况。本文另两本基础参考文献是《服装和盔甲的图解词典——从古代东方到中世纪末期》（*Bildwörterbuch der Kleidung und Rüstung. Vom Alten Orient bis zum ausgehenden Mittelalter*）和《象征词典——基督教艺术的图像和标志》（*Lexikon der Symbole. Bilder und Zeichen der christlichen Kunst*）。为了研究纽伦堡游戏地毯的功能，笔者还参考了赫尔曼·施密茨的《挂毯的制作历史》（*Bildteppiche Geschichte der Gobelinwirkerei*）一书。本文关于中世纪教会和宫廷社会的历史研究得益于约阿希姆·邦克（Joachim Bumke）的《宫廷文化》（*Höfische Kultur*）一书。

## 二、"纽伦堡游戏挂毯"

### 1. 基本情况

"纽伦堡游戏挂毯"是由羊毛、黄金和白银在绒呢织物表面以六经线编织而成的。挂毯高 160 厘米，宽 394 厘米。2010 年，经过修复后重新展示于纽伦堡日耳曼国家博物馆（Germanisches Nationalmuseum, Nürnberg）（彩图 43）。根据挂毯的编制技法和挂毯上的人物服装和建筑物可以确定这幅"纽伦堡游戏挂毯"应该是在 1385 年到 1400 年间在上莱茵河的阿尔萨斯地区制作完成的。[8]

---

7 参见 Heinrich Göbel, *Wandteppiche. (III. Teil, Band 1): Die Germanischen und Slawischen Länder: Deutschland einschliesslich Schweiz und Elsass (Mittelalter), Süddeutschland (16. bis 18. Jahrhundert)*. Leipzig: Klinkhardt & Biermann, 1933. S. 84-86.
　Betty Kurth, *Die deutschen Bildteppiche des Mittelalters,* 3 Bände. Wien: Anton Schrott, 1926. S. 122-124.
　Hermann Schmitz, *Bildteppiche. Geschichte der Gobelinwirkerei.* Berlin: Verlag für Kunstwissenschaft, 1922. S. 73-76.

8 同上。

## 2. 构图

### 2.1. 集体游戏的布置

"纽伦堡游戏挂毯"上充满了许多人物，他们正参加各样集体游戏。这其中包括：挂毯左面中心位置的城堡中正在上演的"敲打火腿游戏"（Schinkenklopfen）游戏；在陡峭岩石的下方从左往右呈现的"小树移动游戏"（Bäumchen wechsel dich）游戏[9]；位于这个游戏之后的"枪靶游戏"（Quintainespiel）以及"蒙眼牛游戏"（Blindekuhspiel）[10]等。"纽伦堡游戏挂毯"上参与不同游戏的人物组合是挂毯画面的重要构成元素，它们对于挂毯整体构图起到至关重要的作用，而不同游戏也通过建筑物、文字条幅或是自然母题，如山石、树木和花草等相分隔。

"纽伦堡游戏挂毯"的画面是由各种不同游戏场景组合而成的，挂毯"野人狩猎、游戏和家庭生活"（Das Rücklagen mit wilden Leuten bei Jagd, Spiel und Familienleben）同样也在一幅挂毯上描绘了不同场景，并且与"纽伦堡游戏挂毯"的制作时间和地点相近，可以在此作为比较的例子。[11]挂毯"野人狩猎、游戏和家庭生活"被水平划分为 15 个场景，它们由不同种类的树木和文字条幅所分割。与此相比，"纽伦堡游戏挂毯"的构图划分更具有变化性、灵活性和节奏感。

另外，"纽伦堡游戏挂毯"上的主题并不构成一个连续的构图。与之相反，描绘历史故事或文学题材的叙述性插图则呈现一个连续的过程，因此它们的构图通常也是由一个个单一场景相承接的表现方式，[12]例如著名的"贝叶挂毯"（Bayeux Tapestry）（彩图 44）就是将连续故事并排安置在一条连续的画面中。"纽伦堡游戏挂毯"的各个场景则被安排在挂毯画面的上方或是下方等不同位置。[13]"纽伦堡游戏挂毯"上集体游戏场景的自由构图方式避免了挂毯画面的僵硬感，让挂毯构图更具变化性和节奏感。而分割这些集体游戏场景的建筑物也十分引人注意。

---

9 类似于我们今天的"抢板凳游戏"。

10 类似于我们今天的"蒙眼抓人游戏"。

11 参见 Betty Kurth, *Die deutschen Bildteppiche des Mittelalters,* 3 Bände. Wien: Anton Schrott, 1926. S. 231.

12 参见 Christina Cantzler, *Bildteppiche der Spätgotik am Mittelrhein 1400-1550.* Tübingen: Ernst Wasmuth Verlag, 1990. S. 11.Christina Cantzler, *Bildteppiche der Spätgotik am Mittelrhein1400-1550.* Tübingen, 1990. S. 111.

13 同上.

## 2.2. 建筑物

"纽伦堡游戏挂毯"上的建筑物占据画面相当大的面积。荒芜的悬崖中就冒出许多建筑主题：城堡、小教堂、修道院等。城墙、岩石和其间玩集体游戏的一组组人物穿插其间。除了占据相当面积，"纽伦堡游戏挂毯"上的建筑物亦是被描绘得具体细微。竖立在挂毯中间的城堡通过城门、塔楼和城墙被描绘得具体清晰。同样，我们也可以清楚地辨识挂毯上的修道院、教堂和风车。

## 2.3. 建筑物和宫廷生活

"纽伦堡游戏挂毯"的另一处有意思的地方是在同一幅挂毯上同时描绘了建筑物和成群结队的人物。这种描绘方式也出现在"贝里公爵的时祷书"的插图上。"贝里公爵的时祷书"十月份插图的前景是一个正在田中撒种的农民，另一位农民正在田间拉耙，背景可以看见卢浮宫。[14]卢浮宫前是正在散步的巴黎市民，行驶在塞纳河上的船只以及洗衣服的市民。画面反映了由贵族、市民和农民构成的新社会阶层。这里真实再现的卢浮宫建筑物代表了宫廷社会阶层。

"贝里公爵的时祷书"一月份插图描绘了新年宴会，它标志着新的一年的开始。同样在接下来的月份插图中也安排了相应的主题，比如四月的"贵族订婚"、五月的"郊游"、八月的"猎鹰狩猎"（彩图45）和十二月的"狩猎野猪"。这些插图背景中的农田代表劳作的农民阶层，而公爵城堡则代表娱乐的贵族阶层，这些城堡不是华丽的想象，而是真实的再现。相似的例子还有"特伦托布翁孔西格利奥城堡的鹰塔中的月份湿壁画"（Castello del Buonconsiglio，Trento），其中一月份的壁画描绘是一片描绘有赞助人居住的斯泰尼科（Stenico）城堡的冬季风景（彩图46）。壁画的前景是衣着华丽的贵族男女打雪仗的场景。

"纽伦堡游戏挂毯"、"贝里公爵的时祷书"和"特伦托布翁孔西格利奥城堡的鹰塔中的月份湿壁画"的共同之处是：画面上部都是以代表宫廷社会阶层的宫殿城堡为背景，画面前景则描绘了贵族的宫廷生活。但是与"贝里公爵的时祷书"和"特伦托布翁孔西格利奥城堡的鹰塔内月份湿壁画"不同的是，"纽伦堡游戏挂毯"上除了位于挂毯中心的城堡建筑，还有修道院和教堂这些宗教建筑。

---

14　"贝里公爵的时祷书"插图上的卢浮宫建筑是 16 世纪初期在其重建前中世纪城堡式建筑。

### 3. 主题的图像学意义

#### 3.1. 服装

除了丰富的建筑物，"纽伦堡游戏挂毯"上华丽的服装亦让人惊叹。服装同建筑一样，也象征着人物的社会地位。[15]通过贵族的华丽服装、普通市民的衣着、以及农民劳作的衣服可以区分贵族与普通市民以及农民的人物身份和社会地位。[16]挂毯上无论男女衣服的长袖和长长的拖裙，还是长袍、紧身衬衫、尖头鞋和袜套都告诉我们，身着这些衣服的人物来自于上层宫廷社会。挂毯上宫廷社会服装指明这些贵族不需要工作，强调了宫廷社会的清闲娱乐。与此相反，"特伦托布翁孔西格利奥城堡的鹰塔内月份湿壁画"的七月份壁画描绘的男性和女性农民都身穿白色朴素衣服并头戴草帽在田间辛苦劳作（彩图 47）。

华丽的宫廷服装还可以透露另一个信息：男女贵族都身佩摇铃。我们可以想象，当他们走动的时候，摇铃可以发出声音，这不仅可以显示和强调此人的社会地位和名望，[17]贵族男女们也可以借此吸引异性伙伴的注意力。

除此之外，服装亦能强调身体的曲线。男人身穿紧身的短上衣和袜套，紧身上衣强调了男性的胸部，而紧身裤则强调了他们的腿部线条和生殖部位。男女贵族们身穿色彩鲜艳、设计华丽的紧身衣服有两个功能，即展示自我和吸引他人的目光。如同约阿希姆·邦克所言："如果没有 12 世纪新式剪裁的发明对女性服装进行根本性的重新改良，使得强调身形的新时尚成为可能，就不会发展出宫廷娱乐和宫廷爱情文化中新的性别角色游戏。"（Ohne die grundlegende Umgestaltung der Frauenkleidung durch die Erfindung des Schnitts im 12. Jahrhundert, durch den die neue Mode der eng anliegenden und die Körperformen betonenden Kleider möglich wurde, hätte sich das neue Rollenspiel der Geschlechter im höfischen Unterhaltungsbetrieb und die Kultur der höfischen Liebe schwerlich so reich entwickeln können.[18]）

---

15 参见 Werner Paravicini, *Die Ritterlich- Höfische Kultur des Mittelalters.* München: Oldenbourg, 1994. S. 8

16 同上。

17 Harry Kühnel（Hrsg.）, *Bildwörterbuch der Kleidung und Rüstung. Vom Alten Orient bis zum ausgehenden Mittelalter.* Stuttgart: Kröner, 1992. S. 223.

18 Joachim Bumke, *Höfische Kultur: Literatur und Gesellschaft im hohen Mittelalter, 2. Bde.* München: Deutscher Taschenbuch Verlag, 1986. S. 29.

### 3.2. 其他小主题

除了集体游戏中的人物、建筑物，"纽伦堡游戏挂毯"还出现了许多小主题，比如垂钓者、狩猎的场景、花卉和植物等。

挂毯右边是一个钓鱼的小男孩（彩图 48）。按照迈克尔·卡米尔（Michael Camille）对于"爱"的四个等级的划分，在此我把钓鱼的男孩解释为"爱"的第一等级，即"寻求爱和爱的安慰"的人。[19]挂毯左上角一位猎人正在悬崖高处追猎鹿。狩猎是中世纪最受欢迎的表现主题之一，对追捕鹿或独角兽的描绘常寓意为希望得到忠诚的关系，因为这两种动物被视为纯洁和贞洁的象征。[20]

此外，挂毯上还描绘有造型丰富并被赋予深层含义的花朵。这就意味着挂毯上的植物不再仅仅作为装饰，它们同样也是一个图像象征意义的载体，尤其是赋予了与"爱"相关主题的花朵，比如百合花代表纯真和贞洁。[21]

兔子是高产的象征。城堡三角额楣上栖息的鹳则是孕育的象征。[22]城堡左上方正有两只小鸟飞向鸟巢，它们是婚姻和家庭生活的寓意。狗是人类忠实的伴侣，挂毯上狗的母题同样象征着忠诚。[23]挂毯上前方在一群玩着"蒙眼牛游戏"的人群中有一条跳跃起来的小狗。迈克尔·卡米尔（Michael Camille）将其解释为代表觊觎爱人的意思。[24]挂毯上所有动物的描绘都象征着忠贞不渝的爱情、生育以及和谐的家庭生活。

通过对挂毯图像学的解释我们可以认识到"纽伦堡游戏挂毯"通过共同寓意性的符号来表现爱、婚姻、家庭等观念。

### 3.3. 集体游戏及其解释

鲜花盛开的山谷中一群贵族男女在玩"敲打火腿游戏"（彩图 49）。游戏要求一名年轻男子将他的头藏在一个女人的怀抱中，然后猜这个女人是谁。挂毯

---

19　„ein Liebender Hoffnung und Trost der Liebe erlangt."
　　参见 Michael Camille, *Die Kunst der Liebe im Mittelalter*. Köln: Könemann, 2000. S. 129.

20　参见 Christina Cantzler, *Bildteppiche der Spätgotik am Mittelrhein1400-1550*. Tübingen: Ernst Wasmuth Verlag, 1990. S. 144

21　参见 Gerd Edwin Heinz-Mohr（Hrsg.）, *Lexikon der Symbole. Bilder und Zeichen der christlichen Kunst*. Köln: Diederichs, 1981. S. 188.

22　同上，第 127 页。

23　同上，第 140 页。

24　Michael Camille, *Die Kunst der Liebe im Mittelalter*. Köln: Könemann, 2000. S. 96.

左下方的游戏环节中，一对对夫妇围成圈，丈夫或者是妻子要从后面抓住另一方的手臂，这个称为"小树移动"的游戏是一个中世纪非常流行的追捕游戏。

在"小树移动"游戏旁边是"枪靶游戏"（彩图 50）。一名男性两手向前跪在地面上，一位女性坐在他身上并由其后方的男伴扶持，她的左腿伸向前方。男伴需要在强烈运动的状态下保持平衡并从座骑上抬起这名女士。这名女士旁的旗帜上写着古德语"Din stosen gefelt mir wol/ lieber stos als es sin sol"（我喜欢被推/比起应该做的，这样比较好）。写在男伴身边条幅上的答复是："Ich stes gern ser/ so mag ich leider nit mer"（我喜欢推/但我不喜欢仅这样）。这个游戏之后是"蒙眼牛游戏"。画面上一位蒙着眼睛的女士正试图抓住其他游戏者。但对于这个游戏的寓意目前还不能完全确定。

如前所述，挂毯上游戏参与者华丽的服装代表他们宫廷社会的地位，而集体游戏在中世纪是一种宫廷社会钟爱的舒适消遣。"纽伦堡游戏挂毯"将宫廷集体游戏同爱情主题密切结合。"宫廷爱情"是 19 世纪提出的术语，它表示宫廷中不合法的、所以也是隐蔽的爱情。[25]在"枪靶游戏"中我们可以通过男女贵族的条幅看出此游戏的色情性。女士们通过这个游戏避免性行为，而男人则希望借此游戏发生性行为。[26]除了"枪靶游戏"，中世纪许多宫廷集体游戏都有亲密的肉体接触，比如"敲打火腿游戏"。

### 3.4. 挂毯上的徽章

徽章在中世纪生活中意义重大。挂毯上的徽章不仅作为装饰，也是对挂毯拥有权的标志，代表了个人地位和对赞助人或赠送人的纪念。[27]"纽伦堡游戏挂毯"的最右边的深红色背景上有两个徽章（彩图 51）。因为目前无法确定徽章的属性，所以此挂毯的起源尚不清楚。根据迈克尔·卡米尔的推测，这幅"纽伦堡游戏挂毯"很可能是为一对新婚夫妇制作的结婚礼物。[28]

---

25 参见 Werner Paravicini, *Die Ritterlich- Höfische Kultur des Mittelalters*. München: Oldenbourg, 1994. S. 10.

26 „das Quintainespiel der Sexualakt ist, den die Dame lieber vermeidet, indem sie dieses Spiel spielt, und zu dem der Mann direkt überleiten möchte"（"敲打火腿游戏"游戏是性方面的行为，女士希望通过这个游戏避免发生性行为，而男士希望借此直接发生性行为。）

Michael Camille, *Die Kunst der Liebe im Mittelalter*. Köln: Könemann, 2000. S. 127.

27 参见 Werner Paravicini, *Die Ritterlich- Höfische Kultur des Mittelalters*. München: Oldenbourg, 1994. S. 15.

28 参见 Michael Camille, *Die Kunst der Liebe im Mittelalter*. Köln: Könemann, 2000. S. 127-129.

## 四、挂毯的功能

中世纪早期挂毯主要用于作为教堂装饰。从中世纪盛期开始，挂毯也出现在宫殿、城堡和富有市民的宅邸中。[29]中世纪艺术作品的任务不仅是作为教堂或私人住宅的装饰和点缀，它们也同样具有说教功能。[30]神职人员和不同社会阶层的普通信徒都会使用宗教题材的挂毯，而世俗题材的挂毯仅限于贵族和受过教育的市民阶层这一很小的圈子。为了能进一步探究"纽伦堡游戏挂毯"的意义和功能，我们还必须了解中世纪宫廷社会生活的背景。

## 五、中世纪盛期的教会和宫廷社会

1400年左右的欧洲遭受君主危机，而诸侯主权得以增强。这一背景下宫廷文化的发展是贵族阶层自我意识的一种表现，但同时它也受到教会的严重打击。[31]尤其是性放纵的宫廷爱情违反教会一夫一妻制要求，因而被教会严厉抨击。[32]"纽伦堡游戏挂毯"上出现了教堂、修道院和两个修士。笔者推测，这些挂毯上的宗教元素正反映了教会对宫廷爱情的对立立场。

## 六、结语

因为无法确认挂毯制作的起源，笔者无法给予挂毯最全面明确的诠释。但关于挂毯的图像学意义现在已经很清楚。挂毯描绘了许多中世纪宫廷集体

---

29 参见 Hermann Schmitz, *Bildteppiche. Geschichte der Gobelinwirkerei.* Berlin: Verlag für Kunstwissenschaft, 1922. S. 31.

30 参见 Christina Cantzler, *Bildteppiche der Spätgotik am Mittelrhein1400-1550.* Tübingen: Ernst Wasmuth Verlag, 1990. S. 11.

31 „Was das Leben dem Adel bei Hofe lebenswert machte, die teure, körperbetonte Kleidung und andere Statussymbole des äußeren Scheins, die Maßlosigkeit von Jagd, Spiel, Essen und Trinken, überhaupt weltliche Zerstreuung und Gottvergessenheit wurden von der Kirche kritisiert." （那些宫廷贵族们生活的价值是奢靡的、强调身形的衣服和其他代表社会地位的外表：过渡的狩猎、游戏、宴饮。这种沉迷在世俗世界和忘记上帝的行为受到教会的批评。）
引自 Werner Paravicini, *Die Ritterlich- Höfische Kultur des Mittelalters.* München: Oldenbourg, 1994. S. 47.
作者的翻译。

32 „Höfische Liebe in ihrem Preis der Schönheit des weiblichen Körpers und dem kaum verhüllten Spiel mit dem Ehebruch, auch ihrem Konzept der Erhebung durch Liebesdienst, war also ein unmittelbarer Angriff auf Grundpositionen der Kirche." （宫廷爱情推崇女性美丽的身体和完全不掩饰的背叛婚姻的游戏，以及他们太高性服务的观念，都是对教会基本立场的直接攻击。）
同上，第44页，作者的翻译。

游戏；同时，根据挂毯上狩猎、捕鱼的场景，或是树木和花卉以及建筑物我们可以得知，"纽伦堡游戏挂毯"将"宫廷游戏"和"宫廷爱情"两主题相结合的意图。

挂毯上的建筑物和宫廷游戏一样占据重要位置。通过比较"贝里公爵的时祷书"和"特伦托布翁孔西格利奥城堡的鹰塔中的月份湿壁画"，"纽伦堡游戏挂毯"上建筑物的意义变得更为清楚，它们在此是分别代表了世俗和宗教世界观。

中世纪后期宗教和世俗世界观在宫廷社会都起到重要作用。挂毯上城堡、宫殿和参加宫廷集体游戏的贵族代表了世俗的世界观，而教堂、修道院和修士则被视为基督教信仰的世界观。

如果我们接受迈克尔·卡米尔的推测，"纽伦堡游戏挂毯"可能是为一对新婚夫妇制作的结婚礼物，那么笔者认为"纽伦堡游戏挂毯"具有两个功用：一方面挂毯上对代表爱情与和谐的家庭生活的象征物的描绘表达了赠送人对新婚夫妇的祝福；另一方面挂毯上色情的宫廷游戏也是赠送人对新婚夫妇避免不纯洁和轻浮的婚姻生活的忠告。

# 帝国自由城市的恩惠与守护——从圣迪奥卡鲁斯祭坛窥探纽伦堡的政治宗教变迁

## 一、引言

1316 年，为感谢帝国自由城市纽伦堡予以的军事援助，巴伐利亚的路德维希皇帝（Kaiser Ludwig der Bayer, 1282/1286-1347 年）赠予该市圣迪奥卡鲁斯（St. Deocarus, 早于公元 826 年去世）的圣骨。[33]1437 年，为了与纽伦堡的另一位主保圣赛巴德斯（St. Sebaldus）相竞争，福尔卡默（Volckamer）家族赞助制作了盛放圣迪奥卡鲁斯圣骨的银棺以及祭坛基座及其两翼祭坛画。[34]纽伦堡第一次出现了对圣迪奥卡鲁斯的描绘。此后，信徒对圣迪奥卡鲁斯的

---

33 参见 Ernst Eichhorn, *Der Deocarusaltar in der St. Lorenz-Kirche in Nürnberg*. In: *Verein zur Wiederherstellung der St. Lorenzkirche in Nürnberg e.V*, N.F. 10. Nürnberg, 1969. S. 4-5

34 参见 Ernst Eichhorn, *Der Deocarusaltar in der St. Lorenz-Kirche in Nürnberg*. In: *Verein zur Wiederherstellung der St. Lorenzkirche in Nürnberg e.V*, N.F. 10. Nürnberg, 1969. S. 7.

朝拜随之日益增加。1471年，圣迪奥卡鲁斯与圣赛巴德斯并驾获得弗里德里希三世（Kaiser Friedrich III）颁发的"帝国圣徒"（Reichsheiliger）称号。[35]1472年，借由为新建唱诗堂祭坛的供奉仪式之机，圣迪奥卡鲁斯祭坛被移至主祭坛北边的立柱旁，一直到1493年迪奥卡鲁斯祭坛都置于此重要位置供人朝拜。[36]1493年，汉斯·伊姆霍夫（Hans IV. Imhoff）赞助制作的圣礼龛（Sakramentshaus）替换下了圣迪奥卡鲁斯祭坛，[37]圣迪奥卡鲁斯祭坛在圣劳伦茨教堂中位置的移动见证了纽伦堡作为帝国自由城市的衰落以及在政治和经济上日益增强的家族势力。1524年，纽伦堡市举行了最后一场纪念圣迪奥卡鲁斯的宗教列队仪式（Prozession）。此后的宗教改革期间，圣迪奥卡鲁斯的银馆被搬离出祭坛基座，放入圣器收藏室（Sakristei）。[38]1811年，迪奥卡鲁斯的银棺被巴伐利亚财政机构熔化并出售。[39]1845年，为庆祝主教管区的百年纪念，经艾希施泰特（Eichstätt）主教卡尔·奥古斯特·赖萨赫（Karl August von Reisach, 1836-1846年）之请，圣迪奥卡鲁斯的圣骨被送往艾希施泰特（Eichstätt）。[40]

圣迪奥卡鲁斯的圣骨盒、圣骨的转交、福尔卡默家族赞助制作的银棺和祭坛基座，圣迪奥卡鲁斯祭坛的组合、祭坛画的内容、祭坛位置的移动、宗教节日的列队仪式以及圣迪奥卡鲁斯与纽伦堡的另一位主保，圣骨保存在纽伦堡的圣塞巴德斯教堂主保圣赛巴德斯之间的竞争都透露了圣迪奥卡鲁斯与皇帝以及纽伦堡帝国自由城市的关系。本文即是通过对圣迪奥卡鲁斯祭坛的研究并结合帝国和帝国自由城市纽伦堡的相关史料，阐述对纽伦堡圣劳伦茨

---

35 参见 Heinz Stafski, *Der Zwölfboten-Deocarusaltar in der St. Lorenzkirche zu Nürnberg*. In: *Anzeiger des Germanischen Nationalmuseums*, 1992. S. 168.

36 参见 Heinz Stafski, *Der Zwölfboten-Deocarusaltar in der St. Lorenzkirche zu Nürnberg*. In: *Anzeiger des Germanischen Nationalmuseums*, 1992. S. 170.

37 参见 Heinz Stafski, *Der Zwölfboten-Deocarusaltar in der St. Lorenzkirche zu Nürnberg*. In: *Anzeiger des Germanischen Nationalmuseums*, 1992. S. 168.

38 参见 Ernst Eichhorn, *Der Deocarusaltar in der St. Lorenz-Kirche in Nürnberg*. In: *Verein zur Wiederherstellung der St. Lorenzkirche in Nürnberg e.V*, N.F. 10. Nürnberg, 1969. S. 14.

39 参见 Ernst Eichhorn: *Der Deocarusaltar in der St. Lorenz-Kirche in Nürnberg*. In: *Verein zur Wiederherstellung der St. Lorenzkirche in Nürnberg e.V*, N.F. 10. Nürnberg, 1969. S. 14.

40 参见 Ernst Eichhorn, *Der Deocarusaltar in der St. Lorenz-Kirche in Nürnberg*. In: *Verein zur Wiederherstellung der St. Lorenzkirche in Nürnberg e.V*, N.F. 10. Nürnberg, 1969. S. 14.

教堂的圣徒圣迪奥卡鲁斯崇拜的产生、发展、衰落直至最后的被遗忘的近 700 年的历史，并从中探究其背后宗教和政治环境的变迁。

## 二、圣迪奥卡鲁斯及其与纽伦堡的关系

圣迪奥卡鲁斯的圣骨为何会被送往纽伦堡的圣洛伦茨教堂？为了回答这个问题，首先需要了解圣迪奥卡鲁斯和帝国自由城市纽伦堡的关系。

圣迪奥卡鲁斯跟随圣维利巴尔德（Wilibald）及其同伴推进了从艾希施泰特发起的国家基督教化运动（Christalisierung des Landes）。819 年，圣迪奥卡鲁斯参与将圣波尼法（St. Bonifatius，约 673-754/755）的圣骨运往福尔达（Fulda），圣迪奥卡鲁斯的声望从此进一步上升。除此以外，圣迪奥卡鲁斯还创建了位于德国巴伐利亚的黑里登（Herrieden）修道院，并曾在那里担任忏悔神父。8 世纪末，为了连接施瓦尔本的札特（schwäbische Rezat）河与一条连接美因河与多瑙河的阿尔特米尔（Altmühl）运河的工程，卡尔大帝常来到阿尔特米尔。黑里登修道院就在阿尔特米尔附近，是卡尔大帝做忏悔祷告的一站，圣迪奥卡鲁斯是卡尔大帝的忏悔神父。

从 14 世纪开始帝国自由城市纽伦堡就建立起同圣迪奥卡鲁斯的联系。在 1316 年巴伐利亚的路德维希同哈布斯堡的美丽的弗里德希（Friedrich des Schönen von Habsburg,1289-1330 年）的王位争夺中，黑里登修道院选择支持弗里德希。由于这个原因，黑里登修道院后来被巴伐利亚的路德维希征服后被烧毁。此后巴伐利亚的路德维希将一部分从黑里登修道院掠夺的圣迪奥卡鲁斯圣骨赠予给予军事援助的帝国自由城市纽伦堡。

圣劳伦茨教堂通过保存和崇拜纽伦堡市主保圣迪奥卡鲁斯的圣骨，在与保存有纽伦堡市另一位主保、圣塞巴德斯的圣塞巴德斯教堂的竞争中得以提高自身地位。

## 三、圣迪奥卡鲁斯祭坛的组成和内容

圣迪奥卡鲁斯祭坛基座上的文字透露其最晚于 1437 年被制作完成（图16）。经过 2011 年最近一次的修复，今天圣迪奥卡鲁斯祭坛位于圣劳伦茨教堂东北角唱诗堂过道的墙柱前（图 17-8）。祭坛包括一座祭坛龛以及里面的木刻雕塑、祭坛龛后的木板画、祭坛龛两翼前后祭坛画、祭坛基座、基座后的木版画以及基座两翼的祭坛画。

### 1. 祭坛龛外部的祭坛画（图 18）

祭坛龛外部的祭坛画描绘了圣迪奥卡鲁斯的故事。按时间顺序，祭坛左翼上方的画面上圣迪奥卡鲁斯徒正跪在一座罗马式小教堂前祈祷。与此画面相对的右侧祭坛画描绘了哀悼圣迪奥卡鲁斯徒的去世。画面上圣迪奥卡鲁斯徒身穿法衣双手交叉安息在床上，他的周围围满了修士。最靠近圣迪奥卡鲁斯徒的修士手捧圣经，他旁边的修士左手提着一个篮子，里面放着一把钥匙，可能是修道院的钥匙。后排的某位修士举着十字权杖。山墙式祭坛的画面上方是两位飞舞的天使。

祭坛右翼下方的祭坛画是对巴伐利亚的路德维希皇帝呈送圣迪奥卡鲁斯的圣骨给帝国自由市纽伦堡的历史事件的描绘。祭坛左翼下方的祭坛画则描绘了信徒在圣迪奥卡鲁斯的祭坛前献祭的场景。画面右边是四周围有立柱和圆拱建筑式圣坛，圆拱内圣坛上放置着身穿法衣躺卧着的圣迪奥卡鲁斯徒的棺椁。棺椁前方放着两根蜡烛。一名男子跪在圣坛前的台阶上，他手持祭物。在这名男子身后是他因为偷窃祭物而眼瞎的儿子。画面上小孩的眼珠落在地上。后来父亲献祭，儿子的眼疾得到医治。在他们的身后还有一群跪着祈祷的人物，其身份仍未能辨识。

### 2. 祭坛的木龛（彩图 52）

打开祭坛呈现出祭坛的主体，它是一座上下两层表现耶稣基督、圣徒圣迪奥卡鲁斯以及十二使徒木刻镀金雕像的木龛。木龛高 2.2 米，宽 1.9 米，深 0.36 米。[41] 上一排的中间是坐着的耶稣基督，他的左手手拿带有十字架的金球。耶稣基督左右两边是站立的三位人物像为一组的使徒像。下面一排坐在中间的是身穿宗教法衣、手持法杖和圣经的圣迪奥卡鲁斯，站在他的两侧也是三位人物像为一组的使徒像。通过圣徒手上的象征物可以辨认共计十二位使徒的身份。

### 3. 祭坛两翼内部的祭坛画（彩图 53）

祭坛木龛的两侧是两翼祭坛画。每翼祭坛画有 2.25 米高，0.95 米宽。[42] 内部的两翼祭坛画被划分为四个场景，按时间顺序第一幅是左下方祭坛画

---

41 参见 Peter Strieder, *Tafelmalerei in Nürnberg 1350-1550.* Königstein im Taunus: Langwiesche, 1993. S. 35.

42 参见 Peter Strieder, *afelmalerei in Nürnberg 1350-1550.* Königstein im Taunus: Langwiesche, 1993. S. 35.

"彼得在海上行走"。画面的金色背景被一块岩石划分为左右两部分。画面右边是站在岸边的耶稣，他略微往前倾的身体和手势朝向正驾船驶往岸边的使徒们。彼得踏着海浪走向耶稣，画面上彼得的身体正在下沉，这正是彼得失去信心的时刻。整幅画面的构图因为岩石成对角线划分以及人物身体动作而呈现出不稳定性。

与之相反，第二幅祭坛左上方的祭坛画所表现的"耶稣登山变像"则呈现稳定的构图。画面描绘了耶稣带着彼得、雅各和雅各的弟弟约翰登上一座高山，就在这个时刻摩西和以利亚在他们面前显现、耶稣变像的场景。画面上方中间是站在山头上的耶稣，他手持着带有十字架的金球，他的左右两旁分别是以利亚和摩西。山脚下是见证耶稣变像的三位使徒。画面人物呈上下两排且左右对称。

第三幅祭坛画是祭坛右下方的"最后的晚餐"。画面不是按照正确的透视效果呈现的，而是由水平的餐桌将人物分放在餐桌上下两区域。耶稣位于桌子上方中间的位置，他的左右两侧各为三位为一组的使徒，耶稣左边的使徒约翰将头埋在耶稣的怀里。画面下方的桌子旁也分两张板凳坐着三位为一组的两组使徒。两组人物呈中心对称。沿袭中世纪相同题材的表现传统，犹大位于耶稣对面、桌子的另一侧，画面上唯一身穿黄色衣服的犹大可以通过他腰带上挂着的钱袋清晰地辨识出来。

最后一幅祭坛画，即画面祭坛右上方的"耶稣复活"，再次呈现了不稳定的画面构图。斜放在画面当中的石棺上方耶稣正跨出石棺，他手持挂有十字旗帜、代表胜利的权杖。石棺旁是熟睡的官兵。石棺的倾斜摆放、耶稣身体的动态和他飘动的衣服以及横七竖八躺着的官兵都赋予画面构图强烈的不平衡感。

## 4. 祭坛基座（彩图 54）

祭坛龛的下方是祭坛基座，它由一座木龛和其两翼祭坛画所组成。基座高 0.84 米，宽 1.85 米，深 0.475 米。基座内部原来装有保存圣迪奥卡鲁斯圣骨的银棺。在 15 世纪时，祭坛下部安置有盛放圣骨的基座已经非常普遍，基座的外部通常有对相关主题的描绘或雕刻。[43]今天的祭坛基座内是空的。圣迪奥卡鲁斯祭坛基座的前后方都有描绘有身穿法衣躺卧着的圣迪奥卡鲁斯形象（图 19）。祭坛台前方圣迪奥卡鲁斯的形象通常由合起的祭坛两翼的祭坛画

---

43 参见 Jeseph Braun S.J., *Der Christliche Altar in seiner geschichtlichen Entwicklung.* 2 Bänd. München: C.v. Lama / Karl Widmann, 1923-1924. S. 348-349.

所遮盖，只有在教堂节日打开祭坛画的时候信徒才能得以看见身穿豪华法衣、手持十字权杖的圣迪奥卡鲁斯。祭坛台后方描绘着同样衣着但躺卧方向相反的圣迪奥卡鲁斯。圣迪奥卡鲁斯躺在一具打开的四周有拱形装饰的石棺内。祭坛台背面板画四周的题记记录了祭坛制作时间和赞助人的情况。福尔卡默（Volckamer）家族的徽章表明了祭坛的赞助人为安德里亚斯·福尔卡默（Andreas Volckamer）和玛格丽特·福尔卡默（Margarethe Volckamer）。

### 5. 祭坛基座两翼的外部祭坛画（图 20）

祭坛台外部祭坛画上分别在四块版面上描绘有以三人为一组的十二使徒。通过他们的象征物可以辨识使徒的身份：圣玛弟亚和斧头，圣达陡和长柄斧，圣巴尔多禄茂和刀，托多默和长矛，圣长雅各伯和贝壳，圣伯多禄和钥匙，圣安德列和倒十字架，圣若望和酒杯，圣小雅各伯和木棍，圣斐里伯和书以及一座拉丁十字架，圣保罗和剑，圣玛窦和尺子。祭坛台的左右两侧分别是跪着的两手合十赞助人安德里亚斯·福尔卡默和玛格丽特，前方为赞助人安德里亚斯和玛格丽特·福尔卡默与他们的徽章。这里的十二使徒与祭坛龛的十二使徒木刻雕塑在人物组合、面部容貌、衣着等都没有相同之处，因此可以确定这两组十二使徒的制作并没有直接影响。

### 6. 祭坛基座两翼内部祭坛画（彩图 55）

同祭坛龛外部祭坛画一样，祭坛基座内部的四幅祭坛画按照时间顺序从左到右描绘了与圣迪奥卡鲁斯相关的故事。但不同于祭坛龛外部第一幅祭坛画描绘了"圣迪奥卡鲁斯的祷告"，祭坛基座的最左侧第一幅祭坛画再现了卡尔大帝在忏悔神父圣迪奥卡鲁斯前忏悔的历史事件。画面右侧圣迪奥卡鲁斯坐在有华盖的宝座上，在他的座椅前是双手合十跪着忏悔的卡尔大帝。卡尔大帝身后是他的两位随从，他们手中分别拿着卡尔大帝的皇冠和宝剑，以及印有百合纹样的旗帜。画家竭力用正确的透视方法精心绘制地板，然而华盖、座椅，以及斜面架都透露了画家仍未掌握正确的透视画法。

左边第二幅祭坛画描绘了"哀悼圣迪奥卡鲁斯的去世"。与祭坛外翼表现同样场景的祭坛画不同，祭坛台内部祭坛画中哀悼圣迪奥卡鲁斯去世的场景发生在室内房间中，画面上方没有出现飞舞的天使，修士包围站立在圣迪奥卡鲁斯的床前，其中有手拿书，篮子和有十字架的权杖。引人注意的是一座平行放置在圣迪奥卡鲁斯床前的简朴的木棺。画面前方是赞助人安德里亚斯·福尔卡默和他的徽章。

祭坛基座右侧内部第三幅祭坛画刻画的是巴伐利亚的路德维希皇帝递交圣迪奥卡鲁斯的圣骨。画面上祭坛前左边是神职人员，右边是巴伐利亚的路德维希皇帝以及手持宝剑和旗帜的皇家随从。最前方的僧侣和路德维希皇帝共同手举盛放圣迪奥卡鲁斯圣骨的棺椁，欲将其放置在祭坛桌上。画面前方是赞助人玛格丽特·福尔卡默和她的徽章。

祭坛基座的最后一幅祭坛画描绘了"治愈瞎眼小男孩"的场景。与祭坛外部祭坛画不同，这里画家再次省去了祭坛上方的华盖。同上一幅"巴伐利亚的路德维希皇帝递交圣迪奥卡鲁斯的圣骨"一样，这里圣迪奥卡鲁斯祭坛由三部分组成：祭坛壁、圣迪奥卡鲁斯棺椁和祭坛桌。男孩和他的父亲跪在祭坛前，男孩的眼珠掉落在地上，男孩的父亲手捧献祭的苹果。他们的身后是一群头裹头巾、双手合十、跪着祈祷的妇女。

### 7. 祭坛背壁画（Retabel）（图21）

祭坛背壁被分成两个部分。上方描绘了钉十字架的一组人物。人物背后的一排树木暗示了一片空旷的场景，画面中心是十字架和位于十字架上的耶稣，十字架的两侧是玛利亚和约翰。祭坛背壁的下方则描绘了圣迪奥卡鲁斯的圣迹：一名农民父亲跪于圣迪奥卡鲁斯前，恳求医治他因为偷窃祭物而眼瞎的儿子，故事的最后他儿子得以重新看见。此后，信徒通过在圣迪奥卡鲁斯祭坛前奉献用蜡、木头或金属制作而成的眼睛祈求圣迪奥卡鲁斯医治眼疾。

### 8. 小结

今日的圣迪奥卡鲁斯祭坛主要呈现了两个题材：耶稣和他的十二使徒以及圣迪奥卡鲁斯的故事。在平日祭坛闭合的时候，信徒看到的是上部祭坛龛外部表现圣迪奥卡鲁斯故事的祭坛画（图22）。四个场景按顺时针从左上方到左下方，分别刻画了圣迪奥卡鲁斯的祈祷、哀悼圣迪奥卡鲁斯的去世，圣迪奥卡鲁斯的圣骨被送往纽伦堡和圣迪奥卡鲁斯在纽伦堡被信徒朝拜。下方祭坛基座的祭坛画则刻画了十二使徒。宗教节日时，祭坛打开，信徒看到的则是祭坛龛内的耶稣、圣迪奥卡鲁斯和十二使徒木刻镀金雕塑，祭坛龛两翼描绘耶稣和使徒故事的四幅祭坛画，以及祭坛基座所描绘的圣迪奥卡鲁斯的故事（彩图54）。除了第一幅与祭坛龛外部第一幅祭坛画不同，描绘了卡尔大帝在圣迪奥卡鲁斯前忏悔，其他三幅题材一致。当然，因为圣迪奥卡鲁斯祭坛位于教堂东北边的立柱前，信徒也可以绕道祭坛背面，看到描绘耶稣钉十字架、圣迪奥卡鲁斯的圣迹和躺卧着的圣迪奥卡鲁斯像（图23）。无论是在祭坛闭合还是开启的时候，信徒总都能观看到耶稣和其使徒以及圣迪奥卡鲁斯的故事并在其前崇拜、默想。可见对圣徒的崇拜和对圣迪奥卡鲁斯的崇拜有着密切的联系，这将在下文中详细论述。

祭坛龛和祭坛基座宽度和深度的差异透露出两者很可能不是在同一时间制作完成的，而且原本也不是一个整体。祭坛基座的题记表明祭坛基座于1437年制作完成的。祭坛龛和祭坛基座的祭坛画有相同的表现主题，根据两者的风格比较可以推测祭坛龛祭坛画的制作时间；关于祭坛龛十二使徒雕塑的完成时间则可以通过与祭坛基座外部祭坛画上的十二使徒的风格比较和图像学分析做出判断，比如人衣纹，使徒的排列组合方式等。根据目前普遍接受的观点，即祭坛龛和祭坛基座风格相似，可以推测在1437年左右圣迪奥卡鲁斯祭坛龛和基座应该已经制作完成了。[44]至于两者何时组合成一体，成为今日呈现在圣劳伦茨教堂的圣迪奥卡鲁斯祭坛的面貌，将在后文中阐述。

## 四、圣迪奥卡鲁斯祭坛的组建和移动

祭坛龛内部第二幅祭坛画描绘了"哀悼圣迪奥卡鲁斯的去世"，在圣迪奥卡鲁斯的病床前有一尊简朴的木制棺枢，它很可能是最初摆放圣迪奥卡鲁斯圣尸骨的棺枢（彩图55）。祭坛龛的外部和祭坛基座内部的祭坛画都描绘了"巴伐利亚的路德维希皇帝递交圣迪奥卡鲁斯圣骨"的场景（图24）。如果这两幅画面的描绘符合历史的真实情况，它就如实地描绘了1316年在纽伦堡安放圣迪奥卡鲁斯圣骨盒于当时的一座祭坛壁前的面貌。[45]祭坛画所表现祭坛壁上的描绘已经很模糊，根据文献记载，这座祭坛壁最早位于中殿北边倒数第三座殿柱的地方，1406年，它被移往东移动了41尺，大约位于东边侧殿顶部的小礼拜堂中（图17-2）。[46]

1437年，赞助人安德里亚斯·福尔卡默和他的妻子玛格丽特捐赠了一座盛放圣迪奥卡鲁斯圣骨的银棺与银棺外盒组成的祭坛基座。海因茨·施塔夫

44 参见 Heinz Stafski, *Der Zwölfboten-Deocarusaltar in der St. Lorenzkirche zu Nürnberg.* In: *Anzeiger des Germanischen Nationalmuseums,* 1992. S. 146.

45 参见 Karl Schlemmer, *Gottesdienst und Frömmigkeit in der Reichsstadt Nürnberg am Vorabend der Reformation.* Würzburg: Echter Verlag, 1980. S. 145.

46 参见 Heinz Stafski, *Der Zwölfboten-Deocarusaltar in der St. Lorenzkirche zu Nürnberg.* In: *Anzeiger des Germanischen Nationalmuseums,* 1992. S. 146-147.

斯基（Heinz Stafski）认为一幅 1535 年制作的哈勒手抄本（Hallerbuch）插图复原了 1437 年福尔卡默家族赞助制作的圣迪奥卡鲁斯祭坛原型（图 25）。[47] 祭坛壁中间描绘了圣迪奥卡鲁斯，他的两侧是圣彼得和圣保罗。祭坛壁下方是有着菱形纹样的圣迪奥卡鲁斯棺枢，棺枢上有赞助人安德里亚斯·福尔卡默和他的妻子玛格丽特的徽章。就在 1437 年福尔卡默家族赞助制作圣迪奥卡鲁斯祭坛的前后，很可能是教堂委托制作了祭坛龛与祭坛龛的两翼祭坛画。

1493 年，祭坛龛与圣迪奥卡鲁斯棺枢（祭坛基座）被移至圣器收藏室。[48]哈斯（Walter Haas）认为，这时祭坛龛和圣迪奥卡鲁斯的棺枢合并，组成了今天的圣迪奥卡鲁斯祭坛。[49]但施塔夫斯基则认为祭坛台和祭坛龛直到 1839 年才由卡尔·亚历山大·海德洛夫（Karl Alexander Heideloff, 1789-1865 年）合并组合在一起。[50]宗教改革期间，纽伦堡的圣劳伦茨教堂和圣赛巴斯特教堂成为新教路德宗在巴伐利亚州的两个重要教区。1524 年，在纽伦堡市举行了新教的礼拜仪式，圣迪奥卡鲁斯的棺枢从此从祭坛基座移至圣器收藏室中。[51]

约翰·安德烈亚斯·格拉夫 1685 完成的圣迪奥卡鲁斯教堂的铜版画上并没有出现圣迪奥卡鲁斯祭坛。弗里德里希·盖斯勒（Friedrich Geissler, 1778-1853 年）早于 1837 年制作完成的描绘圣劳伦茨教堂内部的铜版画上刻画了从教堂东面放眼教堂西面的面貌（图 26）。十二使徒祭坛被柱子遮住了半边，只能看见祭坛内部右侧祭坛画，虽然铜版画所表现的祭坛画并不清楚，但依稀仍

---

47 参见 Heinz Stafski, *Der Zwölfboten-Deocarusaltar in der St. Lorenzkirche zu Nürnberg.* In: *Anzeiger des Germanischen Nationalmuseums,* 1992. S. 152. Von: Christoph Gottlieb von Murr: Beschreibung der vornehmsten Merkwürdigkeiten in der H. R. Reichsfreyen Stadt Nürnberg und auf der hohen Schule zu Altdorf, 2. Aufl. Nürnberg 1801. S. 133-134.（Das Exemplar befindet sich jetzt in der Bibliothek des Germanischen Nationalmuseums.）

48 参见 Heinz Stafski, *Der Zwölfboten-Deocarusaltar in der St. Lorenzkirche zu Nürnberg.* In: *Anzeiger des Germanischen Nationalmuseums,* 1992. S. 168.

49 参见 Walter Haas, „Die mittelalterliche Altaranordnung in der Nürnberger Lorenzkirche." S. 86. In: Herbert Bauer und Gerhard Hirschmann（Hrsg.），*500 Jahre Hallenchor St. Lorenz zu Nürnberg, 1477-1977.* Nürnberger Forschungen, Bd. 20. Nürnberg: Selbstverlag des Vereins für Geschichte der Stadt Nürnberg, 1977. S. 63-108.

50 参见 Heinz Stafski, *Der Zwölfboten-Deocarusaltar in der St. Lorenzkirche zu Nürnberg.* In: *Anzeiger des Germanischen Nationalmuseums,* 1992. S. 162-164.

51 参见 Heinz Stafski, *Der Zwölfboten-Deocarusaltar in der St. Lorenzkirche zu Nürnberg.* In: *Anzeiger des Germanischen Nationalmuseums,* 1992. S. 152.

可辨认出它与圣迪奥卡鲁斯祭坛龛两翼祭坛画的不同。祭坛基座则完全被遮盖而不可见。可以推测的是，立于祭坛石之上的祭坛有一个很高的基座。另一幅可追溯至 1837 年由约翰·嘎布埃尔·包普尔（Johann Gabriel Poppel, 1807-1882年）制作的铜版画刻画了圣劳伦茨教堂东部的场景（图 27）。祭坛龛雕塑和祭坛画和今天的圣迪奥卡鲁斯祭坛相吻合。但祭坛龛的下方并没有出现祭坛基座，在祭坛桌的这个位置上是一座十字架。1900 年圣迪奥卡鲁斯教堂的照片上显示圣迪奥卡鲁斯祭坛上方的三角楣饰今天已经不复存在（图 28）。[52]

## 五、对圣迪奥卡鲁斯的崇拜

### 1. 对圣迪奥卡鲁斯崇拜的兴起

圣迪奥卡鲁斯圣骨是整个中世纪德意志皇帝赠予帝国自由城市纽伦堡的众多恩惠之一。例如，1424 年，纽伦堡市从西吉斯蒙德皇帝处获得永久收藏象征皇权的标记的特权。[53]根据放置在圣迪奥卡鲁斯棺柩的一部 15 世纪初的文献记载，巴伐利亚的路德维希皇帝获得的珍贵的 39 件圣骨战利品于 1316 年的圣斯德望日（St. Stephanus, 12 月 26 日）被放置于圣洛伦茨教堂的一座祭坛中。[54]剩下一部分被送往慕尼黑的皇室小教堂，另一部分则保留在黑里登。[55]圣迪奥卡鲁斯圣骨在从黑里登运往纽伦堡的途中很可能存放在一座并不精巧的木盒中。[56]如果今天圣迪奥卡鲁斯祭坛的两翼祭坛画如实刻画了 1316 年巴伐利亚的路德维希皇帝递交给纽伦堡神职人员圣迪奥卡鲁斯的圣骨的历史事件，我们就可以藉由两翼祭坛画获知 1437 年被新圣迪奥卡鲁斯祭坛取代以前的

52 参见 Heinz Stafski, *Der Zwölfboten-Deocarusaltar in der St. Lorenzkirche zu Nürnberg.* In: *Anzeiger des Germanischen Nationalmuseums,* 1992. S. 151.

53 参见 Ulrike Jenni, "Das Porträt Kaiser Sigismund in Wien und seine Unterzeichnung. Bildnisse Kaiser Sigismunds als Aufträge der Reichsstädte." In: Michel Pauly & François Reinert（Hrsg.）, *Sigismund von Luxemburg, ein Kaiser in Europa. Tagungsband des internationalen historischen und kunsthistorischen Kongresses in Luxemburg, 8. - 10. Juni 2005.* Mainz am Rhein: Ph. Von Zabern, 2006. S. 293.

54 参见 Christian Schmidt（Hrsg.）, *Stephanus, Laurentius, Deocarus - Kirchenpatrone und AltarHeilige.* In: Verein zur Erhaltung der St. Lorenzkirche in Nürnberg. N. F. 46. Nürnberg, 2001. S. 31.

55 参见 Ernst Eichhorn, *Der Deocarusaltar in der St. Lorenz-Kirche in Nürnberg.* In: *Verein zur Wiederherstellung der St. Lorenzkirche in Nürnberg e.V,* N.F. 10. Nürnberg, 1969. S. 5.

56 参见 Heinz Stafski, *Der Zwölfboten-Deocarusaltar in der St. Lorenzkirche zu Nürnberg.* In: *Anzeiger des Germanischen Nationalmuseums,* 1992. S. 145.

圣迪奥卡鲁斯祭坛的模样。1316 年时圣迪奥卡鲁斯棺枢的面貌两次出现在今天的圣迪奥卡鲁斯祭坛画上，它被放置在祭坛桌上有着三角山墙楣饰的祭坛壁前。祭坛壁上的画面模糊不清，但依稀感觉与 1535 完成的哈勒手抄本祭坛壁上的描绘相似。在 1300 后不久，在纽伦堡的圣劳伦茨就以十二使徒作为一个整体与圣母玛利亚构成祭坛崇拜的对象，虽然对圣迪奥卡鲁斯的崇拜晚于对十二使徒的崇拜，[57]但最晚至 1316 年，当圣迪奥卡鲁斯的圣骨被运往纽伦堡市后，在纽伦堡就开始了对圣迪奥卡鲁斯的崇拜。圣迪奥卡鲁斯的圣骨在纽伦堡保存和崇拜标志着 14 世纪初帝国自由城市纽伦堡在宗教信仰影响力的崛起。

1406 年，圣迪奥卡鲁斯祭坛被转移到离原地 41 尺（约 12 米）以东的位置（图 17-2）。可能是由于不断增加朝圣者，圣迪奥卡鲁斯祭坛于 1406 年被迁至教堂东面的小礼拜堂前。1406 年 5 月 1 日由班贝格（Bamberg）主教主持了新的宗教列队仪式。此后圣迪奥卡鲁斯的圣迹出现在纽伦堡，一个盲人小男孩又能看见，而另一位腿受伤的人也得以恢复健康。随着圣迪奥卡鲁斯圣迹的广为流传，来到圣迪奥卡鲁斯祭坛前朝圣的信徒也日益增加，圣迪奥卡鲁斯祭坛以及圣洛伦茨教堂在纽伦堡市的宗教地位也逐渐上升。

## 2. 1437 年对圣迪奥卡鲁斯崇拜的兴盛

### 2.1. 前提条件

圣迪奥卡鲁斯和圣赛巴德斯之间的竞争依旧持续。1397 年，金匠弗里茨·哈伯尔斯海姆（Fritz Habelsheim）为圣赛巴德斯打造一座银棺。[58]1425 年，教宗马丁五世（Martin V.）册封赛巴德斯为圣人。[59]然而相较圣赛巴德斯，圣迪奥卡鲁斯更年长，在帝国自由城市的地位更高。无论是为了祭坛的迁移，还是在出于与圣洛伦茨教堂的姊妹堂于 1397 年获得圣赛巴德斯圣骨的圣赛巴德斯教堂的竞争的需要，都需要为圣迪奥卡鲁斯圣骨制作一座珍贵的银棺。

---

57 参见 Heinz Stafski, *Der Zwölfboten-Deocarusaltar in der St. Lorenzkirche zu Nürnberg.* In: *Anzeiger des Germanischen Nationalmuseums,* 1992. S. 162.

58 参见 Georg Stolz, *Die zwei Schwestern. Gedanken zum Bau des Lorenzer Hallenchors 1439-1477.* In: 500 Jahre Hallenchor St. Lorenz zu Nürnberg, 1477-1977.（Nürnberger Forschungen, Bd. 20）. Nürnberg, 1977. S. 5.

59 参见 Christian Schmidt（Hrsg.）, *Stephanus, Laurentius, Deocarus - Kirchenpatrone und AltarHeilige.* In: Verein zur Erhaltung der St. Lorenzkirche in Nürnberg. N. F. 46. Nürnberg, 2001. S. 33.

在圣迪奥卡鲁斯祭坛被移至教堂重要位置的 31 年后，就是在 1437 年，福尔卡默夫妻赞助制作了圣迪奥卡鲁斯的银棺和祭坛基座。[60]1437 年，纽伦堡的瘟疫灾情到达顶峰，虽然并不清楚福尔卡默夫妇为何在 1436 和 1437 年相继去世，但可以确定的是，他们赞助制作的新圣迪奥卡鲁斯祭坛同纽伦堡瘟疫有很大关系。信徒们希望通过对圣迪奥卡鲁斯的崇拜和献祭，请求圣人帮助他们治疗病情、免除灾情。

### 2.2. 银棺

1437 年新的棺椁由橡木制成，外面覆盖有银板。[61]瓦尔道（Waldau）1809年提到，它一定是一件极为重要的艺术品，因为它在同年曾于巴伐利亚王储前展示。[62]祭坛画的描绘依稀让人联想棺椁的外观（图 29）。祭坛龛的外部两翼祭坛画"巴伐利亚的路德维希递交圣骨"上可以看到祭坛正面有拱形装饰，这让人联想到祭坛基座反面躺着的圣迪奥卡鲁斯。这两幅画上，圣迪奥卡鲁斯都是头向左躺卧。与之不同，祭坛基座的内部两翼祭坛画上的圣迪奥卡鲁斯棺椁没有拱形装饰。同祭坛基座正面躺卧的圣迪奥卡鲁斯描绘一样，圣迪奥卡鲁斯是头向右侧躺卧。祭坛龛外部祭坛画"眼疾男孩和父亲的献祭"对圣迪奥卡鲁斯棺椁的描绘则有所不同，同 1535 年的哈勒手抄本插图的描绘一样，祭坛画上圣迪奥卡鲁斯棺椁的上部有着菱形图案和拱形窗花格装饰，只是在哈勒手抄本赞助人徽章的位置上描绘了躺卧的圣迪奥卡鲁斯。

### 2.3. 祭坛基座

为了防止银棺被偷窃和损坏，与银棺同时制作了一个我们称之为祭坛基座的柜子。[63]尤其引人注意的是祭坛基座的两翼祭坛画："巴伐利亚的路德维希皇帝递交圣骨"和"忏悔的卡尔大帝"。这两幅完成于 1437 年的祭坛画记录了圣迪奥卡鲁斯与帝国间两个非常重要的事件。拜尔塔兰·柯瑞（Bertalan

---

60 参见：Stafski Heinz, *Der Zwölfboten-Deocarusaltar in der St. Lorenzkirche zu Nürnberg.* In: *Anzeiger des Germanischen Nationalmuseums,* 1992. S. 146.

61 参见 Ernst Eichhorn, *Der Deocarusaltar in der St. Lorenz-Kirche in Nürnberg.* In: *Verein zur Wiederherstellung der St. Lorenzkirche in Nürnberg e.V,* N.F. 10. Nürnberg, 1969. S. 8.

62 参见 Ernst Eichhorn, *Der Deocarusaltar in der St. Lorenz-Kirche in Nürnberg.* In: *Verein zur Wiederherstellung der St. Lorenzkirche in Nürnberg e.V,* N.F. 10. Nürnberg, 1969. S. 7.

63 参见 Heinz Stafski, *Der Zwölfboten-Deocarusaltar in der St. Lorenzkirche zu Nürnberg.* In: *Anzeiger des Germanischen Nationalmuseums,* 1992. S. 146.

Kéry）认为这两幅祭坛画上的巴伐利亚的路德维希和卡尔大帝的形象应该是以西吉斯蒙德皇帝（Sigismund von Luxemburg, 1368-1437）为原型的。[64]同时期的肖像反映出西吉斯蒙德的面部特征，即长而窄的鹰钩鼻、尖胡子和长脸形（彩图 56），这些都在祭坛画上的卡尔大帝以及路德维希皇帝的面部特征中出现。

如果在圣迪奥卡鲁斯祭坛画上卡尔大帝的面容的确采用了西吉斯蒙德的面容所描绘，那么赞助人的用意何在？赞助人与西吉斯蒙德皇帝之间又有怎样的关系呢？事实上，西吉斯蒙德皇帝的肖像画同帝国城市有着密切的关系。[65]西吉斯蒙德本人就出生于纽伦堡。在其执政期间，西吉斯蒙德皇帝曾授予自由帝国城市纽伦堡很多特权。[66]同样他也多次造访纽伦堡，1415 年的 9 月至 11 月，1422 年的 6 月至 9 月以及 1430 年的 9 月和 10 月的议会期间，西吉斯蒙德皇帝都住在纽伦堡。[67]1423 年，西吉斯蒙德授权纽伦堡永久保存圣迪奥卡鲁斯圣骨。[68]很有可能当西吉斯蒙德皇帝停留在纽伦堡期间，祭坛画画师有机会接近西吉斯蒙德并描绘其面容，最后藉着制作圣迪奥卡鲁斯祭坛画的机会描绘展示西吉斯蒙德皇帝的面孔。此外，西吉斯蒙德皇帝和纽伦堡人也有密切关系。虽然西吉斯蒙德皇帝和赞助人福尔卡默夫妇的关系并不明确，但可以确定的是福尔卡默是纽伦堡的贵族家庭，从 1362 至 1806 年帝国自由城市的灭亡期间，福尔卡默家族都参与城市的内议会。彼得·福尔卡默（Peter

---

64 Bertalan Kéry, *Kaiser Sigismund. Ikonographie.* Wien, 1972. S. 98.

65 参见 Ulrike Jenni, "Das Porträt Kaiser Sigismund in Wien und seine Unterzeichnung. Bildnisse Kaiser Sigismunds als Aufträge der Reichsstädte." In: Michel Pauly & François Reinert （Hrsg.）, *Sigismund von Luxemburg, ein Kaiser in Europa. Tagungsband des internationalen historischen und kunsthistorischen Kongresses in Luxemburg, 8. - 10. Juni 2005.* Mainz am Rhein: Ph. Von Zabern, 2006. S. 285.

66 参见 Ulrike Jenni, "Das Porträt Kaiser Sigismund in Wien und seine Unterzeichnung. Bildnisse Kaiser Sigismunds als Aufträge der Reichsstädte." In: Michel Pauly & François Reinert （Hrsg.）, *Sigismund von Luxemburg, ein Kaiser in Europa. Tagungsband des internationalen historischen und kunsthistorischen Kongresses in Luxemburg, 8. - 10. Juni 2005.* Mainz am Rhein: Ph. Von Zabern, 2006. S. 290.

67 参见 Bertalan Kéry, *Kaiser Sigismund. Ikonographie.* Wien und München: Verlag Anton Schroll, 1972. S. 46-47.

68 参见 Ulrike Jenni, "Das Porträt Kaiser Sigismund in Wien und seine Unterzeichnung. Bildnisse Kaiser Sigismunds als Aufträge der Reichsstädte." In: Michel Pauly & François Reinert （Hrsg.）, *Sigismund von Luxemburg, ein Kaiser in Europa. Tagungsband des internationalen historischen und kunsthistorischen Kongresses in Luxemburg, 8. - 10. Juni 2005.* Mainz am Rhein: Ph. Von Zabern, 2006. S. 293.

Volckamer, ？-1432 年）在 1411 年至 1431 年期间是纽伦堡市和西吉斯蒙德皇帝间的重要联系人，1415 年他代表纽伦堡参加了康斯坦茨宗教会议，并陪同西吉斯蒙德皇帝来到纽伦堡接受皇位。赞助人福尔卡默夫妇很有可能是通过彼得·福尔卡默与西吉斯蒙德皇帝建立联系，并最终根据西吉斯蒙德皇帝的形象让人绘制了祭坛画上的卡尔大帝与巴伐利亚的路德维希皇帝。

### 3. 1472 年对圣迪奥卡鲁斯崇拜的顶峰

1471 年，弗里德里希三世（Friedrich III., 1415-1493 年）命名圣赛巴德斯和圣迪奥卡鲁斯为"帝国圣人"。[69]此后每年圣灵降临节后的第一个礼拜三举行纪念圣迪奥卡鲁斯的宗教列队仪式。[70]1472 年，新建唱诗礼拜堂的祭坛圣职仪式后一年，圣迪奥卡鲁斯祭坛被移至主祭坛左侧的立柱旁，一个极为重要的位置。[71]这段时间，对圣迪奥卡鲁斯的崇拜也日益增多。例如由神父康拉德·康霍弗尔（Konrad Konhofer, 1374-1452 年）赞助，米歇尔·乌尔戈姆特（Michael Wolgemut, 1434-1519 年）于 1477 年完成的唱诗班玻璃彩窗就刻画有帝国自由城市纽伦堡的两位主保——圣洛伦茨教堂的圣迪奥卡鲁斯和圣赛巴德斯教堂的圣赛巴德斯。[72]15 世纪圣迪奥卡鲁斯是圣洛伦茨教区的主保，直到 15 世纪末，圣迪奥卡鲁斯的主保地位才由命名该教堂的圣劳伦丘斯（St. Laurentius）所取代。

### 4. 自 1493 年后对圣迪奥卡鲁斯崇拜的逐渐衰落

1493 年，亚当·卡拉夫特（Adam Kraft）将圣迪奥卡鲁斯祭坛转移至圣器收藏室，在政治和经济上更强大的卡拉夫特家族将教会作为展示家族竞争实力的舞台，这同时也是帝国城市衰落的表现，对圣迪奥卡鲁斯的崇拜也随之逐渐衰落。1524 年，举行了对圣迪奥卡鲁斯的最后一次礼拜仪式。[73]此后，

---

69 参见 Heinz Stafski, *Der Zwölfboten-Deocarusaltar in der St. Lorenzkirche zu Nürnberg*. In: *Anzeiger des Germanischen Nationalmuseums,* 1992. S. 168.

70 参见 Georg Stolz, *Die zwei Schwestern. Gedanken zum Bau des Lorenzer Hallenchors 1439-1477.* In: 500 Jahre Hallenchor St. Lorenz zu Nürnberg, 1477-1977.（Nürnberger Forschungen, Bd. 20）. Nürnberg, 1977. S. 6.

71 参见 Heinz Stafski, *Der Zwölfboten-Deocarusaltar in der St. Lorenzkirche zu Nürnberg*. In: Anzeiger des Germanischen Nationalmuseums, 1992. S. 168.

72 参见 Heinz Stafski, *Der Zwölfboten-Deocarusaltar in der St. Lorenzkirche zu Nürnberg*. In: Anzeiger des Germanischen Nationalmuseums, 1992. S. 168.

73 参见 Heinz Stafski, *Der Zwölfboten-Deocarusaltar in der St. Lorenzkirche zu Nürnberg*. In: Anzeiger des Germanischen Nationalmuseums, 1992. S. 168.

因为宗教改革运动，圣迪奥卡鲁斯的银棺被从祭坛中转移至圣器收藏室中。新教放弃了宗教列队仪式和对圣徒的崇拜，对圣迪奥卡鲁斯的崇拜从此消失。1811年，圣迪奥卡鲁斯的银棺被巴伐利亚财政机构熔化并出售。[74]1845年，为庆祝主教管区的百年纪念，经艾希施泰特（Eichstätt）主教卡尔·奥古斯特·赖萨赫（Karl August von Reisach, 1836-1846年）之请，圣迪奥卡鲁斯的圣骨被送往艾希施泰特（Eichstätt）。[75]

### 5. 19 世纪对圣迪奥卡鲁斯崇拜的重新兴起

海因茨·施塔夫斯基认为祭坛龛和祭坛基座的合并是 1839 年由卡尔·亚历山大海德洛夫所为。[76]根据施塔夫斯基的观点，18 世纪初的天主教信徒强烈指责新教徒缺乏对于圣徒的尊重，重建的科隆教堂就显示了中世纪信仰的复苏，[77]海德洛夫正式在此宗教背景下呼吁重新反思对圣迪奥卡鲁斯的怀念和崇拜。虽然施塔夫斯基的推论仍不能被确认，但可以肯定的是，圣迪奥卡鲁斯祭坛的基座从圣器收藏室移至今天的位置是受到重新崇拜圣徒的天主教信仰的影响。

## 六、结语

圣迪奥卡鲁斯的圣骨盒、圣骨的转交、福尔卡默家族赞助制作的银棺和祭坛基座，圣迪奥卡鲁斯祭坛的组合、祭坛画的内容、祭坛位置的移动、宗教节日的列队仪式以及圣迪奥卡鲁斯与纽伦堡的另一位主保，圣骨保存在纽伦堡的圣塞巴德斯教堂的圣塞巴德斯之间的竞争都记录了帝国自由城市纽伦堡的政治和宗教环境的变迁。依据拜尔塔兰·柯瑞的观点，即祭坛画对卡尔大帝和巴伐利亚的路德维希皇帝的描绘是以西吉斯蒙德皇帝的形象为原型，可以推测西吉斯蒙德皇帝与赞助人非同一般的关系。与其他祭坛不同，圣迪奥卡鲁斯祭坛从一开始就和皇室以及帝国自由城市有着紧密联系：圣迪奥卡鲁斯是卡尔大帝的忏悔神父；1316年，巴伐利亚的路德维希皇帝将圣迪奥卡

---

74 参见 Heinz Stafski, *Der Zwölfboten-Deocarusaltar in der St. Lorenzkirche zu Nürnberg.* In: Anzeiger des Germanischen Nationalmuseums, 1992. S. 168.

75 参见 Heinz Stafski, *Der Zwölfboten-Deocarusaltar in der St. Lorenzkirche zu Nürnberg.* In: Anzeiger des Germanischen Nationalmuseums, 1992. S. 168.

76 参见 Heinz Stafski, *Der Zwölfboten-Deocarusaltar in der St. Lorenzkirche zu Nürnberg.* In: Anzeiger des Germanischen Nationalmuseums, 1992. S. 145.

77 参见 Heinz Stafski, *Der Zwölfboten-Deocarusaltar in der St. Lorenzkirche zu Nürnberg.* In: Anzeiger des Germanischen Nationalmuseums, 1992. S. 163.

鲁斯的圣骨赠予帝国自由城市纽伦堡；1471 年，弗里德里希三世皇帝册封圣迪奥卡鲁斯为帝国圣人的称号；如果假设成立，西吉斯蒙德皇帝也很可能寄希望通过在祭坛画上出现自己的肖像，与历史上的其他皇帝建立承接联系。今天祭坛基座空空如也、冷清地坐落于圣劳伦茨教堂东北角，但具有近 700 年历史的圣迪奥卡鲁斯祭坛作为见证帝国自由城市恩惠与守护的重要历史资料，应该得到人们更多的关注。

## 基督教信仰象征还是普遍象征——科隆大教堂的里希特之窗

"我到世上来，乃是光，叫凡信我的，不住在黑暗里。"《新约·约翰福音》12：46。

2007 年 8 月 25 日，在科隆大教堂举行一场弥撒仪式之后，在科隆总教区大主教缺席的情况下，位于大教堂唱诗堂回廊南边的里希特之窗的帷幕被揭开，呈现在世人面前的是一面抽象风格的彩色玻璃窗（彩图 57）。这面彩窗是由德国当代著名艺术家格哈德·里希特（Gerhard Richter, 1932-）创作，彩窗共有 72 种颜色，由 11263 块、每块 9.6 厘米长宽的彩色玻璃随机组成，覆盖面积 113 平方米。

用玻璃花窗作为教堂装饰可追溯至公元 4 世纪。到了公元 12 世纪，哥特式教堂的出现，它的尖肋拱顶减轻了拱顶重量、平衡了各个建筑构建的关系，飞扶壁则将教堂穹顶的重量转移至外部地基，从而减轻了建筑的负荷，哥特式教堂最终摆脱罗曼式教堂厚重的墙体的限制，使建筑大面积地开窗得以实现。在某些地区，教堂玻璃彩窗逐渐取代教堂壁画，成为基督教神圣空间的重要组成部分。

不同于无色玻璃窗，通过它，光线不仅可以直接照射入室内空间，从室内也可看见室外事物；教堂彩窗则不能让人看见外部事物，从这个意义说，它更像一面墙。一方面，教堂彩窗通过所描绘的画面，例如圣经故事、圣徒生平、教堂捐赠者形象或者是赋予象征基督教信仰意义的动植物图形，传达圣经信息和基督教教义；另一方面，透过教堂彩窗的光线被斑斓的色彩柔和，为教堂空间增添了神圣的、天国般的气氛。

科隆大教堂内布满了一万多平方米的玻璃彩窗，其中保留最早的玻璃彩窗是 13 世纪的，最新的玻璃彩窗就是里希特之窗。19 世纪，这面玻璃彩窗描绘了三名圣人和三名主教的立像，它是普鲁士皇帝送给科隆大教堂的礼物，它在二次世界大战的时候被毁坏。1948 年，由威廉·杜文（Wilhelm Teuwen, 1908-1967 年）设计了朴素的无色玻璃，但因为玻璃没有颜色，导致光线直接刺入室内，与教堂其他玻璃彩窗很不协调，让人眼花撩乱。2003 年，科隆大教堂最终决定翻新这面窗户。起初，为了纪念二战中殉道的圣徒，有艺术家计划创作一块描绘二战大屠杀中殉道的天主教圣徒的玻璃彩窗。最终，艺术家里希特创作的抽象玻璃彩窗获得采纳。这是根据他 1974 年的抽象绘画作品 "4096 色" 为原型，里希特从中选取了 72 种颜色作为玻璃彩窗的颜色，这也是大教堂中世纪和 19 世纪玻璃颜色的数量。里希特之窗是天主教大教堂首次尝试用抽象彩窗作为装饰，它在获得积极评价与赞许的同时也受到尖锐的批评。

认同里希特作品的当代艺术评论家认为，里希特之窗的抽象性表现形式超越了具象，人们无需经过图像辨识的程序，便可以直接被作品呈现的氛围所感动，鼓舞人们进入冥想之中。而光在基督教中的特殊意义又赋之以神学、美学的内涵和作为抽象启示的合法性。[78]

然而，不是每个人对这件作品都是欣赏的，最强烈的反对声来自缺席揭幕仪式的科隆总教区大主教约阿希姆·迈斯纳（Joachim Meisner, 1933-2017 年）。大主教认为 "这扇窗户不适合出现在大教堂，它更适合清真寺或其他宗教的祈祷室"，"当我们需要一扇新的窗户，它应该清楚的反映我们的信仰，而非如此这般。"[79]他期待以一扇表现人物形象的玻璃彩窗替换里希特之窗。大主教的观点被大多数人认为是对现当代艺术的不了解和偏见，它不利于开展不同宗教间的对话。

作为回应，大主教撰文阐述了他的美学观。[80]文中大主教以藏于斯图加特

---

78 科隆大教堂建筑总监、建筑师、艺术史家、文物修复家 Barbara Schock-Werner, 科隆大教堂主教代表 Norbert Feldhoff, 当代艺术评论家 Werner Spies, Wolfgang Ullrich 等。

79 Andreas Rossmann, *Richters Domfenster. Altbackene Vorurteile eines Kardinals.* In: Frankfurter Allgemeine Zeitung von 31. August 2007, S. 33, und faz. Net von 31. August 2007.
„Das Fenster passt nicht in den Dom. Es passt eher in eine Moschee oder ein Gebetshaus.", „Wenn wir schon ein neues Fenster bekommen, dann soll es auch deutlich unseren Glauben widerspiegeln und nicht irgendeinen."

80 Erzbischof Joachim Kardinal Meisner, *Gott und Mensch - Christusbilder zeitgenössischer Künstler.* Vortrag bei der 50. „Kunstbegegnung Bensberg" am Donnerstag, 30. August 2007. In: *Skript.* Pressestelle des Erzbistums Köln.

国立美术馆的德国著名现代艺术家约瑟夫·博伊斯（Joseph Beuys, 1921-1986年）的作品"十字架"（Kreuzigung, 1962/63 年）为例（彩图 58），阐述了在同属基督教艺术的范畴中，虽然前卫性作品不再以清晰的神学内涵和视觉正统得以传达，但藉着使用过的日常用品，例如底座融合石膏的木块、上面的钉子、立在中间的木条、其左右两边的盛血瓶、三个画在废报纸片上的十字架等，艺术家传达十字架、钉十字架的铁钉、十字架下的玛丽亚和约翰等基督教象征，隐喻了受难、献祭和救赎。以日常物品作为象征物，观者依然会与基督教信仰的语境相连结。大主教藉此说明自己并非不懂现当代艺术的前卫特质，但对他而言，抽象的无限可能意味着作品毫无指向型，现当代基督教艺术应当依然具有象征性特质，并指向教会信仰。如将抽象艺术作为一种信仰的存在，那么它与基督宗教在本质上是无法并存的。大主教的文章让我们理解他对现当代基督教艺术前卫性的接受范围，即非具象的艺术亦在其可接纳范围内，但其象征必须有明确的基督教信仰指向，而非导致无限可能的普遍象征。

关于宗教象征（religious symbol）和普遍象征（universal symbol）神学家约翰·麦奎利（John Macquarrie, 1919-2007 年）在他的《基督教神学原理》（Principles of Christian Theology）一书中提出：宗教象征是属于信仰团体的，十字架对基督徒说话，新月对穆斯林说话，如果没有参与信仰团体的历史，没有人能认识这些象征。他怀疑是否有什么东西，它具有一种不被历史环境所模糊或改变的内在关联而成为普遍象征。"光"这个象征接近成为世界各大宗教对神的一个普遍象征，但因为现代人所了解的"光"已经成为另一个物理现象，所以即使这个象征也可能不再能在一些对它缺乏感受性的历史时期说话了。[81]

无论是被看作基督教信仰象征还是普遍象征，里希特的作品不仅为一座

---

81 John Macquarrie, *Principles of Christian Theology.* New York: Charles Scribner's Sons 1977. p. 136-137.

"Religious symbols belong to a community of faith. The cross speaks to the Christian, the crescent to the Muslim, but without a participation in the history of the community, no one could recognize what is conveyed by these symbols."

"The symbol of light comes pretty near to being a universal symbol of God among the great religions of the world. Yet because light for the modern man has become just another physical phenomenon, it seems that even this symbol might cease to speak in some historical periods that lacked receptivity for it."

参见中文译著：约翰·麦奎利（著），何光沪（译）：《基督教神学原理》，香港：汉语基督教文化研究所，1998 年，第 183 页。

古老的历史建筑注入新活力，肃穆的天主教建筑吸纳了艺术的时代气息，它亦挑战了传统信仰对待当代艺术的认识。13 世纪的信徒们看到博伊斯的"十字架"恐怕和今天大主教对里希特之窗一样无法接受，我们也很难想象 7 个多世纪之后的基督教艺术会是怎样的面貌。

　　无论如何，光只会照射进入留有空间的地方。

# 第四章　基督教艺术与灵修

## 超越时间与空间的受苦路

棕枝主日（Palm Sunday）是为了纪念两千多年前耶稣基督进入耶路撒冷的荣耀日（The Glory Day）。它也是复活节主日（Easter Sunday）的前一个主日，标志着圣周（Holy Week）的开始。与耶稣基督骑驴进入耶路撒冷城时，人们手持棕榈树枝、高声欢唱"和撒那"（意为"求救"），如同迎接君王一般地迎接耶稣基督的到来形成鲜明对比，[1]在接下来这周的受难日，耶稣被出卖、被审判，最后被钉十字架和埋葬。在这一周，我们不仅期盼象征耶稣基督复活得胜的到来，也应该回忆与默想耶稣基督在受难日经历的场景与事件，感受祂身体和心灵所经受的种种折磨与苦痛，祈求更深经验到祂深切的怜悯与救赎。

耶路撒冷的受苦路（Via Dolorosa）是两千多年前耶稣基督被出卖、被审判、被嘲弄、被辱骂、背负十字架登上各各他山，被钉十字架受难和被埋葬所行经的一条道路。它以耶路撒冷旧城的街道为起始，经过环绕耶路撒冷城的各各他山，并最终到达耶稣被钉十字架的各各他山顶。受苦路成为日后信徒们的朝圣之地，用来纪念耶稣基督的受难经历。最早在耶路撒冷受苦路只有两站，即彼拉多审判耶稣和耶稣在各各他山上被钉十字架。15 世纪起，受苦路共有十四站：从彼拉多审判耶稣、耶稣背负十字架、耶稣第一次被十字

---

1 和合本《圣经》《新约·马太福音》21：1-10；《新约·马可福音》11：1-11；《新约·路加福音》19：28-38；《新约·约翰福音》12：12-15。

架压倒、耶稣遇见母亲、外邦人西蒙帮耶稣背十字架、圣妇为耶稣擦拭面容、耶稣第二次被十字架压倒、背十字架的耶稣劝慰悲痛的妇女们、耶稣第三次被十字架压倒、耶稣被剥掉衣服、耶稣被钉十字架、耶稣死于十字架上、圣母怀抱耶稣尸体，直到耶稣被埋葬。来到耶路撒冷朝圣的信徒们在受苦路的每站驻足、下跪、默想、祈祷。

然而，去耶路撒冷朝圣显然不是每个信徒可以做到的。从14世纪开始，天主教发展出一种模仿耶稣被钉上十字架过程重现的宗教活动——十架苦路（Station of the Cross）。无需跋山涉水，耶路撒冷的受苦路被转移到信徒们的家乡。欧洲乡村的一座小山岗就可以模拟各各他山，环山小路上建立起的小礼拜堂、雕塑或是绘画再现耶稣受苦路的断断历程。西方艺术史家用拉丁术语"场所置换"（translatio loci）来定义这一现象。各各他山被转置于欧洲各地的小山之上。

除此以外，天主教传统甚至一些新教传统的教堂内部两侧都有受苦路的描绘，比较常见的是雕塑（彩图59）、浅浮雕（彩图60），也有绘画等形式的描绘。每位来教堂敬拜的信徒，绕堂一圈，就能回忆并再次体验耶稣的这一段苦路历程。耶路撒冷城和各各他山这次被置换到欧洲教堂的内部空间。

祭坛画或版画往往可以在一幅画面上呈现受苦路的全部场景。1475年前后，尼德兰画家汉斯·梅姆林（Hans Memling, 1430-1495年）创作了祭坛画"基督受难"（彩图61）。被理想化描绘的耶路撒冷城由城墙包围，它是画面的中心舞台，耶稣进入耶路撒冷城、被审判、受难、被钉十字架、被埋葬到复活和向门徒显现等十八个受难情节则围绕耶路撒冷城展开，构成整幅巨大画面。[2]画面按从左往右，从后往前的顺序阅读。右侧照射而来的光源和画面中央显著的建筑物强调出画面的中心：耶稣被审判、被鞭打和被侮辱等主要场景。而"耶稣被钉十字架"的场景位于画面上方偏右的各各他山顶，虽然因为透视效果，表现得较小，并渐隐于背景之中，但却因为其位于画面上方中心的位置，而凸显此场景的重要地位。

---

2  1. 入耶路撒冷 2. 洁净圣殿 3.橄榄山客西马尼园祈祷 4. 最后的晚餐 5.犹大出卖耶稣 6.犹大之吻和逮捕耶稣 7. 彼得三次不认耶稣 8. 耶稣被审 9. 耶稣被鞭打 10. 耶稣被带荆棘冠冕 11. 耶稣背负十字架 12. 各各他耶稣被钉十字架 13. 圣妇擦拭耶稣面容（Ecce Homo）14. 下十字架 15. 埋葬耶稣 16. 耶稣复活 17. 耶稣升天 18. 耶稣向门徒显现。

另一幅是费舍尔（Georg F. Vischer）为祈祷书扉页创作的铜版画（图30）。从左下角到左上角，画面曲折向上，再现了十四站受苦路。耶稣正沿着这条受难之路行进，每一站都用数字予以标示，观者根据画面上的数字认出十四站苦路的顺序。信徒无需身体行动，只需眼睛游走于画面，就能认出十架苦路的种种场景，他们阅读画面、回忆《圣经》的记载并默想耶稣在苦路上的经历与自己生命的连接。

从耶路撒冷旧城通往各各他山顶的受苦路到欧洲信徒家乡小山岗上的十架苦路；从事件原景到对原景的模仿；从户外小山到教堂内部空间的行进、朝拜；从雕塑或绘画再现到场景重现；从公共空间的宗教活动到信徒私密的个人祈祷；耶路撒冷的受苦路超越了时间与空间，成为两千多年来信徒心灵的朝圣之路。

## 无限神国的邀请——安德烈·鲁布廖夫的圣像画《圣三位一体》

> 现在活着的不再是我，乃是基督在我里面活着；并且我如今在肉身活着，是因信上帝的儿子而活；他是爱我，为我舍己。（《加拉太书》2：20）

几块垂直排列的木板上绘以金底，三位天使围坐在桌旁，桌子上是一只金色高脚杯，里面装着象征祭品的牛犊头。三位天使占据画面大部分空间，他们衣着湖蓝、深红、浅绿和金黄色长袍，颜色明朗、纯朴；他们身材修长，身体和面容柔和的轮廓线围绕成一个面向观者开放的圆圈。三位天使的面容近乎一致，仿佛是一副面孔的三个呈现；他们微微低着头，相互凝视，面容宁静，仿佛处在静止默想和灵里连结的状态。三位天使背后，画面的背景从左到右分别描绘了一座两层建筑物、一棵枝繁叶茂的绿树和一块山石，它们分别象征着《圣经》中记载的亚伯拉罕的居所、幔利的橡树和摩利亚山（彩图62）。

这幅《圣三位一体》圣像画是由15世纪初俄国伟大的圣像画家安德烈·鲁布廖夫（Andrei Rublev，约1360-约1430年）绘制的，它基于《圣经》《旧约·创世纪》第18章亚伯拉罕待客的故事。故事描述了在一个炎热的白天，亚伯拉罕坐在帐篷门口举目观看，见有三个人在他对面站着，便立即从帐门口跑去迎接他们，给他们下拜，并用水给他们洗脚，用面饼、奶油和奶以及牛犊招待他们。[3] 早在公元 4 世纪基督徒地下墓穴绘画，公元 5 世纪罗马的早期教堂和公元 6 世纪拉韦纳圣维塔利教堂（San Vitale, Ravenna, Italy）的马赛克（彩图 63）都有对此圣经故事的描绘。但正如拉韦纳圣维塔利教堂的马赛克上同时描绘了"亚伯拉罕待客"和"亚伯拉罕献以撒"两个故事情节，早期"亚伯拉罕待客"题材被看作是亚伯拉罕生平故事之一，而并未被看作是上帝以三位天使显现的"圣三位一体"主题。

三位一体教义认为，圣父、圣子、圣灵为同一本体、三个不同位格，圣父是创造宇宙的天父上帝，圣子是降世为人、父的独生子上帝，而圣灵是基督升天后在五旬节降临的上帝。《圣经》中并没有"三位一体"一词，对"三位一体"的讨论始于公元 2 到 3 世纪，古代教父开始用希腊哲学思想去论证上帝之时。在公元 325 年 5 月 20 日，君士坦丁大帝主持的尼西亚大公会议上最终确立了"三位一体"理论。天主教、东正教和基督新教三大基督宗教主流宗派坚持认为"三位一体"信条是正统基督宗教所必须的。但历史上对"三位一体"理论的争论从未终止，奥古斯丁就说过，认识圣三位一体的奥秘要比用小勺淘干大海还难，这也充分说明了"三位一体"理论的复杂性。

如何用视觉图像表现抽象的思维和理论又是另一个难题。公元 7 世纪尼西亚圣母升天教堂《预备好的宝座》就是对"圣三位一体"的象征性描绘，画面上的宝座象征圣父，宝座上的书象征着上帝之道和基督道成肉身，经书上的鸽子则象征着三位一体的第三位格——圣灵。这幅作品避免了具体形像和情节，用象征手法寓意"三位一体"的三个位格，是圣像破坏时期"三位一体"理论成功的视觉图像再现。

东正教会关于神的本质、神的能量和三位一体的神学争论激发了公元 15 世纪拜占庭和古罗斯的东正教描绘"三位一体"题材的兴趣。根据《创世纪》18 章 1-2 节："耶和华在幔利的橡树那里，向亚伯拉罕显现出来。那时正热，亚伯拉罕在帐篷门口，举目观看，见有三个人在对面站着。"东正教画家将这段经文理解为神化作三个人向亚伯拉罕显现，并力图用亚伯拉罕和妻子撒拉招待神的三个使者的情景来表现"三位一体"的神学思想。在这时期作品中，亚伯拉罕和撒拉总是在画面前景或背景中出现，他们或是在准备食物，

---

3　和合本《圣经》《旧约·创世纪》18：1-8。

或是在为三位天使侍奉备好的食物（彩图 64，65）。这些画面描绘的是《创世纪》18 章 1-8 节的某一刻场景，具有很强的故事性，它们与其被称作《圣三位一体》，毋宁被称作《亚伯拉罕待客》。

鲁布廖夫的《圣三位一体》是描绘这一题材的转折点。首先，鲁布廖夫的《圣三位一体》省去了亚伯拉罕和撒拉两位人物，仅通过背景中的象征物暗示此圣经故事，这就消减了画面的故事性，使观者的注意力集中在三位天使上，增强了画面的圣像崇拜感。在这里，三位天使不再仅仅是《创世纪》故事中正在享用亚伯拉罕和撒拉接待的人物，他们更是三位格神的显现。他们近乎一致的面容象征"三位一体"同体、不同位格的思想，三人相互凝视暗示着三位格之同体与联合：桌上摆放的也不再是丰盛的宴席，而是简单的祭物，他们手指祭物、身姿优雅宁静，仿佛正接受着观者的崇拜。

其次，鲁布廖夫的《圣三位一体》通过画面的空间布局和透视法邀请观者进入圣像，增强了观者的参与感。一方面，三位天使围绕桌面，形成一个面向观者敞开的圆形，桌子面向观者的一侧是空缺的，它是对观者的邀请；另一方面，天使的座椅和脚踩的木板并非采用科学的透视法，而是东正教圣像画典型的反透视法，也就是画面的焦点不在画面深处，而在画像的前面，即观者的位置，观者按照与视点距离的从近到远不是从大到小，而是从小到大。这样，这幅圣像画中，不是我们在观看它，而是它在审视我们。我们立足在世俗的一点上，当我们进入画面越深，进入圣像画的空间越深，圣像内部无限的世界暗示了我们对神的世界的认识也是无限的。

最后，鲁布廖夫的《圣三位一体》是对过去、现在和将来三个不同时间和空间的叙事性表达。画面背景暗示了《创世纪》18 章亚伯拉罕待客的故事情节，这是已经发生的过去的事件；画面前景的三位天使象征了三位一体，它是上帝当下的临在的象征；而空缺的位置则是对此时正观看此圣像画的你我的邀请，邀请我们从世俗世界进入无限永恒的神国世界。

鲁布廖夫的这幅圣像画是为纪念圣三位一体修道院的创始人圣谢尔基（Sergius of Radonezh, 1314-1392 年）所做的，圣谢尔基把领悟圣三位一体作为自己精神生活的中心。鲁布廖夫并未恪守传统，他一方面保留了圣像画规范的精神，同时也是艺术创作的革新者。一反拜占庭圣像画线条僵硬、色彩昏暗，给人以威严震慑之感，鲁布廖夫的这幅《圣三位一体》线条柔和、色彩明亮，主体明晰，透露着纯朴和宁静的氛围。透视、空间布局和叙事方式上超时空的表现手法，连结了《旧约》与《新约》、人与神、世俗与神圣、自然与超自然，将观者带入默想和祈祷的神秘宗教启示之中。[4]

## 未完成之创造

巴黎的罗丹美术馆（Musée Rodin）收藏法国雕塑家奥古斯特·罗丹（Auguste Rodin, 1840-1917 年）1898 年完成的一件名作——大理石雕塑"上帝之手"（The Hand of God）。整座雕塑高 94 厘米，宽 82.5 厘米，深约 55 厘米（彩图 66）。

一块表面粗糙的不规则长方形大理石基石上升出一只巨大的右手——上帝之手，它被精心打磨，与基座形成鲜明对比。上帝之手上端举着象征空虚混沌的不规则形石块，从石块中生长出两具相互缠绕、卷曲交融的人体——亚当和夏娃。石块和雕塑基座一样表面粗糙、充满棱角并留有凿痕，而亚当、夏娃的身体则同上帝之手一样光滑、细腻，反射着柔润的光泽。这只以艺术家之手为原型而创作的作品主题是"创造人类的上帝之手"，因此这座雕塑亦被称为"造物主"（Creator）。

"上帝之手"给人留下最深刻的印象的恐怕就是大体量未加工石料所呈现出的"未完成性"（non finito）。在西方艺术史中，不乏艺术家有意或无意留下的"未完成"作品。[5] "non finito"在 15 世纪初第一次是用来描绘一幅素描手稿。在绘画艺术中有很多艺术家刻意为之、看起来未完成的作品：伦勃朗（Rembrandt Van Rijn, 1606-1669 年）的画面常留有清晰的笔触，被描绘的对象看起来仅仅还是个速写（彩图 67）；塞尚（Paul Cézanne, 1839-1906 年）的许多作品甚至画布未被填满（彩图 68）。但伦勃朗坚持艺术家拥有权利宣告

---

4　参考文献：

　　任光宣：《俄罗斯艺术史》，北京：北京大学出版，2000 年。

　　徐凤林：《东正教圣像史》，北京：北京大学出版社，2012 年。

　　http://www.icon-art.info/topic.php?lng=de&top_id=204&month=0&style=old&mode=img（2018.09.22）

5　美国纽约大都会博物馆 2016 年 3 月 18 日至 9 月 4 日举办以"Unfinished"为题的展览，展出从文艺复兴至今西方艺术史上艺术家有意或无意留下的未完成作品197 件。

　　参见：http://www.metmuseum.org/exhibitions/listings/2016/unfinished（2017 年 7 月20 日）

一幅画什么时候完成，只要艺术家觉得作品"已经达到他的目的时"，[6]作品就已经完成了。[7]与塞尚同时期的罗丹也一样不重视外形的完成，他认为艺术的完美性并不意味着作品的整洁无暇。[8]

事实上，大量的未完成作品是雕塑作品。关于什么是未完成的雕塑作品，意大利考古学家卢卡·朱利亚尼（Luca Giuliani, 1950-）认为可以从表现形式和表现内容两方面考虑：在表现形式层面，被抹去所有工作痕迹的作品，即工作过程中锯、钻、凿留下的附加痕迹都不能再被看见后，意味作品就完成了；而在表现内容层面上，完成的结果是大理石变形为另一种物质，即石头变为血肉、织物、金属、木头或无论别的什么。在这里重要的是原始的形态变为另一种形态的变形记。[9]从这个定义看，是否留有工作痕迹和是否实现物质形态的变形是判断未完成作品的两个标准。罗丹的"上帝之手"在表现形式和内容上都可谓彻底的未完成作品：作品未经打磨的部分留下大理石原料质感和工具凿刻的痕迹，这些部分未被"变形"为人之皮肤和肌骨。

罗丹深受"文艺复兴三杰"之一的米开朗基罗（Michelangelo Buonarroti, 1475-1564年）作品的影响，罗丹在他1876年的意大利之旅中完成了对这位"艺术圣人"的顶礼膜拜。赫伯特·里德（Herbert Read）认为："他（罗丹）的理想，无论是社会的还是艺术的理想，都与非迪亚斯和米开朗基罗是一致的"。[10]罗丹"上帝之手"的"夏娃"亦有米开朗基罗为洛伦佐·美第奇家族墓室"一日四时"雕塑中"晨"的影子。

---

6 Arnold Houbraken, *De Groote Schuouburgh der Nederlantsche Konstschilders en Schilderessen.*（vol. I，Amsterdam, 1718, p. 25）
参见：范景中（著译）：《〈艺术的故事〉笺注》，广西美术出版社，2013年。第136页。

7 贡布里希（著），范景中（译），林夕（校）：《艺术的故事》，北京：生活·读书·新知·三联书店，1999年。第422-423页。

8 贡布里希（著），范景中（译），林夕（校）：《艺术的故事》，北京：生活·读书·新知·三联书店，1999年。第528页。

9 卢卡·朱利亚尼（撰），赵四（译）：《肉体还是石头——米开朗基罗的洛伦佐·美第奇墓雕》，第283页，载于：《荣宝斋》，11，2013。第274-287页。
作者同题讲座"Fleisch oder Stein? Zu Michelangelos Grabstatue des Lorenzo Medici"（2012年11月25日）
参见: https://www.wiko-berlin.de/wikothek/lectures-on-film/2012-luca-giuliani/（2017年7月20日）

10 Herbert Read, *A Concise History of Modern Sculpture.* Oxford: Oxford University Press, 1964. p. 5.

众所周知，米开朗基罗因其大量雕塑留在"未完成"状态，而被视为其艺术的典型特征和对其进行各种阐释的基础。除了一些外部原因，米开朗基罗留下许多未完成作品的原因也可追溯至其内在理念。瓦萨里（Giorgio Vasari, 1511-1574 年）在《意大利艺苑名人传》中将其与艺术家完美主义性格联系起来，认为随着年岁日增，米开朗基罗对自己的作品越来越不满意，这导致他越来越容易放弃自己的计划，不完成他的作品。[11]然而，无论在艺术家早期或晚期，米开朗基罗都有一种在作品尚未完成时屡屡放下雕刻之锤的倾向。[12]而深受 15 世纪兴起于意大利北部的新柏拉图主义运动影响可能是其大量作品呈现未完成状态的另一原因。[13]受新柏拉图主义"精神存在于物质中"信仰的影响，米开朗基罗认为物质是精神的桎梏，它拘囿和羁绊着精神世界的举动。具体到雕刻艺术，他视石头为拘押形体的物质，雕像的过程为形象从顽石中解放的过程，但基于纯粹的柏拉图主义理念，若是按照摹仿自然的要求把形体完全从石块中解放出来，那么在某种意义上就是一种犯罪，因为雕刻家无法毫无损害地将那个按照神的意志而造就并被关押的形象的理念现实化。米开朗基罗认为具有形象理念呈现决定权的是上帝自己而非艺术家。[14]他在一首诗中写道："天上的那把神的锤子，则以自己的运动既把别的东西加工成美的，也把自己本身加工得更美。如果没有锤子就不能制造任何锤子，而这一把有生命的锤子正在制造着所有其他的锤子。"[15]正是这样的想法让他在创作的过程中屡屡放下了自己手中的锤子。德国艺术史家赫尔博特·冯·艾因姆（Herbert von Einem, 1905-1983 年）认为那些米开朗基罗未完

---

11 乔尔乔·瓦萨里（著），徐波、刘耀春、张旭鹏、辛旭（译）：《意大利艺苑名人传》（下），武汉：长江文艺出版社，2003 年。第 315-316 页。

12 卢卡·朱利亚尼（撰），赵四（译）：《肉体还是石头——米开朗基罗的洛伦佐·美第奇墓雕》，第 283 页，载于：《荣宝斋》，11，2013。第 283 页。

13 欧文·潘诺夫斯基（著），戚印平、范景中（译）：《图像学研究：文艺复兴时期艺术的人文主题》，上海：上海三联书店，2011 年。第 183 页。

14 „Michelangelo mag während der Arbeit die Sorge überfallen haben, in der völligen Loslösung aus dem Block, wie sie die Naturnachahmung verlangte, gleichsam einen Sündenfall zu begehen und den Punkt zu verfehlen, an dem das Durchscheinen des Ideellen am stärksten gewesen wäre."
Herbert von Einem, „Unvollendetes und Unvollendbares im Werk Michelangelos." S. 69-82. In: Schmoll Gen. Einsenwerth（Hrsg.）, *Das Unvollendete als künstlerische Form,* Bern - München, Francke Verlag, 1959. S. 80.

15 引自米开朗基罗的诗，刘惠民译，载《美术史论丛刊》1983 年第 1 期。

成的作品事实上甚至可以被视为不可完成的作品，因为在无限和永恒的面前，让那些伟大的造型艺术家的工作只能是有限和衰减的。[16]

　　罗丹的"上帝之手"是"雕刻中的雕刻"（sculpture-within-sculpture），它正好体现两种"创造"的未完成状态：一方面，再现了作品在创作过程中未完成的某个状态；另一方面，也表现了上帝正在创造人类、但尚未完成的某一时刻。因此，这件作品体现出对 15 世纪文艺复兴时期"艺术家的创造"和"上帝创造人类"未完成性问题的回应："艺术家创造的未完成性"体现出人作为受造物，他的有限性让其创造无法发挥全部潜能，因为唯有精神性的上帝可以赋予物质精神特征和神圣精神的灵光，艺术家的工作则是透过外在的艺术形式将人引向一个向上的创造力量——唯一、全能、至善的造物主；"上帝创造人类的未完成性"则体现出人是上帝的被造物，但她同时也是自身本性的创造者，她在行动中具有无穷的创造力，在创造中行使自由并实践其本性。[17]

---

16　„Wir ahnen mehr, als wir es beweisen könnten（...）, dass das Unvollendete（...）in der Tat ein Unvollendbares ist, dass hier einer der gestaltungsmächtigsten Künstler, die es je gegeben hat, sich in einer Zone der Gestaltung bewegt, wo die Vollendung wie das Endliche vor dem Unendlichen eine Begrenzung und eine Abschwächung bedeutet hätte."

　　Herbert von Einem, „Unvollendetes und Unvollendbares im Werk Michelangelos." S. 69-82. In: Schmoll Gen. Einsenwerth（Hrsg.）, Das Unvollendete als künstlerische Form, Bern - München, Francke Verlag, 1959. S. 71.

17　Ernst Cassirer, *Individuum und Kosmos in der Philosophie der Renaissance*. Hamburg: Felix Meiner Verlag, 2013.

　　参见伍伟亨：《文艺复兴的现代新人》，载于：http://iquest.hk/?p=12253（2018 年 11 月 10 日）

# 第五章　基督教节日

## 将临期

在西方，每年 11 月底或 12 月初便开始了预备耶稣诞生的等待期，即将临期（Adventus）。从早期基督教教会开始，人们就在将临期等待纪念耶稣基督的诞生以及盼望耶稣基督的再次来临。今天，虽然将临期已被浓重商业气氛笼罩，人们在这些日子纷纷流连于商场选购圣诞节礼物，但圣诞节前四个礼拜多的将临期期间的许多习俗仍反映出其信仰传统。

将临期花环（Advent wreath）或称为将临期蜡烛（Advent candle）是将临期前无论教会还是普通人家的必备之物。将临期花环是用冷杉枝编制成圆形，上面装饰有蜡烛，从将临期第一个主日开始，人们将其摆放在桌上或挂起来。相传，将临期花环是由德国路德教派牧师约翰·海因里奇·维切恩（Johann Hinrich Wichern, 1808-1881 年）所开创。1839 年，维切恩牧师在汉堡贫民区学校收养了一群孩子们。每逢将临期期间，孩子们总会问他圣诞节什么时候到来。为此，维切恩牧师用木车轮制作了一个巨大的烛台，烛台上有二十只红色小蜡烛和四只白色大蜡烛。将临期期间的每天都会点燃一只红色小蜡烛，而在将临期的四个主日则会分别点上四只白色的大蜡烛。这样，孩子们就可以通过数蜡烛计算圣诞节的日期。此后一百年，将临期花环也被天主教传统采纳，今天将临期花环为罗马天主教、圣公宗和信义宗所遵守。将临期花环代表了不同含义，比如绿色的冷杉树枝代表了生命的希望；蜡烛代表着耶稣基督的诞生是"世界之光"、它在圣诞之夜照亮了整个世界；而将临期花环的圆形和四只蜡烛则寓意着圆形的地球和四个方位。关于四只蜡烛的颜色，天主教一般采用三只紫色和一只红色蜡烛，紫色是教会礼仪颜色，而红色那只蜡烛则是于将临期第三个主日被点燃，俗称"喜乐主日"。（源自晚祷 Vesper，《腓立比书》4：4："你们要靠主常常喜乐。"Gaudete in Domino semper）

同样是源自 19 世纪路德宗传统的另一个将临期的重要习俗是将临期月历（Advent calendar），随后它也逐渐被大多数新教教派与天主教接受。同将临期花环一样，将临期月历也意在计数等待圣诞节的到来。当时的新教信徒在墙上挂上 24 幅图画或是写下 24 笔画，天主教家庭则是每天在马槽里放一只稻草，用以计数圣诞节到来前的日期。当今流行的将临期月历是卡纸上绘有圣诞主题的画面，上面开有二十四扇"窗户"，从 12 月 1 日到圣诞节期间的每一天，人们按数字标注打开一扇窗户，每扇窗户后常写有与圣诞相关的圣经经文或祈祷词，还有诸如巧克力等的小礼物。除此之外，尤其是在德语国家，将临期月历亦有不同表现媒体。比如，将建筑物的外墙改造成将临期月历，最著名的例子是维也纳市政厅；或者是从 2003 年开始，每年德国巴登符腾堡州的不同间教堂按时间开启教堂大门，举行将临期活动。在瑞士还出现了将临期发送相关将临期内容的短信服务，甚至今年在奥地利的天主教教会开始通过智能手机提供视觉将临期月历。

在我国亦有通过计数的方法等待特定日子的习俗。每年 12 月 22 日左右便是二十四节气的起点与一年的迄点——冬至。在北半球，冬至这天黑夜最长而白昼最短。从这天开始便进入到数九寒天的第一天。"数九"是中国传统记录时间的方式，从冬至开始每过九天为一九，共八个九日，共计九九八十一天后，寒冬遂过去。从数九在民间发展出了冬至日起写字作图的习俗，即每日据帖或画作其中一笔，共八十一笔，历时八十一天，用以计时日、载气候，等待冬去寒消。常出现的形式有"写九"的"九九消寒帖"，即填写双钩空心、含"春"的九字诗句，如"亭前垂柳珍重待春风"、"春前庭柏送香盈室"、"雁南飞柳芽茂便是春"，每字皆九笔，每日一笔，共八十一字，每日根据"赤晴蓝阴碧雨黄风白雪"之法填色；或"画九"的"九九消寒图"，即一枝梅枝上共有九朵梅花，每只九瓣，共八十一瓣，每日根据天气情况填色一瓣花瓣。

不同的传统、不同的表现形式，但无论在中国还是西方，人们都是通过计数时间的方式期盼未来某一美好时间的到来。冬至作为时令与节日又称为

"消寒节"，人们通过制作"九九消寒帖"和"九九消寒图"来数九度过此后九九八十一天寒冷漫长的冬季。"九九消寒帖"和"九九消寒图"做法虽然简单，每日只需填色一笔，但为了计数漫长冬季之时，则需要持之以八十一日，其过程体现出中国人面对艰苦时日的逍遥自在的心态，通过修身养性的方式，等待冬尽春来、大地春回。在西方，将临期月历和将临期花环的宗教习俗让信徒回归信仰自身。通过每日打开将临期月历上的窗户，点上将临期花环上的蜡烛，信徒们阅读、默想圣诞相关经文、祷词，逐渐预备心，在欢喜中期盼纪念两千余年前、在宁静安详的伯利恒之夜救恩的降临。

## 安息年

最近，收到一位韩国教授的电子邮件，提到今年是他的安息年（Sabbatical year，意为"豁免"），在这一年他没有任何教学任务。安息年源于《圣经》，是指七年耕作周期的第七年，它是在摩西律法下古代以色列人遵守的一种习俗。安息年期间土地要修养，所有耕作、栽种、收获等以提高产量为目的的生产活动都被禁止。安息年的出产也要分给他人，而在自己地里生长的作物也可任人拾取。此外，在安息年也要豁免债务人的债务，释放奴隶给予自由等。

> 六年你要耕种田地，收藏土产；只是第七年，要叫地歇息，不耕不种，使你民众的穷人有吃的；他们所剩下的，野兽可以吃。你的葡萄园和橄榄园，也要照样办理。[1]

耶和华在西奈山对摩西说："你晓谕以色列人说：你们到了我所赐你们那地的时候，地就要向耶和华守安息。六年要耕种田地，也要修理葡萄园，收藏地的出产。第七年地要守圣安息，就是向耶和华守的安息，不可耕种田地，也不可修理葡萄园。遗落自长的庄稼，不可收割；没有修理的葡萄树，也不可摘取葡萄。这年，地要守圣安息。地在安息年所出的，要给你和你的仆人、婢女、雇工人，并寄居的外人当食物。这年的土产，也要给你的牲畜和你地上的走兽当食物。"[2]"每逢七年的末了，你要施行豁免。豁免的方式乃是这样：凡债主要松手把所借给邻舍的豁免了；不可向邻舍或弟兄索讨，因为

---

1　和合本《圣经》《旧约·出埃及记》23：10-11 节。
2　和合本《圣经》《旧约·利未记》25：1-7 节。

耶和华的豁免已经宣告了。向外邦人，你可以索讨；但你抵消那个欠你的，无论是什麽，你都要松手豁免。"[3] "耶和华以色列的神如此说，我将你们的列祖从埃及地为奴之家领出来的时候，与他们立约说，你的一个希伯来弟兄，若卖给你服事你六年，到第七年，你们各人就要打发他去；你要打发他自由离开你；只是你们列祖不听从我，也不侧耳而听。"[4]

美国人最早从安息年发展出研究休假的工作模式。从上世纪 90 年代开始，这一工作模式逐渐被欧洲大学采纳（比如德国大学的研究年 Forschungsjahr 和研究学期 Forschungssemester）。随后，作为亚洲最大基督教国家的韩国也很快引进这一机制。主要是大学为教员提供几个月到一年的假期，这期间老师没有教学任务，可以潜心从事研究或参加继续培训，为日后的工作储备积累。

现代的犹太教仍遵守安息年。2014 年 9 月，以色列政府再次预备进入安息年，农民将休耕，也会免除年长公民的债务。安息年体现了不能耗竭全部的土地、资源和人力等，应使之有喘息、生长的时间，以便有更好更长远的发展。

合理利用自然资源的观点也很早出现在我国道家思想中。传老子的弟子、道家祖师文子曾提出："衰世之主……构木为台，焚林而畋，涸泽而渔，积壤而丘处。"（《文子·上仁》）随后的《吕氏春秋·卷十四·义赏》和《淮南子·难一》也分别记载："涸泽而渔，岂不获得？而明年无鱼。""先王之法，不涸泽而渔，不焚林而猎。"这些都充分体现了道家追寻人与自然和谐相处的理想，而其中的法则就是——"取之有度"。

关于人与自然的关系，道家追寻人与自然的天人合一，而《圣经》开篇的《创世纪》则清楚地体现了基督教的不同理解："神就赐福给他们，又对他们说：'要生养众多，遍满地面，治理这地；也要管理海里的鱼、空中的鸟，和地上各样行动的活物。'"[5]

笔者认识有反对基督教的人士，他们认为《创世纪》中的"治理"一词体现了基督教中人对自然控制的强势思想，因而他们更能接受中国道家追寻人与自然和谐相处的理想。的确，究其根本基督教和道家对于人和自然的理

---

3 和合本《圣经》《旧约·申命记》15：1-3。
4 和合本《圣经》《旧约·耶利米书》34:13-14。
5 和合本《圣经》《旧约·创世纪》1：26。

解是大相径庭的。基督教说的是上帝按照自己的形象创造人、人具有上帝的灵，上帝创造自然万物让人管理、供人享用；而在道家看来，人是自然的一部分，天和人本来是合一的，但由于人制定了各种典章制度和道德规范等，使得人丧失了原来的自然本性而变得与自然不协调，人类只有绝圣弃智，才能重新归于自然，达到万物与我为一的精神境界。然而，无论是道家追求人与自然和谐关系的原则，还是上帝命令人类"管理"自然所要遵循的原则，都指出对自然资源应"取之有度"，即不能耗竭自然，应使之有喘息、生长的时间。"取之有度"按今天的话说就是节约资源，用以保证人类的可持续发展。

生命呼吸需要的空气、发光发热的太阳、蓝天白云、山川河流、飞禽走兽——在我们赞美上帝创造的同时，也应当时刻提醒自己节约利用与合理管理上帝赋予我们的自然资源，不仅因为它们是人类赖以生存、繁衍的基本环境，这也是上帝对人类的戒命。

# 第六章　基督教艺术与东亚的宗教政治

## 日本禁教期间的小型艺术——踏绘 Fumi-e

这是一块 18.9 厘米长, 13.6 厘米宽, 2.3 厘米厚重量为 2331 克的黄铜版, 目前保存在日本东京国立博物馆（图 31）。

黄铜版上的浅浮雕刻画了耶稣大腿以上的正面身体。耶稣的上身裸露、仅在腰间挤着一块围布；他头戴荆棘冠冕、头后是发散形直线代表的圣光, 头向右侧倾斜, 成四分之三侧面像；颈系粗绳, 左臂夹着人们鞭打他时用的芦苇, 双手被绳索捆绑、交叉在胸前。浅浮雕描绘的主题是"试观此人"（Ecce homo）。这一拉丁文出自《约翰福音》第 19 章第 5 节, 是本丢·彼拉多令人鞭打耶稣后, 向众人展示头戴荆棘冠冕的耶稣时所说的话。

如果仔细观察便会发现, 黄铜版表面光滑, 以致人物身体的一些轮廓线显得模糊不清。其原因在于, 从这块黄铜版被制作完成直至此后的两百年间, 它一直是被人们践踏的对象。这一用途的图像是日本禁教期间使用的"踏绘"（fumi-e）。

日本从 1614 年禁教后, 便开始了对信徒的残酷迫害。从 17 世纪 20 年代开始, 江户幕府政府下令基督徒必须发誓放弃基督教信仰, 否则便处以酷刑。根据文献记载, 就在这段时间长崎最早出现踏绘。每年新年的时候, 所有长崎地区的居民都必须在负责的官员面前光脚践踏圣像, 用以证明自己不是信徒。如有违抗, 就会被施以酷刑乃至死刑。

在江户幕府的高压政策下，一些日本的基督徒不得不改变宗教信仰；另一些则秘密地继续信仰基督教。此后，江户幕府也用"踏绘"来测试来到日本的荷兰人是否为传教士。随着通商口岸的建立，1856 年，长崎、下田等通商口岸废除了踏绘仪式。直到 1873 年，明治天皇废除了对基督教的禁令，踏绘才退出历史舞台，大部分金属"踏绘"被熔解或销毁，今天只有很少幸存的踏绘被收藏在博物馆中。

最早用来践踏的图像是没收自传教士带到日本来用以沉思默想的圣像，它们大多印在纺织品、纸或是金属版上。17 世纪 60 年代开始，随着"踏绘仪式"愈发普及，对踏绘的需求量也急速增加。一些为佛教仪礼制作塑像的日本金属匠人接到订单，以欧洲圣像为摹本，制造出了具有这一特别用途的踏绘。这幅黄铜版踏绘就是这一时期出自专门制造佛教塑像的日本金属匠人获原雄祐（Hagiwara Yusuke）。踏绘的主题包括"试观此人"、耶稣被钉十字架、玛丽亚、十字架等。

从 1669 年，瑞士人阿尔布雷希特·赫伯特（Albrecht Herport）首次向欧洲人介绍踏绘开始，[1]欧洲文学作品也经常描绘踏绘现象，比如乔纳森·斯威夫特（Jonathan Swift, 1667-1745 年）的《格雷夫游记》或者伏尔泰的《赣第德》。对踏绘的功能和意义也有很多神学方面的讨论。诚然，无论在欧洲还是东亚都曾出现反圣像的争辩；也都有通过对图像的破坏，期许达到对描绘对象咒诅目的的现象，然而踏绘却从无他例。至于是谁首先提出这一想法，如今是众说纷纭，无从考证了。

踏绘物虽小，存在时间也不长，但却为斑斓的普世教会历史拼上晦冥的一小块。特别在今天的宗教环境下，更是让人悠然低回。

---

1  Albrecht Herport, *Eine kurtze Ost-Indianische Reiß-Beschreibung/ Darinnen Vieler Ost-Indianischen Insulen und Landtschafften Gelegenheit/ der Einwohneren Sitten und Gottes-Dienst/ allerley Früchten und wilden Thieren beschaffenheit/ sampt etlichen nachdencklichen Belägerungen und Schlachten zwischen der Holländischen Ost-Indianischen Compagney einer seits/ vnd etlicher Ost-Indianischen Königen und Portugesischen Kriegs-Völckeren ander seits beschehen/ sonderlich der Chinesischen Belägerung und Eroberung der Insul Formosa/ angemerckt und in etlichen Kupfferstucken verzeichnet zu finden/ Beschrieben und in einer Neun-Jährigen Reiß verrichtet/ Von Albrecht Herport/ Burgern der Statt Bern/ und der Mahlerey-Kunst Lieb-haberen.* Bern: Sonnleitner, 1669.

# 公共空间在中国

近期发表在 iQuest 上杨砚老师的《广场舞的是是非非——公共空间意识的初体验》一文引发我对一系列问题的思考：为何中国人缺乏公共空间意识？原因是否可归结于中国的城市规划并未有公共空间的传统？这又反映出了怎样的宗教、政治与社会文化根源？公共空间又是曾几何时、借由怎样的契机成为中国城市规划的一部分？在当今中国的环境下国民应该如何合理与恰当地运用公共空间赋予的自由？

广场（拉丁语：platea；希腊语：πλατεία plateia，原意为宽阔、平坦的马路）指的是城市中心由建筑物围和而成的一个广阔、平坦的露天空间。它提供民众聚集的地方，是城市公共生活的重要场所，因而也是构成城市空间最重要的元素。广场起源于古希腊的阿哥拉（Agora，希腊语：Ἀγορά），即城邦自由制古希腊各城市中的市集以及后来发展出的经济、社交与文化的中心（图32）。古罗马时期，阿哥拉一词则被广场（拉丁文：forum）替代，是古罗马自由民聚集进行商业交易和谈论政治、哲学的露天场所。在现代网络用语中，"forum"一词也是网络论坛的意思。若是说网络论坛为网民们提供了自由表达思想和交流的虚拟平台，那么古罗马时期的广场则为古罗马自由民提供了自由发表、讨论和交流的公共集会场所。

中世纪时期，城市居住环境密集，但在一些重要建筑，比如教堂或宫殿前，会有一片空地，它们一般位于城墙包围的城市中心，提供给政治或宗教等重要仪式使用的场所。根据功能不同，中世纪的广场包括教堂广场或市集广场等。文艺复兴以降，艺术家运用各种视觉手法更加精心地设计出各样广场。在功能上，广场仍然承载了早期的市集和公共集会场所的功能，根据功能不同，广场主要类型又可分为市政厅广场、皇宫广场、官邸广场或是行刑广场等。在广场中通常会设有一些雕塑、纪念碑或喷泉等。现代西方的广场功能包括提供市民散步休息，或是举行政治、宗教仪式活动，以及示威游行的场所，甚至是开演唱会或跳蚤市场等活动的地方。

研究中国古城平面图，我们会发现中国古代城市布局中是没有广场的。以始建于公元 582 年的隋唐长安城为例，它是当时世界上最大的城市，平面近似方形，占地八十多平方公里。整个城市以街道划分，形成网格状，城市由位于城市北端的皇城和宫城，位于城市东西两端的东市、西市，和东南角的曲池，以及其他行政机构、寺院与住宅等所构成。尽管东西两市是出售各种日常用品的商店、饭店、药店和当铺等的场所，但两市是位于墙内的空间，并非敞开的公共空间，因而它们并没有让人们举行集会、发表政治意见的功能，而整个中国古代历史上的城市布局也未出现过提供类似活动的场所。中国都城规范地布局在网格模式中，规划者应是严格遵守了统治者的意图。确切地说，他们的任务是设计城市的私人空间，而不包括那些在欧洲政治与宗教活动中发挥重要作用的公共广场，从而为统治者制造一个稳定、有序与可控的城市结构。

时至 17 世纪下半叶，耶稣会在中国都城北京建造了第一座天主教堂——北京宣武门天主堂（南堂）。建堂初始，耶稣会士就决定用中式的庭院代替欧式的教堂广场，即由四面围墙，而非教堂周边的建筑物围合的大片露天空间（图 33）。只有越过围墙望见巴洛克式的教堂高高的外立面以及其上装饰的十字架等宗教标志，人们才能辨识出这是一座天主教堂。早期的耶稣会南堂立面图显示，庭院由模仿法国巴洛克式花园中修葺整齐的几何形植物所装点，入口处甚至立有牌坊。明清时期，中国的基督教教堂无一不摒弃了欧洲敞开式的教堂广场，而采用封闭围合的空间，四面围墙将教堂广场的公共空间封闭成相对私密的空间，从而使其融入中国封闭而严密的网络模式的城市布局中。虽然在这片隶属教会资产的土地上仍然可以举行宗教活动，比如宗教列队仪式（Procession），但它已失去欧洲教堂广场的公共空间属性。早期明清帝王对耶稣会态度宽容，但他们对陌生的、难以掌控的公共空间一定心存畏惧。

虽然缺乏公共空间的传统，但今天位于北京的天安门广场则是当今世界上最大的城市广场（图 34）。明清时期的天安门广场包括从天安门到北京皇城正南门（其原址为今天毛主席纪念堂）之间的千步廊，形成了占地几万平米的 T 字型广场。然而，那时的天安门广场不仅不是一个公共空间，反而是中央最重要的衙门所在地，是帝国统治机构的中枢。1919 年 5 月 4 日，北京高校学生云集天安门，由此发起青年学生反帝反封建的示威游行运动。天安门作为游行队伍的起点，成为这场著名的五四运动的重要标志。

直到 1949 年新中国建成，天安门广场才作为公共空间登上历史舞台。开国大典前期，天安门至前门之间一直以来存在的房屋被拆除，从此，传统的中国城市布局中才引入了欧洲城市布局的元素——广场。1949 年 10 月 1 日的中华人民共和国开国大典后，天安门广场作为大型国家庆典的举办场所，越来越凸显其国家政治权利中心的象征地位。广场具有相对围合与广阔的露天公共空间的特点，它一方面为民众提供自由表达声音的场所，但也会导致广场上人数密集且不便疏散。鉴于 1989 天安门广场事件，此后在中国广场愈发无法真正行使其公共空间的功能，今天天安门广场上的警察数量应该也是世界之最。

公共空间涉及个人与他人、团体间、及其与国家的复杂关系。各方都应共同担负保证广场安全与自由属性的责任。其中的各种张力和制约需要真理的引导，相互尊重的交流和基于爱的包容。唯有此，公共空间下的各方的权益才能有效得到维护。

# 第七章　明末基督教版画

## 适应与坚持——从《诵念珠规程》中的建筑物与风景描绘解析 17 世纪耶稣会传教策略

### 一、引言

　　耶稣会士纳达尔（Jerónimo Nadal, 1507-1580 年）编写的《福音故事图集》（Evangelicaehistoriae imagines）在其去世后于 1593 年在安特卫普出版。《福音故事图集》共有 153 幅插图，图文并茂地描绘了耶稣和圣母玛丽亚的生平故事。为了指导中国信徒诵念《玫瑰经》，耶稣会士罗如望（João da Rocha, 1566-1623 年）于 1620 年前后在南京出版了《诵念珠规程》。其中的 15 幅木版插图全部以《福音故事图集》的铜版插图为范本。《诵念珠规程》的 15 幅插图有的将耶稣生平故事从西方建筑挪置中国的环境中，或采用中式的风景描绘方式，或是整幅插图完全模仿了西方建筑物的描绘，另外还有一些则仅保留了置于画面背景中的建筑物。本文将处理《诵念珠规程》中 15 幅插图的建筑物和风景描绘。通过比较《诵念珠规程》与《福音故事图集》中建筑物和风景山水描绘的异同，分析其改变的原因，进而尝试探寻 17 世纪末耶稣会传教士在中国的传教策略。

### 二、《福音故事图集》

　　依纳爵·罗耀拉本名依尼高·依纳爵·罗耀拉（Íñigo López de Loyola,

1491-1556 年）出生于西班牙北部巴斯克区比利牛斯山脉附近的罗耀拉家族的古堡，作为十三个孩子中最年幼的孩子，直到 26 岁，依纳爵仍过着放荡不羁的世俗生活。1521 年，在他 30 岁那年，法军围攻潘普洛纳时，依纳爵坚守阵地，以致腿部负重伤，无法继续从事军旅。在他养病期间，依纳爵阅读了家人给他的两本书籍，萨克森的鲁道夫（Lodolph von Sachsen，约 1295-1378 年）所写的《基督生平》（*Vita Jesu Christi e quatuor Evangeliis et scriptoribus orthodoxis concinnata*）以及托马斯·厄·肯培的《效法基督》（*De imitatione Christi*）。[1]1522 年到 1523 年，依纳爵在曼雷萨（Manresa）的山洞祷告灵修和默想，并常得异象，他就在这里草拟了《神操》。[2]依纳爵的灵修深受当时代默想方式和灵修传统的影响，但他在随后的 1524 年到 1534 年到过巴塞罗那、阿尔卡拉（Alcalá）、沙拉曼卡（Salamanca）和巴黎等地方读书，《神操》也融合了他的神学思想和灵修经验。《神操》于 1548 年在罗马匿名出版，它成为16 世纪抗击宗教改革最重要、最著名和最有影响力的灵修手册。[3]

　　《神操》是一部关于基督教灵性生活的系统描述和方法论。关于灵性操练，书中做出了详细示范，它共分四个礼拜进行：第一个礼拜默想人的罪，特别是自身的罪，同时因着上主的怜悯，在与耶稣亲密对话中接受援引。接下来的一个礼拜，便是在宗教沉静中默想耶稣的生命，并选择效法基督。第三和第四个礼拜是集中注意默想耶稣的受难与复活，并在对爱的渴慕与瞻仰中结束。操练者通过《神操》具体的默想指导进入宗教想象、理解、记忆并最终将人引入在一切事物中寻找天主的踪迹。[4]迈斯纳（Meissner）认为，依纳爵的《神操》是西方文化中最具影响力的著作之一，它不仅是宗教改革期间罗马教会革新的准绳，也在今日教会灵性生活中发挥深刻影响。[5]

---

1　彼得·克劳斯·哈特曼（著），谷裕（译）：《耶稣会简史》，北京：宗教文化出版社，2006 年，第 2-3 页。

2　参见依纳爵（著），侯景文、谭璧辉（译）：《圣依纳爵自述小传·心灵日记》，台北：光启文化，1991 年，第 21，32，34，37 页。

3　Ignatius de Loyola, *Exercitia spiritualia et eorum directoria*. Rome: Antonio Blado, 1548.

4　彼得·克劳斯·哈特曼（著），谷裕（译）：《耶稣会简史》，北京：宗教文化出版社，2006 年，第 20 页。

5　William W. Meissner, *Ignatius von Loyola. Psychogramm eines Heiligen,* Freiburg im Breisgau: Verlag Herder, 1997.

依纳爵的跟随者杰罗姆·纳达尔（Jerónimo Nadal, 1507-1580 年）是西班牙马略卡岛的帕尔马（Palma de Mallorca）人，是耶稣会早期十位成员之一，他长期作为依纳爵的个人代表访问欧洲各地的耶稣会教堂，向他们阐释并指导他们实践耶稣会章程。纳达尔与依纳爵关系密切并受其充分信任，他继承和发展了依纳爵的灵修学。因此依纳爵委托纳达尔根据其《神操》的灵修方法，编写一部以福音书为基础、并附有插图的默想手册。

纳达尔为此书选择了圣经主题，委托了几位铜版画家对插图布局做了指导，并为插图上的场景编写了文字注释。最终铜版画家贝纳迪诺·帕塞里（Bernardino Passeri, 1530-1590 年）、马尔腾·德·沃斯（Marten de Vos, 1532-1603 年）和杰罗尼姆斯·威利克斯（Hieronymus Wierix, 1553-1619 年）与安东·威利克斯二世（Anton Wierix II., 1555/1559-1604 年）兄弟制作完成了书中 153 幅铜版画。此后，纳达尔又增加了指导默想的注释。安特卫普出版商克里斯托夫·帕拉丁（Christophe Plantin, 1520-1589 年）和马尔丁努斯·努提乌斯（Martinus Nutius, 1553-1608 年）于 1593 年出版了《福音故事图集》（*Evangelicae historiae imagines*），此时，依纳爵和纳达尔都已离世。增加默想注释的《福音书的注释与默想》（*Adnotationes et Meditationes in Evangelia*）于 1595 年出版。[6]

《福音故事图集》包含 153 幅插图，描绘了耶稣生平和一些圣母生平故事：从圣母领报，耶稣孩童时期的生活，到耶稣讲道、行神迹，耶稣受难、复活和升天，一直到圣母玛丽亚升天和加冕。《福音故事图集》每页由三部分组成，即最上方方框内的插图标题、相关的礼仪日历、圣经出处和耶稣年龄的信息；中间为画面部分，最下方是关于画面场景的释文。最上端的大写拉丁语表明 16 世纪天主教教会弥撒仪式中的礼仪日历，例如圣日、礼拜日和平日。如果一个故事有两幅或以上的插图，这一行会用拉丁文"Eadem Dominica"（同一周日）、"Eodem Sabbatho"（同一周六）或"Eadem Feria"（同是平日）来表明日历。其中 50 多幅插图没有表明日历，可根据图像内容可以推测出时间。比如插图 101 至 103 和 107 至 133 描绘了耶稣受难，礼仪日历为耶稣受难周；再如插图 134 至 146 描绘了耶稣复活，礼仪日历为复活节到耶稣升天

---

6　Jerome Nadal, SJ. *Adnotationes et Meditationes in Evangelia: Quae insacrosancto missae sacrificio toto anno leguntur, cum evangeliorum concordantia, historiae integritati sufficienti.* Antwerp: Martinus Nutius, 1594; second edition 1595.

纪念日期间。拉丁文礼仪日历的下方是纳达尔给每幅插图命名的标题。有些插图则没有标题，因为日历已经表明了图画主题，比如第一幅插图"圣母领报"（ANNVNCIATIO）或第 149 幅插图"五旬节圣日"（SACRA DIES PENTECOSTES）。在没有礼仪日历的插图中，第一行为斜体大写标题。最下一行是斜体小写圣经的出处，它们是不同福音书或是保罗书信的缩写及其章数。比如插图 147 至 149 描绘了"耶稣升天"和"圣神降临"就标注了《使徒行传》的出处；插图 102 标明了《格林多前书》，插图 131 标明了《以弗所书》的出处。另外，一些插图并非出自《圣经》，因此没有标注圣经出处。例如插图 150 至 153 描绘了圣母玛利亚去世、埋葬、升天和加冕。许多插图在这一行之后还引出拉丁文"Anno"（年），表明了耶稣在这幅福音故事插图发生时的年龄。而譬如第 1、2 幅插图发生在耶稣出生之前；第 150 至 153 幅插图是耶稣死亡、埋葬、复活和升天，就没有标注耶稣的年龄。这一行的最右边用阿拉伯数字和罗马数字注明插图的顺序。其中阿拉伯数字编号是根据耶稣生平时间顺序，它是 1593 年出版《福音故事图集》一书的排序；而罗马数字编号则是根据罗马弥撒经书时间的读经顺序排列，它是 1595 年出版增加纳达尔默想注释的《福音书的注释与默想》的排序。画面中间部分是占据最大位置的铜版画，约 16.9 厘米高，14 厘米宽。版画下方是由大写字母引导的简短拉丁文说明，这些字母也出现在插图中，释文中的字母和拉丁文说明与插图中的字母相对应，用以帮助读者理解插图中不同人物、场景、活动和时间顺序。读者看到《福音故事图集》可以根据上方的文字了解福音故事的主题，再根据下方的释文观察图像，由一个景象到另一个景象来体验圣经故事，发挥想象，并在默想中将自身投入救恩的历史。

### 三、《诵念珠规程》[7]

#### 1. 版本、内容与布局

《诵念珠规程》是一本由文字和木刻插图组成的书籍。此书现存三个版本共八个本子。第一版于 1620 年前后在南京出版，共六个本子，现存于罗马耶稣会档案馆（Archivum Romanum Societatis Iesu, Jap.Sin. I, 43b）、[8]梵蒂冈图

---

7　再版于：《罗马耶稣会档案明清天主教文献》，第一卷。台北利氏学社，2002。

8　这一版本缺少最后两页（Fol. 31-32），以及最后一幅插图。
　　参见 Albert Chan, *Chinese Books and Documents in the Jesuit Archives in Rome: A*

书馆（Biblioteca Apostolica Vaticana，Borgia Cinese 336.5）、[9]法国巴黎国家图书馆两本（Bibliothèque Nationale de France，Chinois 7382, Chinois 6861）、[10]奥地利国家图书馆（Österreichischen Nationalbibliothek，Sin. 1607）和美国洛杉矶盖提研究所（Getty Research Institute in Los Angeles, Research Library 1374–445）。[11]据王喜亮考证，梵蒂冈图书馆藏《天主圣教念经总牍》收录另一版本《诵念珠规程》，此本阙失插图，文字部分稍有差异，是崇祯元年（1628 年）在武林（杭州）刻印的。[12]第三版于 1638 年在北京出版，现存一本，收藏于意大利罗马国立中央图书馆（Biblioteca nazionale centrale di Roma，Fondo Gesuitico 72.B.298）。

北京版的前三页增加了李祖白（？-1665 年）的序言，序言先解释了什么是《圣母玫瑰经》，并说明了此本《诵念珠规程》是 1638 年由汤若望在北京重新刻印出版的。接下来的"总说"说明了十五件超性事以及应当如何念珠、诵经，并默想这十五件超性事，除个别字的差异，这部分内容与南京版内容完全相同，只是北京版未采用南京版老师与学生问答的形式。两版本的插图内容和数量也完全一致，但北京版比南京版插图要生硬和粗糙。

六本南京版《诵念珠规程》接《天主圣教启蒙》[13]合订为一本，书的一开

---

*Descriptive Catalogue: Japonica Sinica I-IV.* Armonk, N. Y. - London: M.E. Sharpe, 2002, pp. 71-72; 钟鸣旦（Nicolas Standaert SJ.），杜鼎克（Adrianus Cornelis Dudink）（编）：《耶稣会罗马档案馆明清天主教文献》（Chinese Christian Texts from the Roman Archives of the Society of Jesus），12 卷，台北：利氏学社，2003 年，第 3 卷，第 515-574 页。

耶稣会档案馆另藏一本编号为 Jap.Sin. I, 43a 的《诵念珠规程》在 2007 年已遗失。

9　参见 Yu Dong, *Catalogo delle opere cinesi missionarie della Biblioteca Apostolica Vatiana（XVI-XVIII sec.）*. Città del Vaticano: Biblioteca Apostolica Vaticana, 1996, Nr. 112.

10　参见 Monique Cohen, Nathalie Monnet, *Impression de Chine.* Paris: Bibliothèque Nationale, 1992, pp. 110-111.

11　参见 Marcia Reed, Paola Dematté（ed.），*China on Paper. European and Chinese Works from the Late Sixteenth to the Early Nineteenth Century.* Los Angeles: Getty Research Institute, 2007，pp. 168-170.

12　参见王喜亮：《晚明首部天主教版画〈诵念珠规程〉考》，载于《哲学与文化》，第四十八卷第七期，2021.07，第 93-108 页。

13　参见钟鸣旦（Nicolas Standaert SJ.），杜鼎克（Adrianus Cornelis Dudink）（编）：《耶稣会罗马档案馆明清天主教文献》（Chinese Christian Texts from the Roman Archives of the Society of Jesus），12 卷，台北：利氏学社，2003 年，第 1 卷，第 375-514 页。

始以老师和学生对话的形式介绍了什么是《玫瑰经》以及如何诵念《玫瑰经》。北京版《诵念珠规程》则独立成册，增加了前三页李祖白的序言，之后在"总说"中，以叙述性方式同样介绍了关于《玫瑰经》和如何诵念《玫瑰经》的内容。之后是第一幅插图，在插图之后，是与图像相对应的文本，文本由诵念《玫瑰经》的规程以及"献"和"求"引导的颂文和祷文组成。之后的十四幅插图也是按同一结构编排。

十五幅插图描绘了从"圣母领报"到"圣母升天"的十五端奥迹，它们都是以纳达尔《福音故事图集》中的铜版画为蓝本制作的木版画。

南京版《诵念珠规程》的文字部分由双界格框架，书口齐顶为缩写书名"念珠规程"，书口的单鱼尾内标注了双叶的页数。书长 24 厘米、宽 15.7 厘米。插图高 21.2 厘米，宽 12.5 厘米。

《诵念珠规程》的前五页是老师和学生关于念珠和祈祷的对话。第六页为第一幅插图，在插图之后，是与图像相对应的文本，文本由诵念《玫瑰经》的规程以及由"献"和"求"引导的颂文和祷文组成。每一页都有 8 行，每行最多 19 个字，最少 1 个字，全文有句逗标注。为了区分和强调圣母十五端奥迹以及颂文和祷文，《玫瑰经》规程的标题（如："欢喜一"、"痛苦一"或"荣福一"）以及"献"和"求"字围合在一个双线八角形内，"献"和"祈"为独占一行。在"玛利亚""主母""耶稣"和"天主"等称谓前都留有一个空白位置。

圣母玫瑰经十五端奥迹的每一个奥迹都在书页打开的右边是插图，在左侧则是一个解释性的文本。不同于其西方范本《福音故事图集》上图下文的结构，《诵念珠规程》一书为右图左文，按照中国古代阅读习惯，即从右往左的阅读顺序，这表明《诵念珠规程》的读者先看到插图，再在左边文字部分了解相对应插图的内容。《诵念珠规程》另一个不同于《福音故事图集》的地方在于，并没有在一幅插图中描绘时间相连或主题相关的多个场景，插图上也没有任何文字或数字标注，人们只能在图后的文本中读到插图的内容和意义。

---

王雯璐："Kanyaku Kyori Mondou Tenshu Seikyo Keimou no Kenkyu—Minmatsu Tenshukyo Hukyo Jittai no Yichiyousou 漢訳教理問答[天主聖教啓蒙]の研究——明末天主教布教実態の一樣相（A Study on the Tianzhu Shengjiao Qimeng [Instruction for the Young on the Holy Religion of the Lord of Heaven, ca. 1619]: Illuminating One Aspect of the Catholic Mission in Ming China）." Chugoku-Shakai to Bunka 中国-社会と文化, No.33, 2018. pp. 125-147.

意大利罗马国立中央图书馆的版本是唯一独立的本子。与其他本子不同的是，它增加了李祖白的三页序言。除此之外，两个版本《诵念珠规程》的构成几乎完全相同。此本书高 23.6 厘米，宽 16 厘米。相较南京版，这个版本的插图在刻画上更生硬和粗糙。

### 2.《诵念珠规程》插图中的建筑物描绘

《诵念珠规程》的 15 件超性事往往都发生在一座建筑物内，其中一些呈现中国化的描绘方式，譬如第一幅插图"圣母领报"、"圣母往见表姐依撒伯尔"、"耶稣复活"和"圣母升天"，还有一些则是模仿了《福音故事图集》中的欧式建筑，譬如第四幅插图"献耶稣于圣殿"和第五幅插图"十二龄耶稣在圣殿讲道"。此外，建筑物也作为《圣经》故事的背景出现，例如第三件超性事"耶稣诞生"和第六件超性事"耶稣在客西玛尼庄园祷告"。《诵念珠规程》十五幅插图是如何在中国木版画中描绘建筑与室内陈设的？为什么有些场景是中国化的，而另一些场景则直接模仿了欧洲建筑？

#### 2.1. 中式的室内空间

插图 1. 欢喜一端——"圣母领报"

《诵念珠规程》的第一幅插图描绘了《路加福音》第一章所描述的"圣母领报"（图 35）。[14]画面下方的五阶台阶将读者视线带入一个室内空间，屋内一女子正跪于桌前，桌上放着一本打开的书。女子头后方是圣光圈，她就是圣母玛丽亚，玛丽亚头微微向右低垂，双手放于胸前。在她身后是一张较低矮的床榻，床榻后是一扇绘有山水画的屏风。在明代，这样的陈列组合也常出现在其他一些描绘女性闺房的版画上。床榻上放着一个编织的篮子，里面装满了象征女性工作的缝补用具，如剪刀、毛线、织物等，17 世纪初出版的《顾氏画谱》也有类似的篮子和缝补用具。画面左上方有一束光由上而下照射在画面右下角的玛丽亚身上，光束中一只象征圣灵的鸽子也呈下飞姿态。画面左侧是天使加百利，从他的肩上伸出一双翅膀，他左手拿着百合花，右手的食指指向天空。画面描绘了天使加百利向玛丽亚宣告圣灵感孕信息的时刻。

在《福音故事图集》的文字注释中，字母"D"引导的拉丁文表明了玛丽

---

14 和合本《圣经》《新约·路加福音》1：26-38。

亚生活在意大利皮切诺省的小村庄劳雷提，[15]这个村子今天仍是人们朝圣的地方。中国插图采用《福音故事图集》的构图布局（图36），即观看者不在室内，而是在室外，画面呈现了一个开放式的建筑，画面左边是天使加百列，右边为玛丽亚。然而相较于西方插图中玛丽亚极为简陋的住处，墙壁甚至开裂露出了砖块，中国插图"天使报喜"的场景却放置在有花园的中国明代官吏的住宅中。图中的桌子、床，特别是玛利亚身后的屏风以及屏风上倪瓒风格的山水画，还有房间外面花园里的栏杆、芭蕉树、假山等在同时期版画中也很常见，代表了当时明代官员的府邸。[16]

　　读者可以通过图上重要的基督教象征正确理解画面所传达的意义，但插图给人以强烈的中国印象，这是因为艺术家采用了所谓"适宜方法"（Convenevolezza），即在绘画中，用当时代和当地的服装和场景再现历史题材故事。[17]从14世纪开始，这一艺术表现形式就出现在意大利艺术中，并随后影响到北方艺术。譬如，"圣母领报"主题在意大利文艺复兴艺术中，常常被放置于文艺复兴风格的建筑和南方自然风景中，如波提切利（Sandro Botticelli, 1445-1510年）绘于15世纪下半叶的"圣母领报"（Cestello Annunciation），透视画法增强了画面的空间真实感，画家按照焦点透视的框架来安放位于室内的人物，建筑物的线条让画面井然有序又富含宗教寓意，窗外的景色又赋予画面清新自然的尘世之感。而北方早期文艺复兴时期的绘画，以弗莱芒画家罗伯特·坎平（Robert Campin, 1375-1444年）的"圣母领报"为例，则善于对同时期室内家具和日常用品的再现，悉心描绘出精巧、怡人的细节以呈现物质的材料和质感。16世纪耶稣会会士深谙艺术创作的"适宜方法"，《福音故事图集》的"圣母领报"主题就被移至意大利皮切诺省的劳雷提村中，在这里，玛丽亚的寓所是简陋破败的；而在同样跨域历史文化距离的明代木版画中，玛丽亚寓所第一次被放置在17世纪晚明社会中，

---

15　"Cubiculum, quod visitur Laureti in agro Piceno, ubi est Maria."（这是玛丽亚生活的皮切诺地区劳雷托的一个房间。）
　　Cf. F. L. Cross and E. A. Livingstone（ed），*The Oxford Dictionary of Christian Church*, East Kilbride, Scotland: Oxford University Press, 1988. pp. 836-837.

16　Anne E. McLaren, *Chinese Popular Culture and Ming Chantefables*. Sinica Leidensia, vol. 41. Leiden: Brill, 1998, p. 5.

17　Reiner Haussherr, *Convenevolezza. Historische Angemessenheit in der Darstellung von Kostüm und Schauplatz seit der Spätantike bis ins 16. Jahrhundert*. Akademie der Wissenschaften und der Literatur, Abhandlungen der geistes- und sozialwissenschaftlichen Klasse; Nr. 4. Wiesbaden: Steiner. 1984. p. 11.

带有花园的华丽寓所迎合了晚明文人士大夫阶层的社会文化背景。[18]

　　有学者注意到玛丽亚身后屏风上描绘的山水画[19]为仿 14 世纪元代画家倪瓒山水画风格。[20]也有学者将屏风山水画中的那棵树与意大利文艺复兴"圣母领报"主题绘画上的树相联系，认为中国画家通过耶稣会的传播，从而受到意大利文艺复兴时期绘画的影响，屏风山水画中的树同样映射了耶稣受难被钉的十字架，通过将圣母领报主题和隐喻耶稣受难被钉十字架的树并置在一幅画中，借此传达耶稣道成肉身的十字架救赎的恩典。[21]笔者认为这一观点仍需商榷。首先，意大利文艺复兴时期"圣母领报"主题绘画往往有一棵树，或是在几棵树中有一棵树较为主导，树木高大挺拔，枝繁叶茂，树冠左右两侧对称，形成一种十字架的造型。而因为视角的原因，《诵念珠规程》"圣母领报"插图上的屏风并没有呈现全貌，也就是说，这幅倪瓒风格的屏风山水画到底有几棵树，画面上还有没有其他母题是无法考证的。而位于屏风画上右下角的这棵树也略有弯折，周围环以零星低矮竹石，树干僵直且无一片树叶，让画面呈现冬季凄凉之意，而并非意大利同题材绘画中所呈现的一片郁郁葱葱的春夏之景。此外，学者查尔斯·卡尔曼（Charles H. Carman）根据阿尔贝蒂（Leon Battista Alberti, 1404-1472 年）的《论绘画》（*De pictura*）和库萨的尼各老（Nichola Cusanus）的《上帝的异象》（*De visione Dei*）认为，意大利文艺复兴时期的绘画往往通过线性透视、幻觉图像和一系列视觉隐喻来激发人们对神圣、本质和看不见现实的理智感知，而树木就具有这样的隐喻意义。[22]又因为意大利文艺复兴绘画已极尽写实之能力，树木种类因此可以辨

---

18　参见 Lin Xiaoping, "Seeing the Place: The Virgin Mary in a Chinese Lady's Inner Chamber," in *Early Modern Catholicism: Essays in Honour of John W. O'Malley, S.J.*, edited by John W. O'Malley, Hilmar M. Pabel, and Kathleen M. Comerford, Toronto: University of Toronto Press, 2001, pp. 183-210.

19　《天主降生出像经解》的"最后的晚餐"插图中也增加了山水屏风，将在下一章节具体讨论。

20　Paola Dematté, "Christ and Confucius: Accommodating Christian and Chinese Beliefs," in China on Paper. European and Chinese Works from the Late Sixteenth and Early Nineteenth Century, edited by Paola Dematté and Marcia Reed, Los Angeles: Getty Research Institute, 2007, p. 36.

21　Rui Oliveira Lopes, "Jesuit Visual Culture and the Song nianzhu guicheng. The Annunciation as a Spiritual Meditation on the Redemptive Incarnation of Christ." In: *Art in Translation* 12:1（2020）, pp. 82-113.

22　Charles H. Carman, *Leon Battista Alberti and Nicholas Cusanus: Towards an Epistemology of Vision for Italian Renaissance Art and Culture,* Farnham: Ashgate, 2014, p. 111.

析，"圣母领报"绘画上每棵树都因此具有其独特含义。（例如橡树象征了耶稣和圣母玛丽亚，柏树象征着死亡，松树是耶稣的象征等。[23]）相较而言，中国屏风画上的那棵枯树画法并非写实，人们无法辨识其种类，枯树更多是与隔岸的远山和平静的水面共同营造出了一种清冷萧瑟的氛围。

正如巫鸿所指，倪瓒是中国画家中少有的一个一生都在坚持单一母题、单一风格，甚至单一构图的画家。他大部分山水画都是在前景一角的山石上树立几棵树木，中景一片平静的水域之后是对角线另一端的远山，画面景象寒冷而纯净。[24]事实上，一些正面再现绘有仿倪瓒山水画的屏风可以帮助我们想象《诵念珠规程》"圣母领报"屏风画的全貌，如14世纪40年代佚名的《倪瓒像》，屏风画的前景左下角树木林立，水面一舟缥缈，一翁独钓，右上角的群山渐隐于背景中。疏离的构图消解了风景的真实空间感，强化了屏风前画家个人性情的表达。放在这样的背景下理解《诵念珠规程》"圣母领报"屏风山水画，应是想要传达文人隐士清高傲世的内心世界，画家也正想通过这一山水画风格迎合文人所推崇的"平淡"趣味。

此外，这位学者通过屏风画上的树为十字架的象征，进而认为《诵念珠规程》作为指导信徒默想"玫瑰经"的灵修书籍，应该在画面中保留了基督教救赎中意义重大的十字架寓意，因此《诵念珠规程》"圣母领报"屏风山水画的树是为了帮助信徒默想基督十字架上救赎的恩典。[25]然而事实上，《诵念珠规程》是以图文并茂的形式介绍《玫瑰经》的内容，它以圣母玛利亚的生平故事为中心，包括圣母的"欢喜"、"痛苦"和"荣福"各五件，共十五件超性事，颂词和祷词的内容也是对圣母的称颂和向圣母献上祈祷。涉及耶稣受难的内容是在圣母"痛苦五"中，文本从圣母忍受痛苦的角度描述了耶稣钉十字架事件，并为此颂赞圣母并向圣母祈祷。事实上，在《诵念珠规程》一书中，耶稣救赎和十字架寓意是相对隐退在后的，耶稣会士是希望通过《诵念珠规程》指导皈依者的圣母信仰，并通过灵修默想《玫瑰经》操练和巩固信仰。《诵念珠规程》显示出耶稣会在中国传教中贯彻了其一贯强调的对

---

23 George Ferguson, *Signs & Symbols in Christian Art,* Oxford: Oxford University Press, 1954.

24 巫鸿（著），文丹（译），黄小峰（校）：《重屏——中国绘画中的媒材与再现》，上海：上海人民出版社，2016年，第144页。

25 Rui Oliveira Lopes, "Jesuit Visual Culture and the Song nianzhu guicheng. The Annunciation as a Spiritual Meditation on the Redemptive Incarnation of Christ." In: *Art in Translation* 12:1（2020），pp. 82-113.

圣母的崇拜，其中插图的山水画法和风格也透露出耶稣会希望迎合明代上层社会文人士大夫审美趣味，从而自上而下传播天主教信仰的策略。

**插图2. 欢喜二端——"圣母往顾圣妇依撒伯尔"**

《诵念珠规程》的第二幅插图"圣母往顾圣妇依撒伯尔"[26]也被放置在一个中式环境中（图37）。插图描绘了一个中国庭院的场景，插图下方是庭院的围墙，围墙外、在画面的右下角一匹马被绳子拴在一棵高大笔直的梧桐树边。从画面的左下角敞开的大门进入一个典型的明代庭院，踏上三层台阶看到互相问候的约瑟和撒加利亚。画面中央的庭院内，两个妇人正伸开双臂互相问候。右边有圣光圈的妇人是圣母玛利亚，左边是玛利亚的姐姐依撒伯尔。画面右边的屏风之后通往内室。同插图"圣母领报"一样，插图"圣母往顾表姐依撒伯尔"上描绘的庭院、花园、栏杆、芭蕉树等母题都代表了一个中国明代官吏的府邸。此外，在"圣母往顾依撒伯尔"插图上，还出现一个新母题——"梧桐树"，它在中国象征着高贵纯洁，而"桐叶封弟"的典故有加官晋爵之寓意。插图"圣母往顾依撒伯尔"出现的梧桐树既象征了圣母玛丽亚的纯洁和高贵，也再次迎合文人士大夫的社会阶层，暗示玛丽亚和依撒伯尔出身显贵。

除了这些中国元素，画面的构图和透视也具有中国特点。在《福音故事图集》中"圣母往顾圣妇依撒伯尔"的场景位于画面的右下角（图38）。驴子在画面最右边的背景中。画面中央是相互问候的玛利亚和依撒伯尔，而约瑟和匝加利亚则位于右边门边旁边的中景中。读者视点位于房间内部。相互问候的两组人从背景的门外进入房间内。画面运用一点透视法，最重要的人物被安排在画面中央的前景中。与此相反《诵念珠规程》"圣母往顾表姐依撒伯尔"观看者的视点在庭院围墙之外，这也是明代版画的一个特点。尽管画面最重要的人物——玛利亚和依撒伯尔，位于庭院最里面，但她们没有按照空间透视法被缩小，而是被描绘得最大，而位于画面最前方的马却被描绘得最小。这是明代版画普遍运用的"等级透视法"（hierarchical perspective），即不是按照画面的空间透视而是按照描绘对象的等级地位安排其位置和大小。

有学者认为这种"等级透视法"是对女性人物的强调，画面上男性人物相较西方范本更为年轻强壮，因此是女性的保护者；加上《诵念珠规程》的

---

26 和合本《圣经》《新约·路加福音》1：39-56。

"圣母领报"和"圣母往见表姐依撒伯尔"插图描绘的明代官吏宏伟华丽的庭院府邸，这些反映了在利玛窦时代，即明代晚期中国女性基督徒的信仰生活——她们可能就是在受到家族中男性成员保护的环境中，以一个封闭、安全且舒适的空间作为"家庭教会"举行宗教活动。[27]事实上，我们看见这种"等级透视法"和描绘明代官吏华丽庭院府第的版画在晚明版画，尤其是描绘女性闺阁生活极为常见，《诵念珠规程》的两幅插图选用这一视角和透视方式，更应该被理解为耶稣会士是想以一种"适宜方法"的绘画方式描绘《圣经》中女性人物的生活环境，从而迎合上层社会文人士大夫阶层的社会等级和审美趣味，以此致力于实现自上而下传播天主教信仰的策略。

**插图 11. 荣福一端——"耶稣复活"**

根据《马太福音》第二十七章五十九和六十节的记载："约瑟取了身体，用干净细麻布裹好安放在自己的新坟墓里，就是他凿在磐石里的，他又把大石头滚到墓门口，就去了。"[28]第六十六节接着写道："他们就带着看守的兵同去，封了石头将坟墓把守妥当。"[29]当耶稣复活后，第二十八章接着写着："忽然地大震动。因为有主的使者，从天上下来，把石头滚开，坐在上面。"[30]

根据《圣经》的描述，耶稣的坟墓是在岩石间凿成并用石头封住的。《福音故事图集》按照《圣经》内容描绘了耶稣的坟墓（图39）。在耶稣升天的时刻，天使们将石头挪开后堆放在门的一边。而《诵念珠规程》的第十一幅插图"耶稣复活"中（图40），耶稣的坟墓则与其西方版本不一样。作者选择了中国明代墓室的样式，即由砖石堆成的封闭土堆。为了防止中国读者弄混图画的意义，作者还放弃了西方带墓门的坟墓，而采用中式传统的封闭的墓室。

**插图 14. 荣福四端——"圣母荣召升天"**

《诵念珠规程》的第十四幅插图（图41）选取了《福音故事图集》中的两幅插图，即"圣母之死"（图42）和"圣母升天"（图43）的主体场景，共同构成《诵念珠规程》荣福四的画面。此幅插图在场景合并、室内陈设、人

---

27 参见 Lin Xiaoping, "Seeing the Place: The Virgin Mary in a Chinese Lady's Inner Chamber." In: Hilmar M. Pabel/ Kathleen M. Comerford（ed.），*Early Modern Catholicism: Essays in Honour of John W. O'Malley, S.J.*, Toronto: University of Toronto Press, 2001, pp. 183-210.

28 和合本《圣经》《新约·马太福音》27：59-60。

29 和合本《圣经》《新约·马太福音》27：66。

30 和合本《圣经》《新约·马太福音》28：2

物表现、透视和视角以及一些基督教元素等方面都不同于欧洲范本，显示了画家所做中国化的尝试。

"圣母之死"的场景位于画面下半部分，画面省去了西方范本墙壁上的窗户以及相关其他情节，而增加了墙上的装饰线条。玛利亚躺在一张三面围合的床榻上，床榻的样式以及床榻围栏和床腿的云纹装饰，被褥上的梅花纹装饰都是明代很常见的。玛丽亚周围是悲恸的男性门徒和掩面哭泣的妇女们。在西方范本中，玛丽亚的床周围是十三位男性门徒，一门徒手持灯烛，说明这是一个夜间场景，通过门徒们夸张的姿态和悲哀的神情渲染了画面悲恸的气氛，四位带头巾的妇女们则在画面右边边缘的门口处掩面而泣。《诵念珠规程》的插图将门徒减少到了六人，并将妇女们挪移到玛丽亚的床头。这一有意识的改动，显然是为了强调女性的在场，这很可能是考虑到《诵念珠规程》的女性读者。还应该注意到的是，中国画家改变了画面视角，观者的视点显然比欧洲范本上的要高得多，空间的透视线也更倾斜。

画面上半部分描绘的是"圣母升天"。《福音故事图集》的一幅插图描绘了与主要场景的主题相关或时间相近的多个场景，所以《福音故事图集》的"圣母之死"插图上方也描绘了"圣母升天"，但占据画面比例较小，也不够清晰，中国画家最终还是选取了《福音故事图集》的"圣母升天"插图作为范本，两个主题分别占据画面一半的位置，以传达其相等的重要性。这也是《诵念珠规程》唯一一幅在同一画面中描绘两个场景的插图，目的是传达《诵念珠规程》"荣福四"文本的内容。画面所做的改动在于：首先，圣母脚踩一轮弯月，而并非人脸形圆月。另外，中国画家也没有采纳由头和翅膀构成的小天使母题，而是将其改为六个人形带翅膀的天使，中国画家显然在对待人物的描绘上十分谨慎。

### 2.2. 西式的室内空间
**插图 4. 欢喜四端——"圣母献耶稣于主堂"**

《诵念珠规程》的第四幅插图是"圣母献耶稣于主堂"（图44）。《路加福音》记载："按摩西律法满了洁净的日子，他们带着孩子上耶路撒冷去，要把他献与主。"[31]《诵念珠规程》插图上的圣殿内部基本模仿了《福音故事图集》里的西方范本（图45）。画面中央是圣殿的祭坛，手抱小耶稣的人是在《圣

---

31 和合本《圣经》《新约·路加福音》2: 22-23。

经》中被描述为正义虔诚的西面，他正要将小耶稣交给祭司长，小耶稣头顶被圣光圈环绕，人们因此能很快识别出他。西面身后是约瑟，他正弯腰接过一个玛利亚呈递上的篮子，按《圣经》的描述，篮子里是他们呈献的祭物——一对斑鸠或两只雏鸽。[32]画面左边描绘了圣殿中其他四个人物，他们是圣母献耶稣这个时刻的见证者。

祭坛和人群后面的背景是一排拱廊和支撑三个拱门的两行旋转圆柱，中间拱门上悬挂一个烛台，上有个七根烛灯。烛灯的样式、扭曲旋转的圆柱柱身、爱奥尼亚式的柱头，以及线性透视的排列都模仿了《福音故事图集》插图范本。不同的是，《诵念珠规程》插图中省去了祭台周围的三个人物，还省去了背景中的人物和门窗等。另外，拱门和柱廊上还新增了装饰纹样，这显然是受到明代丰富的物质视觉文化的影响，丰富的装饰赋予建筑物华丽的外表，象征其主人较高的社会地位。[33]此外，画面下方在圣殿内还增加了三级台阶，明代描绘建筑物的版画上也常见到用台阶以示入口，并区分室内外空间的例子。总体上看，虽然插图"圣母献耶稣于主堂"的建筑内部呈现典型的欧式建筑风格，但仍有一些细节是明代木刻版画常见的描绘，整幅插图给人以中西元素杂糅的印象。

### 插图 5. 欢喜五端——"耶稣十二龄讲道"

《诵念珠规程》的第五幅插图描绘了"耶稣十二龄讲道"的故事（图46）。《福音故事图集》同题材的插图用多个场景表现了从圣母玛丽亚和约瑟在逾越节那日出发去耶路撒冷，到他们在圣殿重新找到小耶稣，并最后返回拿撒勒的全部故事（图47）。[34]而《诵念珠规程》的插图只描绘了十二岁耶稣在圣殿中坐在经师中间的场景。耶稣呈正面坐在画面上方正中央的宝座上，头上被圣光圈环绕，他左手拿着一本书，右手的食指指向上方。宝座上半部分呈贝壳形，是典型的欧洲文艺复兴样式，两侧的圆形壁柱支撑着圆拱。三级台阶底下是经师们，他们或是和耶稣交谈，或是在彼此讨论。

《诵念珠规程》插图中经师的数量有所减少，人物排列亦有所不同，画面因此显得更为清晰有序，也更加突出强调了画面中间上方的少年耶稣。另

---

32 和合本《圣经》《新约·路加福音》2：24。

33 Jonathan Hay, *Sensuous Surfaces: The Decorative Object in Early Modern China.* Honolulu: University of Hawai'i Press. 2010.

34 和合本《圣经》《新约·路加福音》2：41-52。

外与前一幅插图相同，"十二龄耶稣在圣殿讲道"也省去了拱廊后的背景，将西方前景半弧形台阶改为中式平台阶，在画面西式建筑中增加了些许明代建筑元素。

### 2.3. 背景中的建筑

《诵念珠规程》大部分插图只描绘了一个场景，为了省去了《福音故事图集》多个与画面前景中心场景主题相关或时间相连续的场景，《诵念珠规程》描绘室内的插图常常省去或关闭了窗户和门，或者完全删去背景中的风景或建筑物。然而，《诵念珠规程》中的"耶稣基督降诞"和"耶稣山园祈祷"两幅插图的背景则完全保留了西方建筑物，因此这两幅插图尤其值得关注。

### 插图3. 欢喜三端——"耶稣基督降诞"

《诵念珠规程》的第三幅插图描绘的是耶稣在伯利恒的马槽中诞生的场景（图48）。[35]画面中央是躺卧在马槽中的婴儿耶稣，他全身被圣光包围，他左侧的圣母玛利亚头上是一个圣光圈，她的双手正托着一块布，婴孩耶稣就躺在这块布上，玛丽亚好像正要将这块布盖在小耶稣身上。约瑟和两位天使也跪在小耶稣旁边，他们眼望耶稣，双手合十，正在祈祷。这组人物身后的是马槽中的牛和驴，[36]它们的头伸出马槽，贴近小耶稣。

在耶稣诞生的场景上方，天使正从云端飞下。画面的右上方是一组欧洲风格的建筑，根据《福音故事图集》插图相对应场景及其文字介绍，这块地方是耶稣诞生地、大卫的城伯利恒。[37]尽管"耶稣诞生"插图并没有完全模仿其欧洲范本（图49），特别是删去了欧洲范本背景中描绘的其他人物和情节，但中国版画还是模仿了画面背景中的建筑母题，如城墙、穹顶和不同类型的建筑屋顶——双坡屋顶、四坡屋顶、圆锥屋顶等，并对背景建筑进行了模仿、复制和重新组合。与欧洲版画上的建筑物相比，中国版画上的建筑从空间透视看显得更平面，造型上也有所简化。中国画家保留背景中西式建筑的描绘，这透露出中国画家对西方建筑的兴趣。

---

35 和合本《圣经》《新约·路加福音》2：，4-7。

36 和合本《圣经》《旧约·以赛亚书》1：3。

37 "A Bethlehem civitas David."

　　和合本《圣经》《新约·路加福音》，2：4-12。

### 插图 6. 痛苦一端——"耶稣山园祈祷"

《诵念珠规程》的第六幅插图是"耶稣山园祈祷"（图 50）。[38]整幅画面给人以中国化的印象，比如画面中的山园围墙、大门、山石和树木等，都是中国样式或是按照中国绘画传统加以表现的，然而画面背景中的建筑则完全模仿了欧洲建筑（图 51），通过细致观察可以发现《诵念珠规程》作者一定仔细研究了《福音故事图集》中的西方建筑物，并尽力将建筑物的细节和焦点透视正确地表现出来。

### 2.4. 对插图背景建筑物描绘的小结

欧洲建筑对明代晚期的中国人是非常有吸引力的。1589 年，肇庆总督曾希望得到耶稣会在肇庆的住所，这是耶稣会建造的欧式风格的建筑，被当地人视为非常成功的建筑。[39]除此之外，从利玛窦开始，耶稣会士就从欧洲带到中国各地描绘西方建筑的插图。例如，耶稣会在广州、南京和南昌的图书馆都有格奥尔格·布劳恩（Georg Braun, 1541-1622 年）和弗朗斯·霍根贝格（Frans Hogenberg, 1535-1590 年）的《寰宇城市》（*Civitates Orbis Terrarum*）一书供中国人阅读，书中欧洲各大城市的地图上常绘有西方建筑物。[40]除此之外，至少还有五件描绘欧洲建筑的藏品收藏于教会图书馆。[41]1589 年，利玛窦还记录了中国人特别对那些描绘了大型建筑，比如宫殿、剧院、港口和教堂的图画都非常有兴趣。[42]

中国人对欧洲建筑插图的喜爱也反映在对建筑插图绘画技巧的兴趣上。插图"耶稣基督降诞"和"耶稣山园祈祷"给《诵念珠规程》的作者提供了一个机会，用西方焦点透视画法来表现充满异国情调的建筑群，借此可以赢得更多中国读者。

---

38 和合本《圣经》《新约·马太福音》26：36-46；《新约·马可福音》14：32-42；《新约·路加福音》22：39-46。

39 利玛窦（著），P. Antonio Sergianni P.I.M.E.（编），芸棋（译）：《利玛窦中国书札》，北京：宗教文化出版社，2006 年，第 12 页。

40 Georg Braun & Franz Hogenberg, *Civitates orbis terrarum*. Coloniae Agrippinae 1599.

41 Michael Sullivan, "Some Possible Sources of European Influence on Late Ming and Early Ch'ing Painting." In: *Proceedings of the International Symposium on Chinese Painting*. Published by National Palace Museum, Taipei: National Palace Museum, 1972. pp. 595-625.

42 Matteo Ricci, *Storia dell'introduzione del cristianesimo in Cina*. D'Elia P.M.（edt.），Fonti Riccinae: documenti concernenti Matteo Ricci e la storia delle prime relazioni tra l'Europa e la Cina（1579-1615），3 Bd. Roma: Libreria dello stato, 1942-1949, Bd. 1, p, 259.

## 2.5. 对建筑物描绘的阐释

同耶稣会在南美建立巴洛克风格的城市一样，在耶稣会士到达中国之前，他们可能也有计划用其家乡意大利的艺术风格，特别是受到耶稣会启发和影响的巴洛克式建筑来建造中国的城市。[43]然而，当他们进入这个伟大的国家，看到其悠久的历史和灿烂的文化，耶稣会士改变了其原先的传教策略，而选择了适应路线。耶稣会在中国建造的第一座教堂在澳门，因为这座教堂是提供给欧洲耶稣会士使用，所以选用了欧洲建筑风格建造。而提供给澳门的中国天主教徒的第一座教堂，则由范礼安（Alessandro Valignani, 1539-1606年）按照中国本土建筑风格建造。[44]被他传召到中国来的利玛窦神父也继承了这一做法，他在中国建造了佛塔式的教堂。[45]耶稣会早期在中国建立的教堂都是中式的建筑风格，甚至北京的一所寺院也被改建为利玛窦的纪念墓地。[46]其他宗教的庙宇也很可能改为天主教的建筑。可惜的是，目前只有上海"老堂"的照片可以作为中式教堂建筑的实物证明。[47]但毫无疑问，耶稣会在中国传教期间一定有许多中式的教堂建筑，它们可能在天主教禁教期间被改为其他用途，或是遭到毁坏，作为天主教堂的历史也被人们遗忘了。

然而，接下来耶稣会开始担心如果教堂建筑与异教建筑过于相似会妨碍中国人纯正的天主教信仰。他们更希望用欧式建筑风格建造教堂。于是中国工人将三角门楣、拱券、圆柱、壁柱等西方建筑元素运用到教堂建筑中，在中国建立了欧洲风格的教堂。耶稣会传教士们观察当时中国人对西式教堂的反应："每个人对新教堂都感到非常惊奇，除我们以外，因为这些教堂让我们

43 Michael Sullivan, *The Meeting of Eastern and Western Art. From the Sixteenth Century to the Present Day.* London: Thames and Hudson, 1973, p. 58

44 Anton Huonder, *Der einheimische Klerus in den Heidenländern.* Freiburg im Breisgau.: Herder, 1909. p. 173.

45 Alfons Väth, *Das Bild der Weltkirche. Akkommodation und Europäismus im Wandel der Jahrhunderte und in der neuen Zeit.* Hannover: Giesel, 1932, S. 233.

46 Nicolo Trigault, *Due lettere annue della Cina del 1610 e del 1611. Scritte al M.R.P. Claudio Acquaviva.* Roma 1615, pp. 3-80.

47 上海老天主堂乃明崇祯十三年（1640）传教士潘国光（Francesco Brancati, 1607-1671）得徐光启第四个孙女之助，购得上海城内潘氏世春堂旧址，改建为教堂，奉耶稣救主为主保，取名敬一堂。1724年至1861年改为关帝庙，1861年，根据《中法北京条约》老天主堂被归还给法国署理领事，转交给江南代牧区法国主教，同年4月恢复教务活动。
参见 Sepp Schüller, *Die Geschichte der Christlichen Kunst in China.* Berlin: Klinkhardt und Biermann Verlag, 1940. S. 36-38.

想到欧洲的教堂。"[48]

耶稣会在中国传教初期，一方面希望借用中国式的建筑让中国人能更自然地亲近天主教；另一方面又担心教堂建筑同其他宗教建筑过于相似会妨碍向中国人传播纯正的天主教信仰，因此他们改用了西式建筑风格。欧洲建筑风格在中国的传播和接受的情况复杂，这也反映在《诵念珠规程》插图的建筑物描绘上。第一幅插图"圣母领报"、第二幅插图"圣母往见圣妇依撒伯尔"和第十四幅插图"圣母荣召升天"都被放置在中国化的建筑环境中，这是以一种"适宜方法"的艺术表现方式来描绘圣母玛丽亚及其家人的生活环境，反映了耶稣会士迎合上层社会文人士大夫阶层，以期实现自上而下传播天主教信仰的策略。然而涉及圣殿建筑的插图，例如第四幅插图"圣母献耶稣于主堂"和第五幅插图"耶稣十二龄讲道"则都保留了西式风格的教堂建筑，这是为了防止中国读者将天主教和其他宗教相混淆。除此之外，第三幅插图"耶稣基督降诞"和第五幅插图"耶稣山园祈祷"在背景中复制了欧洲建筑群，这反映了中国人对西方建筑以及西方焦点透视画法的兴趣。

### 3. 风景描绘

山水画在中国美术史中属于文人艺术，一些西方艺术史学家,如苏利文（Michael Sullivan, 1916-2013 年）、高居翰（James Cahill, 1926-2014 年）等学者认为自 17 世纪初开始，中国山水画就受到耶稣会士传入中国的铜版画的影响。[49]《诵念珠规程》是第一部以西方铜版画为范本制作的十五幅木版画，从《诵念珠规程》插图上描绘山水的部分，我们可以看到在明代晚期中国山水画是否、以及在多大程度上受到了西方绘画风格的影响。

### 3.1. 中式山水

**插图 6. 痛苦一端——"耶稣山园祈祷"**

《诵念珠规程》中的第六幅插图是"耶稣山园祈祷"（图 50），这幅插图表现的是耶稣和门徒进入客西玛尼园后，耶稣丢下门徒，独自上山祷告的情景。

---

48 Lettera annua della Cina del 1611. Scritta al M.R.P. Claudio Acquaviva Generale della Compagnia di Giesu. Per commandamento del Superiore. P. Nicolo Trigaut S.J. Di Nanchino: il mese de Agosto 1612. In: Trigault 1615, pp. 81-263.

49 Michael Sullivan, *The Meeting of Eastern and Western Art. From the Sixteenth Century to the Present Day.* London: Thames and Hudson, 1973.
James Cahill, "Late Ming Landscape Albums and European Printed Books." pp. 150-171. In: Sandra Hindman（ed.）, *The Early Illustrated Book: Essays in Honour of Lessing J. Rosenwald.* Washington: Library of Congress, 1982.

中国木版插图与西方铜版画在布局安排上非常相似，画面右边是跪在山上一块突出大石块上的耶稣，画面左上角是驾云飞向耶稣的天使，画面左边还可以看到山下等待耶稣的门徒和背景中耶路撒冷城市的面貌。虽然《诵念珠规程》的这幅插图是按照《福音故事图集》插图的构图和布局设计的，然而在《诵念珠规程》上的耶稣和他的门徒已经从历史中的客西玛尼园转移到了中国传统山水画风格的花园里。在《福音故事图集》中，耶稣跪在一个山洞前的山坡上，山坡上长满了茂密的树木、草和其他植物，而在《诵念珠规程》中，一块裸露的岩石将插图从左下到右上分为两半，耶稣跪在一块从中间向左延伸的大石块上，背后是参差不齐的陡峭岩石。事实上，这种岩石和山脉对角线分割画面的方式时常出现在晚明版画中。画面上的山石树木也用山水画惯常的皴点法描绘，人物线条刘畅，画面上的山水和人物都无明暗表达。西方版画则用排线的疏密，表现了明暗，刻画出一个夜晚的场景。在中国版画上，若不是画面上方的一轮弯月，没人能感受到这个故事发生在夜晚。这些绘画特点都让整幅画面给人以中国化的印象。

**插图 3. 欢喜一端——"耶稣基督降诞"、插图 10. 痛苦五端——"耶稣被钉十字架上死"、插图 11. 荣福一端——"耶稣复活"**

如同插图"耶稣山园祈祷"的中式山水，《诵念珠规程》的其他插图的风景描绘都呈现了中式风格。如第三幅插图"耶稣降诞"（图 48）的前景是耶稣出生的场景，故事就被放置在一个中式的马厩里，马厩周围的树木、石头、草地和泥土都呈现明代山水画画法的风格。同样用中式风格描绘的还有第十幅插图"耶稣被钉十字架上死"（图 52）和第十一幅插图"耶稣升天"（图 53）前景中的土地、石块、草地、栅栏、植物以及背景中的群山。

正如雷德侯在一篇关于中国对西方艺术影响的文章所指出，中国各门类艺术对欧洲艺术的影响取决于各自在其座次等级中的位置。一种艺术在中国地位越高，它对欧洲艺术发挥的影响就越小；同样一种艺术在欧洲地位越高，它受中国艺术的影响就越小。[50]西方绘画对中国绘画的影响也同样如此：为明代文人士大夫日常研习的山水画属于文人画范畴，它占据绘画等级座次的最高位置。中国画家对异域风格的山水画更多是拒绝，这点体现了中国人对自

---

50 Lothar Ledderos, "Chinese Influence on European Art, Sixteenth to Eighteenth Centuries." pp. 221-249. In Thomas H. C. Lee（ed.）, *China and Europe. Images and Influences in Sixteenth to Eighteenth Centuries.* Hong Kong: The Chinese University of Hong Kong, 1991.

己艺术的自信。而《诵念珠规程》中以传统文人画的风格描绘的山水也同时表明耶稣会士在传教伊始便认识到了接受问题，《诵念珠规程》中山水风景的表现与中国传统文人画相适应，这也代表了耶稣会试图接近明代文人官员审美趣味与世界观的努力。

### 3.2. 中式构图的背景

插图 10. 痛苦五端——"耶稣被钉十字架上死"、

插图 12. 荣福二端——"耶稣升天"

第十幅插图"耶稣被钉十字架上死"（图 52）和第十二幅插图"耶稣升天"（图 53）不仅用中国风格描绘了树木和山脉，而且对西方范本的构图进行了修改（图 54、55、56）。

"耶稣被钉十字架上死"在四福音书都有记载。[51]《福音故事图集》有四幅插图描绘了耶稣被钉十字架的过程，《诵念珠规程》的"耶稣钉十字架"插图选取了其中两幅并重新合并组合。画面首先简化了欧洲范本的复杂背景，背景中象征耶路撒冷城的建筑群被群山所取代，群山从两侧沉入中间，中间的十字架得以升高。另外，中国版画也省去了西方范本描绘的与耶稣同钉十字架的两位犯人。这些改动使得画面更为清晰有序，"耶稣被钉十字架上死"的画面主题也得以强调。除此以外，画面右边耶稣十字架下方的官兵正举着苇子（《约翰福音》作"牛膝草"）递给口渴的耶稣，上面绑着蘸满醋的海绒。[52]画面右边左边耶稣钉十字架下方是拿着刺枪的骑兵。《约翰福音》描述了这两个时间先后的场景，[53]它们分别出现在《福音故事图集》的前后两幅插图中（图 54、55），第二幅插图上的骑兵正将刺枪刺入耶稣的肋骨。当中国画家将两幅插图合并时，他们显然认识到这个时间差的问题，因此骑兵被改为持枪向下而非举枪刺入耶稣的肋骨。

中国画家也同样将"耶稣升天"的构图改动得更清晰有序，从而强调了画面主题。画面下方的门徒数量有所减少，构图也更聚合，他们仰望着升在天空中的耶稣基督。画面中间是站立的两位天使，其中一位打开双臂，眼望着门徒，似乎在和他们交流；另一位则举手指向天空中的耶稣。两位天使身

---

51 和合本《圣经》《新约·马太福音》27：45-50；《新约·马可福音》15：33-37；《新约·路加福音》23：33-46；《新约·约翰福音》19：28-35。

52 和合本《圣经》《新约·马太福音》27：48；《新约·马可福音》15：36；《新约·路加福音》，23：36；《新约·约翰福音》19：29。

53 和合本《圣经》《新约·约翰福音》19：29-34。

后画面的背景由两个山坡交汇而成。与西方范本相比，中国木版画可以清楚地分为三个层次：被门徒占据的下部，两位天使所占据的中间部分以及被云层和天使围绕的耶稣所占据的上部，这样的构图强调了中心轴向上升天的耶稣基督。

利玛窦在其《天主实义》中并没有提及耶稣被钉死在十字架上，乃至反教人士杨光先见到《进呈书像》插图耶稣钉十字架印象尤为深刻，因此谈到了利玛窦的"欺蔽"，[54]并发表《邪教三图说评》。[55]三幅图的最后一幅插图就是耶稣被钉死在两个强盗之间的十字架上（图57）。但事实上，在1620年左右刊印的《诵念珠规程》以及此后1637年艾儒略出版的《天主降生出像经解》都没有避讳描绘耶稣被钉十字架。《诵念珠规程》中"耶稣被钉十字架上死"和"耶稣升天"的构图表明中国版画制作者理解如何强调插图上的重要元素，清晰表达图像主题，可见他们对圣经文本有基本了解。正如意大利学者柯毅霖对"耶稣被钉十字架"插图的理解，这幅画塑造了一个能给人强烈的情感震撼的形象，是对主受难中国式的深刻诠释。它有力地表明，在中国传教的早期，中国人的精神就已经能够吸收和表达关于耶稣基督生活的神秘故事，尤其是耶稣基督的受难。[56]

### 3.3. 对风景描绘的阐释

根据艺术史学家高居翰和苏利文的说法，欧洲绘画是通过铜版画的流传在明末的17世纪初期对中国绘画产生影响的。[57]高居翰例举明代山水画家张宏（1580-1652年后）的作品，解释其山水画，尤其是其俯瞰视角是如何受到格奥尔格·布劳恩和弗朗斯·霍根伯格的《寰宇城市》系列铜版画启发

---

54　"且其书止载耶稣救世功毕复升归天，而不言其死于法故，举世缙绅皆为其欺蔽，此利玛窦之所以为人奸也。"
　　杨光先："辟邪论下"，见陈占山（校注）：《不得已（附二种）卷下》，合肥：黄山书社，2000年，第27页。

55　杨光先："邪教三图说评"，见陈占山（校注）：《不得已（附二种）卷下》，合肥：黄山书社，2000年，第30-34页。

56　柯毅霖（Gianni Criveller）（著），王志成、思竹、汪建达（译）：《晚明基督论》，成都：四川人民出版社，1999年，第249页。

57　Michael Sullivan, *The Meeting of Eastern and Western Art. From the Sixteenth Century to the Present Day.* London: Thames and Hudson, 1973.
　　James Cahill, "Late Ming Landscape Albums and European Printed Books." pp. 150-171. In: Sandra Hindman（ed.）, *The Early Illustrated Book: Essays in Honour of Lessing J. Rosenwald.* Washington: Library of Congress, 1982.

的。[58]苏利文在其书中分析了山水画家龚贤（1618-1689 年）画作上的笔触，并指出《寰宇城市》系列铜版画是如何影响其山水画的："It is hard to believe that Kung Hsien had not seen, possibly at the Jesuit mission in Nanking, engravings such as those in Braun und Hogenberg's *Civitates orbis terrarum*."[59]除了透视和笔触，苏利文还在书中指出了吴彬（1550-1643 年）的绘画主题、樊圻（1616-1694 年）山水画中的地平线、丁观鹏（？-1770 年后）画中物体的体积感、焦秉贞（生卒年不详）画中的焦点透视以及蓝瑛（1585-1664 年）和项圣谟（1597-1658 年）画作中使用的新颜料等都是受到了西方绘画的影响。[60]

的确，明人也记录了他们对西方绘画技艺的赞叹。学者姜绍书在《无声诗史》中赞誉道："利玛窦携来西域天主像，乃女人抱一婴儿，眉目衣纹，如明镜涵影，踽踽欲动，其端严娟秀，中国画工无由措手。"[61]关于教堂里的一幅壁画，利玛窦写道："……中国人对他的绘画感到惊叹，他们认为这些更像是雕塑而非绘画。"（…that the Chinese were amazed at his pictures, which seemed to them more like sculpture than painting.）[62]1605 年，一位访问耶稣会府邸的人对这些立体表现的人物感到惊讶："这些插图书籍让他们赞叹，他们认为这些插图是雕塑[它们是三维的]，他们无法相信这些是图画。"（…amazed by the books of images which made them think they were sculpted（i.e., they were three-dimensional），and they could not believe that they were pictures.）[63]

尽管中国人对欧洲绘画充满惊奇和赞叹，但所有这些称赞都只涉及对人物立体感的表现，而对在中国艺术史上属于传统文人画的山水画，中国人对异域风格表现的山水更多是拒绝的。山水画家吴历（1632-1718 年）因与欧洲艺术的密切接触而在中国艺术家中最为著名。吴历清代著名画家，本名启历，

---

58 James Cahill, "Late Ming Landscape Albums and European Printed Books." In: Sandra Hindman（ed.）, *The Early Illustrated Book: Essays in Honour of Lessing J. Rosenwald.* Washington: Library of Congress, 1982. pp. 150-171.

59 Michael Sullivan, *The Meeting of Eastern and Western Art. From the Sixteenth Century to the Present Day.* London: Thames and Hudson, 1973, p. 58.

60 Michael Sullivan, *The Meeting of Eastern and Western Art. From the Sixteenth Century to the Present Day.* London: Thames and Hudson, 1973, pp. 60-62.

61 姜绍书：《无声诗史》卷七《西域画》，《四库全书存目丛书》子部 072 册，第 789 页上。

62 Paul Pelliot, "La peinture et la gravure européennes en Chine au temps de Mathieu Ricci." In: *T'oung Pao* 20, No. 1.（Jan., 1920-Jan. 1921）. pp. 1-18.

63 Paul Pelliot, "La peinture et la gravure européennes en Chine au temps de Mathieu Ricci." In: *T'oung Pao* 20, No. 1.（Jan., 1920-Jan. 1921）. pp. 1-18.

号渔山、桃溪居士，又号墨井道人。他在法国耶稣会士传教地区常熟长大，并于 1682 年在澳门加入耶稣会，受洗名为西满·沙勿略。1682 年离开澳门，此后在江浙一带传教度过余生。吴历创作了百余首以天主教为主题的中国古典诗歌"天学诗"，收于《三巴集》（1680-1690 年），他的《天乐正音谱》（约 1700 年）是结合南北曲调形式的圣歌集作品。作为耶稣会士，吴历一定在教堂、耶稣士的府邸或是图书馆看到过许多欧洲壁画、绘画和版画作品。但关于西方描绘，吴历仍显示出对中国绘画的信心，他认为中国文人并不追求外表上的相似，而是追求"神似和神逸"[64]："我之画不取形似，不落窠臼，谓之神逸；彼全以阴阳、向背、形似窠臼上用功夫。"[65]实际上也难以证实吴历的作品有强烈的西方风格。

从《诵念珠规程》的插图来看，至少在耶稣会传教早期（1620 年左右）的版画中的山水表现，从线条笔触到构图布局都呈现鲜明的中式风格，而并未受西方铜版画的影响。《诵念珠规程》的第三幅、第六幅、第十幅和第十二幅都加入了中国山水画的元素，并结合了中国木刻技术，呈现出清晰细致的轮廓线条，而省去了欧洲铜版画范本制造明暗效果的细密排线。除此以外，虽然《诵念珠规程》的构图布局主要模仿了《福音故事图集》的铜版画，但在转绘到木版画的过程中，中国画家对画面人物数量和背景做了简化，这对画面布局也产生了影响，从而进一步强化画面的主题。

中国木版画插图清晰的线条、对主题的强调和简洁的山水背景体现了明代文人山水画和版画的特点。版画的这些特征表明明代晚期基督教主题在视觉艺术上已呈现了中国化的表达方式。从 20 世纪初开始，就有研究将《诵念珠规程》上的十五幅插图的画家与明代画家董启昌（1555-1636 年）或其学生联系在一起。[66]董其昌并没有人物画传世，因此不足以认定他是十五幅木刻插图的作者。然而，十五幅木刻插图与徽州地区木版画的风格相似，明末以来，徽州刻工在江南地区画家的直接指导下工作。十五幅插图文人山水画的风格反映了耶稣会士在中国传教之初，采取迎合中国传统文人画的态度。

64 Michael Sullivan, *The Meeting of Eastern and Western Art. From the Sixteenth Century to the Present Day.* London: Thames and Hudson, 1973.

65 笪重光、吴历（撰）：《画筌——墨井画跋》，1688 年。
  转引自潘耀昌（编著）：《中国近现代美术教育史》，杭州：中国美术学院出版社，2002 年，第 8 页。

66 Monique Cohen, Nathalie Monnet, *Impression de Chine.* Paris: Bibliothèque Nationale, 1992, pp. 110.

这就可以解释为什么在 17 世纪初，中国画家用传统的中式风格表现《诵念珠规程》中的山水：一方面，这样的山水画更接近中国观众，也更容易被中国观众理解；另一方面，在 17 世纪初，西方风景绘画对中国文人的影响只是一股短暂的时尚浪潮，虽然它令人兴味盎然，但却没有得到积极的接受和回应。以传统文人画风格描绘的插图表明耶稣会士在传教伊始便认识到了关于接受问题，因此将他们的绘画表现与中国传统文人画相适应，这也代表了耶稣会试图接近文人和官员的艺术趣味。版画中的这种山水表现的方法反映了耶稣会士的"自上而下"策略，即他们最初希望首先在文人和官员的社会阶层中站稳脚跟，通过从较高社会地位的阶层接触到全体民众。这些山水表现证明了耶稣会士试图与中国官员和文人建立密切关系的努力。

## 四、总结

耶稣会在中国的传教活动大大加强了中国和西方间的艺术交流。今天在欧洲的图书馆和档案馆保存的一些印刷品帮助我们洞察天主教背景下最早的中西文化交流情况。

《诵念珠规程》是在中国出版的第一本含插图的中文基督教书籍。书中的十五幅插图帮助中国天主教徒理解和诵念《玫瑰经》十五件超性事。为了减少《圣经》历史与中国读者之间的文化距离，使中国人更专注基督教信仰问题，《诵念珠规程》木版画上的一些内容被放置于中国文化传统和氛围中。"适宜性"（Convenevolezza）——即在艺术表现中，将历史故事发生时间和地点的人物服装、室内陈设和建筑物等加以改变，以适应其在当时期和当地点的接受——在 14 世纪意大利艺术中就常被讨论。[67]16 世纪的耶稣会士一定对这个问题不陌生。在《福音故事图集》中，他们表现的圣经历史故事被放置在 16 世纪意大利的背景中。同样，17 世纪初在中国传教的耶稣会士也承担了相同复杂的任务，即通过在 16 世纪意大利背景下加入 17 世纪中国文化元素，用以表现 1600 多年前发生在中东地区的历史事件。耶稣会士期望借此方式，在传达圣经故事的同时，可以弥合《圣经》历史与中国明代读者在时间、空间和文化传统上的距离。

---

67 Reiner Haussherr, *Convenevolezza. Historische Amgemessenheit in der Darstellung von Kostüm und Schauplatz seit der Spätantike bis ins 16. Jahrhundert.* Akademie der Wissenschaften und der Literatur, Mainz. Abhandlungen der Geistes- und Sozialwissenschaftlichen Klasse, Jg. 1984, Nr. 4. Wiesbaden: Steiner, 1984. p. 11.

从插图的风格和形式上看，《诵念珠规程》许多插图减少了人物数量，人物排列亦有所不同，画面布局因此显得更为清晰有序，也更加突出强调了画面的主题，这表明版画制作者理解如何强调插图上的重要元素，清晰表达图像主题，可见中国画家具备深刻诠释圣经故事的能力。山水画是中国文化中最重要的绘画类别。《诵念祖规程》中的风景画法体现了中国传统文人画的风格，也与徽州版画的风格有着共同之处，自明代中叶开始，江南地区的画家们就直接影响着徽州地区的版画风格。由于传统文人画风格的山水画比西方绘画风格更受中国人的欢迎，耶稣会士也使用了这种风格，以此接近文人士大夫的品味，获得他们的好感和认同。明末耶稣会士希望通过借此首先扩大他们在受教育者中的接受度，从而进一步促进他们在中国的传教活动。然而，为了避免误解，插图中还是保留了一些欧洲的建筑元素，这同时也引起了中国人对欧洲巴洛克建筑和焦点透视画法的兴趣。

如果把对《圣经》故事描绘的复杂性理解为中西元素的结合，即在同一幅绘画中同时运用中西元素或结合了中西艺术风格，那么就可以理解为象征符号和形式风格的一种二元性。在后来的中西艺术交流中，这种二元性得以延续。在 18 世纪受耶稣会影响的清代宫廷艺术中，一幅绘画作品通常是中国和耶稣会士合作而成，风景、建筑或人物面部等将会分配给不同画家完成。

《诵念珠规程》有三个刻板，他们分别在约 1620 年、1628 年和 1638 年在江南地区的中心南京、杭州和首都北京出版，今天在欧洲和美国仍保留至少八个本子。以此可以推测此书的发行数量不在少数和流传区域也遍及南北，这从另一方面说明了明末中国天主教徒宗教活动的活跃。

# 《天主降生出像经解》中的儒家元素

## 一、引言

《天主降生出像经解》是由耶稣会会士艾儒略（Giulio Aleni, 1582-1649 年）于 1637 年在福建出版的中国第二本基督教书籍。[68]此书第一次以木版插

---

68　以下博物馆保存有此书：Archivum Romanum Societatis Iesu, Rome（耶稣会档案馆，罗马）：Jap. Sin. I, 187, 188；　Bibliothèque nationale de France, Paris（法国国家图书馆，巴黎）：Chinois 6750; OE 166; Bodleian Library, Oxford（牛津大学博德利图书馆，牛津）：Sinica 60; Franciscan Archive, Madrid（方济各会档案馆，马德里）：26/2; Biblioteca Apostolica Vaticana（梵蒂冈图书馆）：Raccolta Prima III 339;

图向中国人介绍了耶稣生平。[69]《天主降生出像经解》以 1593 年由耶稣会会士纳达尔（Jerónimo Nadal, 1507-1580 年）在其去世后出版的《福音故事图集》（Evangelicae historiae imagines）为范本。《福音故事图集》中的铜版画表现了《圣经·新约》四福音故事，用以帮助欧洲天主教徒的精神默想。《天主降生出像经解》一书中共 58 幅木版画让其成为中国传教史上最大的木刻工程。[70]许多研究者认为相较于另外两本明末出版的基督教版画书籍，[71]《天主降生出像经解》一书中的木版插图缺少中国绘画传统。[72]然而无论是书的题目，还是插图中所选择的中国绘画元素，《天主降生出像经解》一书都显露了耶稣会的儒家适应政策，这是本文接下来要予以论证的。

## 二、《天主降生出像经解》的出版者

艾儒略是除利玛窦之外在中国最重要的耶稣会士，被称为"西来孔子"。

---

Rossiani　Stampati 3476; Borgia Cinese 410; Borgia Cinese 443 [1]; Barberini Oriente III, 134 [1]；Raccolta Generale Oriente III 226 [3], III 247 [6], [7]。

69 研究现状见: Nicolas Standaert, *An Illustrated Life of Christ Presented to the Chinese Emperor*. The History of *Jincheng shuxiang*（1640）. Monumenta Serica Monograph Series; Bd. LIX. Sankt Augustin, Nettetal: Steyler Verlag. 2007. p. 14. 脚注 10.
2008 年之后的研究见:
Chen Hui-Hung, "A European Distinction of Chinese Characteristics: A Style Question in Seventeenth-century Jesuit China Missions". pp. 1-32. In: Taiwan Journal of East Asian Studies 5.1: 1-32. 2008.
Shin Junhyoung Michael, "The Reception of the 'Evangelicae historiae imagines' in Late Ming China: Visualizing Holy Topography in Jesuit Spirituality and Pure Land Buddhism". pp. 303-333. In: The Sixteenth Century Journal 40.2. 2009.
Shin Junhyoung Michael, "The Supernatural in the Jesuit Adaptation to Confucianism: Giulio Aleni's Tianzhu jiangsheng chuxiang jingjie 天主降生出像天主降生出像经解（Fuzhou, 1637）". pp. 329-361. In: History of Religions 50.4. 2011.
José Eugenio BORAO MATEO, "La version china de la obra ilustrda de Jerónimo Nadal 'Evangelicae historiae imagines'". pp. 16–33. In: Revista Goya 330. 2010.

70 其插图数量直至 1887 年才被收录在《道原精萃》的同名著作的 146 幅插图所超越。此版本的《天主降生出像天主降生出像经解》是根据 Abbé Pierre Florentin Lambert Brispot 翻印 Jerónimo Nadal 的 *Evangelicae historiae imagines*（《福音故事图集》）刻印的。

71 指 1629 年左右在南京出版的《诵念珠规程》和 1640 年在北京出版的《进呈书像》。

72 参见: Gianni Criveller, "Chinese Perception of European Perspective: A Jesuit Case in the Seventeenth Century". pp. 97-128. In: The Seventeenth Century 24.1. 2009. p. 239.
Nicolas Standaert, *An Illustrated Life of Christ Presented to the Chinese Emperor*. The History of *Jincheng shuxiang*（1640）.（Monumenta Serica Monograph Series; Bd. LIX. Sankt Augustin, Nettetal: Steyler Verlag. 2007. pp. 14-15.

[73]艾儒略 1582 年出生在意大利北部的布雷西亚（Brescia）。1600 年，十八岁的艾儒略加入耶稣会，并以他的数学和神学知识而闻名。十年后，艾儒略于 1610 年登陆澳门。在之后等待登陆大明内陆的三年时间里，他在澳门教授数学并学习中文。1613 年，他得以登陆大陆。同年，他在北京会见了中国最重要的天主教徒，被誉为明代天主教三柱石之一的徐光启（1562-1633 年）。[74]1616 年，第一次南京教案后，艾儒略受到杨廷筠（1565-1630 年）的庇护，直到 1624 年都住在其杭州的家中，并积极传教。晚明另两位重要的天主教徒杨廷筠和李之藻（1571-1630 年）便是跟随艾儒略皈依天主教的。[75]

　　在杭州期间，艾儒略将很多欧洲关于地理、教育、亚里士多德的心理学等方面的著作翻译成了中文，并在 1623 年与杨廷筠共同出版了世界地图"万国全图"，[76]同年还出版了关于欧洲地理源头的《职方外纪》[77]和关于欧洲大

---

73 根据耶稣会文献记载，这一名称是叶向高赋予艾儒略的，叶向高（1559-1627）在写给艾儒略的一首收录于《三山论学记》的诗里，称其为"言慕中华风，深契吾入儒理。"

参见梅欧金（Eugenio Menegon）：《"同一天国下的不同国度"——艾儒略及其十七世纪中国布道记行》，载于陈村富（主编）：《宗教与文化论丛》（一），长春：吉林人民出版社，1993 年。脚注第 23，第 133-134 页。

74 关于艾儒略生平参见 Eugenio Menegon, *Un solo cielo. Giulio Aleni S.J. (1582-1649). Geographia, arte, scienza, religione dall'Europa alla Cina.* Brescia: Grafo edizioni, 1994.

75 参见荣振华（Joseph Dehergne S.J）（著），耿昇（译）：《在华耶稣会士列传及书目补编》，2 卷，北京中华书局，1995 年,第 1 卷，第 11-14 页。

参见张先清：《艾儒略与明末福建社会》，硕士论文，福建师范大学，1999 年。

76 Cf. Eugenio Menegon, *Un solo cielo. Giulio Aleni S.J. (1582-1649). Geographia, arte, scienza, religione dall'Europa alla Cina.* Brescia: Grafo edizioni, 1994. pp. 38-39.

Cf. Paul Pelliot, *Inventaire sommaire des manuscrits et imprimés chinois de la Bibliothèque Vaticane.* A posthumous work, révisé et édité par Takata Tokio. Cheng & Tsui, 1995, p. 151, 1a.

Vgl. Giuseppe Caraci & Marcello Muccioli, „Il mappamondo cinese del padre Giulio Aleni S.J.（XVII）." In: *Bollettino della reale società geografica italiana serie VII*, vol. III, nos. 5-6（May-June 1938）. Roma 1938. pp. 385-426.

参见黄时鉴：《艾儒略〈万国全图〉A、B 二本读后记》，载于复旦大学历史地理研究中心（编）：《跨越中心的文化，16-19 世纪中西文化的相遇与调试》，上海：东方出版社，2010 年，第 451-457 页。

77 Cf. Henri Bernard, „Les adaptations chinoises d'ouvrages européens: Bibliographie chronologique depuis la venue des Portugais à Canton jusqu'à la mission Française de Pékin（1514-1688）." pp. 1-57. In: *Monumenta Serica Journal of Oriental Studies.* Vol. X. 1945., no. 100, 129, 145.

Cf. Henri Cordier, *L'imprimerie sino-européenne en Chine: Bibliographie des ouvrages*

学教育结构的一般性论述《西学凡》。[78]1624 年出版了八卷本的亚里士多德的《论灵魂》和《自然诸短篇》的《性学觕述》。[79]

publiés en Chine par les Européens au XVIIe et au XVIIIe siècle. San Francisco: Chinese Materials Center, 1979. no. 25.

Cf. Louis Pfister, Notices biographiques et bibliographiques sur les jésuites de l'ancienne mission de Chine（1552-1773）. 2. Bde. Shanghai 1932-1934, Bd.1, p. 135. no. 24.

Cf. 徐宗泽:《明清间耶稣会士译著提要》, 上海: 中华书局, 1949 年, 第 313 页。

Cf. Adrianus Cornelis Dudink, „The Zikawei Collection in the Jesuit Theologate Library at Fu Jen University（Taiwan）: Background and draft catalogue." In: David E. Mungello（ed.）, Sino-Western cultural relations journal. Vol. 18. 1996. p. 16.

Cf. Albert Chan, Chinese Books and Documents in the Jesuit Archives in Rome: A Descriptive Catalogue: Japonica-Sinica I-IV. Armonk, New York - London: M.E. Sharpe, 2002. pp. 299-301.

Cf. Eugenio Menegon, Un solo cielo. Giulio Aleni S.J.（1582-1649）. Geographia, arte, scienza, religione dall'Europa alla Cina. Brescia: Grafo edizioni, 1994. pp. 141-146.

[78] Cf. Henri Bernard, „Les adaptations chinoises d'ouvrages européens: Bibliographie chronologique depuis la venue des Portugais à Canton jusqu'à la mission Française de Pékin（1514-1688）." pp. 1-57. In: Monumenta Serica Journal of Oriental Studies. Vol. X. 1945., no. 130, 144.

Cf. Henri Cordier, L'imprimerie sino-européenne en Chine: Bibliographie des ouvrages publiés en Chine par les Européens au XVIIe et au XVIIIe siècle. San Francisco: Chinese Materials Center, 1979. no. 24.

Cf. Louis Pfister, Notices biographiques et bibliographiques sur les jésuites de l'ancienne mission de Chine（1552-1773）. 2. Bde. Shanghai 1932-1934, Bd.1, p. 135. no. 21.

参见徐宗泽:《明清间耶稣会士译著提要》, 上海: 中华书局, 1949 年, 第 289 页。

Cf. Adrianus Cornelis Dudink, „The Zikawei Collection in the Jesuit Theologate Library at Fu Jen University（Taiwan）: Background and draft catalogue." In: David E. Mungello（ed.）, Sino-Western cultural relations journal. Vol. 18. 1996. p. 16.

Cf. Albert Chan, Chinese Books and Documents in the Jesuit Archives in Rome: A Descriptive Catalogue: Japonica-Sinica I-IV. Armonk, New York - London: M.E. Sharpe, 2002. pp. 303-305.

Cf. Eugenio Menegon, Un solo cielo. Giulio Aleni S.J.（1582-1649）. Geographia, arte, scienza, religione dall'Europa alla Cina. Brescia: Grafo edizioni, 1994. pp. 157-160.

[79] Cf. Henri Bernard, „Les adaptations chinoises d'ouvrages européens: Bibliographie chronologique depuis la venue des Portugais à Canton jusqu'à la mission Française de Pékin（1514-1688）." pp. 1-57. In: Monumenta Serica Journal of Oriental Studies. Vol. X. 1945., no. 133, 364.

Cf. Henri Cordier, L'imprimerie sino-européenne en Chine: Bibliographie des ouvrages publiés en Chine par les Européens au XVIIe et au XVIIIe siècle. San Francisco: Chinese Materials Center, 1979. no. 26.

Cf. Louis Pfister, Notices biographiques et bibliographiques sur les jésuites de l'ancienne mission de Chine（1552-1773）. 2. Bde. Shanghai 1932-1934, Bd.1, p. 135. no. 18.

1624 年，前内阁总理大臣叶向高（1559-1627 年）邀请艾儒略来到福建。随后，艾儒略到达福建，并他把余生都奉献给了那里的天主教教会。[80]他悉心培育了与当地官员的关系。[81]同时，他还与几位中国学者进行了富有启发性的交流。在与叶向高讨论的基础上，艾儒略撰写了《三山论学纪》。[82] 此外，艾

参见徐宗泽：《明清间耶稣会士译著提要》，上海：中华书局，1949 年，第 210 页。

Albert Chan, *Chinese Books and Documents in the Jesuit Archives in Rome: A Descriptive Catalogue: Japonica-Sinica I-IV.* Armonk, New York - London: M.E. Sharpe, 2002. pp. 295-297.

Cf. Hubert Germain Verhaeren, "Aristote en Chine.", In: Bulletin catholique de Pékin 22. 1935. pp. 417-429.

Cf. Zhang, Qiong, „Cultural accomodation or intellectual colonization?: A reinterpretation of the Jesuit approach to Confucianism during the late sixteenth and early seventeenth centuries." Ph.D. diss. Harvard University. 1996.

80 林金水认为艾儒略是 1624 年 12 月到达福州的。参见林金水（编）：《福建对外文化交流史》，福州：福建教育出版社，1997 年，第 209 页。

杜鼎克认为艾儒略是 1625 年 4 月到达福州的。参见 Adrianus Cornelis Dudink, , "Giulio Aleni and Li Jiubiao", In: Tiziana Lippiello and Roman Malek（ed.）, *"Scholar from the West" Giulio Aleni S.J.（1582-1649） and the Dialogue between Christianity and China,* Brescia: Fondazione Civiltà Bresciana; Sankt Augustin: Monumenta Serica Insitute, 1997, p. 130.

81 根据林金水的观点，艾儒略在福建的时候与超过两百名文人士大夫有交往。

参见林金水：《试论艾儒略传播基督教的策略与方法》，载于《世界宗教研究》，1995 年第 1 期，第 36-45 页。

82 Cf. Henri Bernard, „Les adaptations chinoises d'ouvrages européens: Bibliographie chronologique depuis la venue des Portugais à Canton jusqu'à la mission Française de Pékin（1514-1688）." pp. 1-57. In: *Monumenta Serica Journal of Oriental Studies.* Vol. X. 1945., no.138.

Cf. Henri Cordier, *L'imprimerie sino-européenne en Chine: Bibliographie des ouvrages publiés en Chine par les Européens au XVIIe et au XVIIIe siècle.* San Francisco: Chinese Materials Center, 1979. no. 15.

Cf. Louis Pfister, *Notices biographiques et bibliographiques sur les jésuites de l'ancienne mission de Chine（1552-1773）.* 2. Bde. Shanghai 1932-1934, Bd.1, p. 135. no. 8.

参见徐宗泽：《明清间耶稣会士译著提要》，上海：中华书局，1949 年，第 152，423 页。

Cf. Albert Chan, *Chinese Books and Documents in the Jesuit Archives in Rome: A Descriptive Catalogue: Japonica-Sinica I-IV.* Armonk, New York - London: M.E. Sharpe, 2002. pp. 125-126.

Cf. Adrianus Cornelis Dudink, „The Zikawei Collection in the Jesuit Theologate Library at Fu Jen University（Taiwan）: Background and draft catalogue." In: David E. Mungello（ed.）, *Sino-Western cultural relations journal.* Vol. 18. 1996. p. 16.

Cf. Richard Devine, „Hirata Atsutane and Christian sources." In: *Monumenta Nipponica* 36:1.（Spring 1981）. pp. 37-54.

儒略还非常重视在普通百姓中传播福音，在他到达福建的前十二年，也就是一直到福建教案的 1637 年，在艾儒略的努力下，当地的福音工作取得了巨大的成功，一个例证便是，那时福建是中国耶稣会印刷的中心。[83]艾儒略在这二十四年间出版了大量著作，除了《几何要法》和《西方问答》两部科学著作外，其余十五部著作涉及灵修、教义、圣经和礼拜仪式等宗教作品，这其中就包括 1635 年一部关于《圣经》四部福音书的概述《天主降生言行纪略》，[84]以及 1637 年福建教案前夕出版的《天主降生出像经解》。[85]正如林金水所言，与利玛窦、汤若望（Johann Adam Schall von Bell, 1592-1666 年）和南怀仁（Ferdinand Verbiests, 1623-1688 年）"自上而下"的传教策略不同，他们首先进入上层文人，进而借助他们的影响，争取到皇权对天主教的认可，乃

---

Pan Feng-chuan, "The turn to relation - the dialogue on the ethical issues between the Jesuits and the late Ming literati." In: Pieter Ackerman; Dirk van Overmeire（ed.）, *About books, maps, songs and steles: The wording and teaching of the Christian faith in China*. Leuven: Ferdinand Verbiest Insitute, 2011. pp. 178-199.

83 Erik Zürcher, "The Lord of Heaven and the Demons - Strange stories from a late Ming Christian Manuscript." pp. 359-376. In: Gert Naundorf（ed.）, *Religion und Philosophie in Ostasien. Festschrift für Hans Steininger zum 65. Geburtstag.* Würzburg 1985. p. 359.

84 收藏此书的机构有罗马耶稣会档案馆（Archivum Romanum Societatis Iesu, Rom. Jap.Sin. I, 58, 76.）；罗马梵蒂冈图书馆（Biblioteca Apostolica Vaticana, Rom. Raccolta Generale Oriente, III, 219.5-6.）；法国里昂市立图书馆（Bibliothèque Municipale de Lyon, France. No. 8664.）；罗马维托里奥·埃马努埃莱二世国家图书馆（Biblioteca Nazionale Centrale Vittorio Emanuele II, Rom. 72 C, 496.）；法国国家图书馆（Bibliothèque nationale de France, Paris. 6709, 6710, 6716-I.）；奥地利国家图书馆（Österreichische Nationalbiblithek. Sin., 402.）；牛津大学博德利图书馆（Bodleian Library, Chinese collection, Oxford. Sinica, 979.）

关于《天主降生言行纪略》及其影印本参见：

Gianni Criveller, *Preaching Christ in Late Ming China. The Jesuits' presentation of Christ from Matteo Ricci to Giulio Aleni*. Ricci Institute Variétés Sinologiques-New Series 86. Fondazione Civiltá Bresciana-Annali. 1997. pp. 203-232.

Pan Feng-chuan, "The turn to relation - the dialogue on the ethical issues between the Jesuits and the late Ming literati." In: Pieter Ackerman; Dirk van Overmeire（ed.）, *About books, maps, songs and steles: The wording and teaching of the Christian faith in China*. Ferdinand Verbiest Insitue, 2011. pp. 178-199.

宋刚：《从经典到通俗〈天主降生言行纪略〉及其清代改编本的流变》，载于《天主教研究学报》（*Hong Kong Journal of Catholic Studies*），2011 年第 2 期，第 206-260 页。

85 关于艾儒略的出版物参见 Louis Pfister, *Notices biographigues et bibliographigues sur les Jésuites de l'ancienne mission de Chine, 1552-1773*, Shanghai, Imprimerie de la Mission Catholique, 1932-1934, pp. 131-136.

至皈依，从而在中国完成自上而下的基督教信仰化过程。艾儒略则选择了两种传教方式糅合的传教方式，即一方面采用利玛窦等在华传教的"适应"策略，在合儒、补儒的名义下，采取学术传教方式；另一方面，也注意深入社会中下层，发展基层民众信徒。[86]

### 三、《天主降生出像经解》的版本

法国耶稣会会士荣振华（Joseph Dehergne, 1903-1990 年）神父在其 1958 发表的文章中比较了两个法国国家图书馆（Chinois 6750, 6754），一本奥地利国家图书馆（OE. 166）和梵蒂冈宗座图书馆（Barberini Oriente 134）的四个本子。[87]

柯毅霖（Gianni Criveller）在其 1997 年的博士论文中研究了九个本子，其中八个本子藏于梵蒂冈宗座图书馆（Barerini Oriente 134.1, 134.2, 134.3, Borgia Cinese 410, 443, Raccolta-Generale-Oriente III. 226.3, 247.6, 247.7），另一个本子藏于西班牙马德里方济各会档案馆（26/2）。[88]

Sun Yuming 发表在《华裔学志》上的文章也讨论了《天主降生出像经解》版本问题。[89]文章认为包括今天已经遗失的耶稣会档案馆的本子（Sin-Jap. 188），《天主降生出像经解》共有 37 个本子，但作者并没有列出 37 个本子的具体信息。作者研究了九个梵蒂冈宗座图书馆本子，[90]一个罗马的本子[91] 和

---

86 林金水：《"西来孔子"与福州基督教的传播》，载于《闽都文化研究——"闽都文化研究"学术会议论文集（下）》，2003 年，第 515-526 页。

87 Cf. Joseph Dehergne S.J., „Une vie illustrée de Notre-Seigneur au temps des Ming." pp. 103-115. In: *Neue Zeitschrift für Missionswissenschaft. Nouvelle Revue de science missionnaire*. XIV. Jahrgang. Luzern: Beckenried, 1958.

88 Cf. Gianni Criveller, *Preaching Christ in Late Ming China. The Jesuits' presentation of Christ from Matteo Ricci to Giulio Aleni.* Ricci Institute Variétés Sinologiques-New Series 86. Fondazione Civiltá Bresciana-Annali. 1997. p. 249.

89 Cf. Sun, Yuming, „Cultural Translatability and the Presentation of Christ as Portrayed in Visual Images from Ricci to Aleni." In: Roman Malek（ed.）, *The Chinese Face of Jesus Christ*. Monumenta Serica Monograph Series L/2. vol. 2. Sankt Augustin – Nettetal: Steyler Verlag, 2003. pp. 461-498.

90 BAV. Raccolta Prima III. 339; Rossiani Stampati 3476: Borgia Cinese 410, 443[1]; Barberini Oriente 134.1, [2]; Raccolta Generale Oriente III. 226.3, 247.6, 247.7.

91 ARSI. Jap. Sin. 187.
罗马耶稣会档案馆的另一个本子（ARSI. Jap. Sin. 188）收录于 Albert Chan, *Chinese Books and Documents in the Jesuit Archives in Rome: A Descriptive Catalogue: Japonica Sinica I-IV.* Armonk, N. Y. - London: M.E. Sharpe, 2002，pp. 110-112 已于 2000 年遗失。

两个巴黎的本子，[92]以及三个德国慕尼黑巴伐利亚州立图书馆、[93]哥廷根大学图书馆[94]和哈佛大学霍顿图书馆[95]的本子，该研究表明这些本子出自一个刻板。作者进一步将这些印本归为两类：一类为较早的本子，含有中间可折叠的耶路撒冷地图以及之后 56 幅，共 57 幅插图，这类本子是 1637 年在福建晋江出版的；另一类名为《天主降生言行纪像》，这个类本子缺少耶路撒冷地图，仅有 51 幅插图，是稍晚于 1637 年在晋江附近某地出版的。[96]

近期谢辉关于《天主降生出像经解》版本问题的研究是最新也是最全面的。[97]作者认为《天主降生出像经解》在世界各地的藏本有不少于三十部，它们都出自崇祯年间晋江景教堂所刻的同一套刻板。根据其序言内容、断版情况，作者将这些本子的刷印时间分为三段，即明崇祯末年、清代初年和清康熙年间。此外，作者还例举了各本子在序言内容、插图数量、插图编次以及断板涣散的差异问题。作者还根据书封页上的拉丁文题识整理出《天主降生出像经解》的一些本子于何时、经由谁人之手、借由怎样的契机，回流收入欧美图书馆和档案馆的。

综合上述对《天主降生出像经解》藏本的研究，并基于笔者对梵蒂冈宗座图书馆、罗马耶稣会档案馆、法国巴黎国家图书馆、德国慕尼黑巴伐利亚州立图书馆、哈佛大学霍顿图书馆、台湾"中央研究院"历史语言研究所傅斯年图书馆和南京市图书馆的实物及网络资源的考察，笔者对《天主降生出像经解》藏本的研究得出以下一些结论：1. 目前世界各地保存《天主降生出像经解》的所有本子都源自福建晋江景教堂刻于 1637 年的刻板。2. 不同于只出现明末印本的《诵念珠规程》，《天主降生出像经解》的刊印一直持续到清康熙年间。3. 不同本子在序言内容、刊印时间、人员和地点、插图数量、质

---

92　BNF Chinois 6750; Chinois OE 166.

93　巴伐利亚国立图书馆（Bayerische Staatliche Bibliothek in München. Cod.sin. 23.）

94　哥廷根下萨克森州立和大学图书馆（Niedersächsische Staats- und Univerisitätsbibliothek Göttingen.4 H.E.U. 222/13 Rara.）

95　哈佛大学霍顿图书馆（Harvard University, Cambridge Mass., Houghton Library, 52-1049.）

96　Cf. Sun, Yuming, „Cultural Translatability and the Presentation of Christ as Portrayed in Visual Images from Ricci to Aleni." In: Roman Malek（ed.）, *The Chinese Face of Jesus Christ*. Monumenta Serica Monograph Series L/2. vol. 2. Sankt Augustin – Nettetal: Steyler Verlag, 2003. pp. 461-498.

97　谢辉：《明清之际西学汉籍重印初探：以艾儒略〈天主降生出像经解〉为例》，载于《南京师范大学文学院学报》，2021 年 3 月，第 1 期，第 137-144 页。

量、编次等方面存在很大差异。4. 根据各印本的纸质、序言内容、书的标题和断板涣散的差异,《天主降生出像经解》的印本基本可以分为三个刊印阶段,即明崇祯年间、清初期、清康熙年间。5. 从清乾隆到咸丰年间,传教士持续挑选早期印本中的插图,并通过增补文字内容,将之装订成为新的书籍。6.从现存印本看,《天主降生出像经解》作为 19 世纪中叶前耶稣会士最大规模的刻印工程,其发行量和传播范围是非常大的,也一定产生过相当大的影响。

根据笔者实地考察,明崇祯末年刊印的本子包含梵蒂冈宗座图书馆藏一本(Raccolta Prima 339),法国国家图书馆藏一本(Chinois 6750)和德国慕尼黑巴伐利亚州立图书馆藏本(Sin. 23)。这三个本子都印有耶稣会会标和一篇五页纸的序言,印本的纸张偏硬,刊印质量较好,断板之处较少。这其中法国国家图书馆藏本前两幅插图分别为"天主降生圣像"和"耶路撒冷地图",较其他两本次序颠倒。这三个本子其他插图的编次完全一致。较其他两个本子包含共 57 幅插图,德国慕尼黑巴伐利亚州立图书馆藏本在全书之末又增出"耶稣被钉十字架"一图,包含共 58 幅插图。此幅插图的中间为耶稣被钉十字架,插图四围共十幅小图,绘有耶稣钉十字架期间及之后的相关事件并配文字解释,此图刻印风格与前图不同,应另有范本。根据插图"圣母端冕居诸神圣之上"的释文以"终"结束,可见这是《天主降生出像经解》的最后一幅插图,插图"耶稣被钉十字架"因此是后来补入的。根据柯毅霖的说法,西班牙马德里方济各会档案馆的本子也包含全部 57 幅插图以及这幅补入的"耶稣被钉十字架",[98]马德里本亦可能属于这一时期的印本。另据谢辉的考证,奥地利国家图书馆(Sin106-C)、意大利佛罗伦萨美第奇·劳伦兹图书馆(Rinuccini 24)、西班牙弗兰西斯卡诺·伊比利亚东方档案馆(无馆藏号)也属此时期刊印的本子。[99]这些本子的标题都为《天主降生出像经解》,在艾儒略的《天主降生出像经解引》末题:"天主降生后一千六百三十七年,大明崇祯丁丑岁二月既望,远西耶稣会士艾儒略敬识",及"耶稣会中同学阳玛诺、聂伯多、瞿西满同订,晋江景教堂绣梓。"可见这些本子是在明崇祯末的 1637 年在晋江的景教堂刻印的。

---

98 Cf. Gianni Criveller, *Preaching Christ in Late Ming China. The Jesuits' presentation of Christ from Matteo Ricci to Giulio Aleni.* Ricci Institute Variétés Sinologiques-New Series 86. Fondazione Civiltá Bresciana-Annali. 1997. p. 240.

99 谢辉:《明清之际西学汉籍重印初探:以艾儒略〈天主降生出像经解〉为例》,载于《南京师范大学文学院学报》,2021 年 3 月,第 1 期,第 137-144 页。

清初刊印的本子有梵蒂冈宗座图书馆的三本（Barberini Orientale 134.1,
Rossiani Stampati 3476, Borgia Cinese 410），这三个本子纸质偏硬，颜色为深
黄色，书题都为《天主降生出像经解》，书前页都有耶稣会徽章，但都无艾儒
略的《天主降生出像经解引》。这应是在清初重印时，因引言中有明代年号而
将其撤去。其中两个本子（Barberini Orientale 134.1, Rossiani Stampati 3476）
包含全部五十七幅插图，另一个本子（Borgia Cinese 410）则缺少两幅插图"大
博尔山显圣容"、"贫善富恶死后殊报"。三个本子的插图编次也完全相同，但
不同于此前明末印本的排序。另外，这三个本子的多幅插图是在明末印本的
断板处增加了新断板，可见此本与前本实为一板所印，且刊印时间较晚。此
外，根据谢辉的考证，这一时期刊印的本子还有法国国家图书馆（Chinois
6751）、意大利西西里图书馆（3275）、意大利米兰特里夫齐亚纳图书馆
（Trivulzia Biblioteca Trivulziana, Milan, B752.7）、法国里昂市立图书馆（MS
119）以及日本东洋文库藏本。这些本子在插图编次和数量上都有或多或少的
差异，如日本东洋文库藏本缺少"耶路撒冷地图"，包含新增补的"耶稣被钉
十字架"插图。[100]

清康熙年间的印本包括梵蒂冈宗座图书馆五本（Barberini Oriente 134.2,
Raccolta Generale Orientel III 226.3, III. 247.6, III. 247.7, Borgia Cinese 443.1），
罗马耶稣会档案馆本（Jap. Sin. 187），法国巴黎国家图书馆本（OE/166）及美
国哈佛大学霍顿图书馆本（52-1049）。这几个本子的标题为《天主降生言行纪
像》，而其中梵蒂冈宗座图书馆本（Raccolta Generale Orientel III. 247.7）标题
为《天主降生圣像》，题目为手写书题，并有拼音标注，此本状态极差，纸很
单薄，有严重虫蛀，装订线也已松散。插图上还有根据清初本编次所做墨笔
校正，原因可能是此本在散乱后，重新装订成册后后人所做补充。谢辉考证
此本及同馆另一藏本（Raccolta Generale Orientel III. 247.6）为传教士康和子
（Carolus Orazi de Castorano, 1673-1755 年）捐赠。除了三个本子，即梵蒂冈
宗座图书馆的两个藏本（Raccolta Generale Orientel III. 247.7, Borgia Cinese
443.1）和罗马耶稣会档案馆本（Jap.Sin.I. 187）无艾儒略引言，其他藏本都有
艾儒略《天主降生出像经解引》，然末仅题"远西耶稣会士艾儒略敬识，同会阳
玛诺、聂伯多、瞿西满同订"，未署名年月和刊刻地，字体与崇祯本亦不同，此

---

100 青木茂、小林宏光:《「中国の洋风画」展:明末から清时代の绘画、版画、插绘本》，
　东京: 町田市立国际版画美术馆，1995 年，第 73-106 页。

《天主降生出像经解引》应为另刻板而印。这一时期的印本，断板漫漶处在前两期刊印的基础上更为严重，还有一些有意为之的改动，例如"三王来朝耶稣"插图中马槽中的牛驴从前两期印本的排线被改为空白，可推想，这是刻工有意将此处凿空而成。这一时期印本纸质较软，颜色偏白，保存相对较差；插图常有缺失不全，插图的编次也较混乱。此或是因重新装订之故，但也有可能是重印时发生的错漏。除了这些本子之外，谢辉还提到了梵蒂冈宗座本（Raccolta Generale Oriente III. 289.3）和法国国家图书馆本（Chinois 6752）也是这一时期印本，[101]其中法国国家图书馆本（Chinois 6752）收入1739年编成的《皇家图书馆写本目录》（Catalogus Codicum Manuscriptorum Bibliothecæ regiæ）中。[102]

康熙末年至雍正初年，《天主降生出像经解》的插图还出现在这一时期出版关于诵念玫瑰经的《显像十五端玫瑰经》中。观察插图的情况，其涣散之处同康熙年间的印本，可见《显像十五端玫瑰经》的十五幅插图是挑选了第三个时期刊印的《天主降生言行纪像》的插图作为新书的插图。事实上，《显像十五端玫瑰经》的插图内容更对应于《诵念珠规程》的十五幅插图，但可能因为《诵念珠规程》的印本寥寥无几，其刻板此时更可能已经坏损或遗失。而《天主降生出像经解》作为耶稣会士在中国最大规模的插图本印书，因其刊刻耗费大量人力、物力和财力，其印本数量应该极大，人们很容易挑选某一印本中的插图放入到新书需要的地方。《显像十五端玫瑰经》书名页题"泰西耶稣会值会德玛诺、同学毕多明我阅订"和"云间敬一堂梓"，德玛诺（Romain Hinderer, 1668-1744年）于约1706年来华，1721-1724年、1725-1729年任中国和日本巡按使。《显像十五端玫瑰经》应就在此期间出版，出版地为今天的上海。可见在康熙末年到雍正初年，《天主降生出像经解》在江南地区的流行。

另外，台湾"中央研究院"历史语言研究所傅斯年图书馆（053R）、梵蒂冈宗座图书馆和南京市图书馆还有题为《天主降生言行纪略》的本子。这些本子为乾隆年到咸丰年成书，都选取了清康熙年间印本的一些插图，并通过增加关于福音书的内容和增加插图的释文重新装订成书。傅斯年图书馆藏本题目为《言行纪略》，插图前增加了书名页题记和徐光启的《大赞诗》，[103]此

---

101 谢辉：《明清之际西学汉籍重印初探：以艾儒略〈天主降生出像经解〉为例》，载于《南京师范大学文学院学报》，2021年3月，第1期，第137-144页。

102 张西平：《欧洲藏汉籍目录丛编》，广州：广东人民出版社，2020年。

103 大赞诗 相国玄沪徐光启

维皇大哉万汇原本巍巍尊高造厥

皆为手写，以及一部分手写一部分刊印的《万日略经说》，以及部分刻印的《言行纪略条目》。此本应阙全部《天主降生言行纪略凡例》和《言行纪略条目》的部分内容。书内含三十八幅插图，包括"耶路撒冷地图"和"天主降生圣像"，每幅插图右边都另附刻印文字作为解释。根据书名页题"极西耶稣会士艾儒略译述，同会毕方济、阳玛诺、伏若望共订。乾隆三年岁次戊午朔，天主降生一千七百三十八年，京都宣武门内天主堂重梓。"可知，此书乃乾隆三年（1738 年）成书。根据对其中三十八幅插图的细致观察可以发现它们应为清初的印本，此书应为耶稣会士在乾隆三年将《天主降生出像经解》的清初印本连同之后刻印的文字解释，并补充了书名页题记、徐光启的《大赞诗》和《万日略经说》，以及《言行纪略条目》重新装订成《言行纪略》。南京市图书馆本《天主降生言行纪略》，书名页题"京都始胎大堂藏板，天主将僧你言行纪略，天主降生一千七百九十六年主教汤准，西极耶稣会士艾儒略译述，江

---

胚混抟揽众有以资人灵无然方命
忝尔所生蠢蠢黔首云何不淑曾是
群詟上堎下黩 帝曰悯斯降于人
间津梁耳目卅有三年普拯横流诞
彰神奇舍尔灵躯请命作仪粤有圣
宗十又二子述宣宏化以迨亿祀如
日之升逾远而光千六百载达于兹
方兹方云何膺受多祐正教西来大
眷东顾凡我人斯仰瞻辽廓敢曰无
主敢曰不若大文无雕经涂无诡秉
心三德守诫二五若罔不升违罔不
坠勖矣前修无作后悔后悔则那丞
其改斿鉴尔一息贯尔百年如山匪
嵬如海匪渊矢志崇闳以隆德馨．

英文翻译参见：

Roman Malek（ed.），*The Chinese Face of Jesus Christ*. Institut Monumenta Serica and China-Zentrum. Vier Bände. Sankt Augustin - Nettetal. Steyler Verlag, 2002. L/2. pp. 755-756.

Cf. Wang, Xiaochao, *Christianity and Imperial Culture. Chinese Christian Apologetics in the Seventeenth Century and their Latin Patristic Equivalent.*（Studies in Christian Mission），Band:20, Leiden: Brill. 1998. p. 112.

Cf. Adrianus Cornelis Dudink, "The Image of Xu Guangqi as Author of Christian Texts（A Bibliographical Appraisal）." In: Catharine Jami, Peter Engelfriet, and Gregory Blue（ed.）. *Statecraft and Intellectual Renewal in Late Ming China. The Cross-Cultural Synthesis of Xu Guangqi（1562-1633）*. Sinica Leidensia. Vol. L. Leiden 2001. p. 139.

南助教姚准，同会毕方济、阳玛诺、伏若望共订。天主降生一千九百三年，慈母堂重印。"梵蒂冈宗座图书馆藏八卷 2 册《天主降生言行纪略》也是于 1853 年慈母堂重印。笔者没有看到这两个藏本实物。但根据文献记载，这两个藏本的构成同傅斯年图书馆本。

可见，直到 19 世纪中期，《天主降生出像经解》的早期印本还被采用，并通过增加关于福音书的内容和增加插图的释文重新装订成书。这个现象一直到 1887 年出版的《道源精萃》重新翻印《福音故事图集》的插图后才发生改变。[104]

## 四、《天主降生出像经解》的版式和范本

根据艾儒略自己在《天主降生出像经解引》所言，《天主降生出像经解》和《天主降生言行纪略》及《福音故事图集》两本书密切关联："吾西土有天主降生巅末四部，当代四圣所记录者复有铜板细镂，吾降生圣迹之图数百余幅。余不敏。尝敬译降生事理于言行纪中，兹复倣西刻经像图绘其要端，欲人览之如亲炙吾主见其所言所行之无二也。"[105]艾儒略所说"天主降生巅末四部"便是四福音书，记录的"四圣"乃福音书的四位作者，而"复有铜板细镂，吾降生圣迹之图数百余幅。"就是铜板刻印 153 幅插图的《福音故事图集》，"言行纪"就是《天主降生言行纪略》。艾儒略谦逊地说他自己并不聪慧，在《天主降生言行纪略）中尝试翻译了天主降生的事理，后来他又模仿西方《福音故事图像》的铜版画刻印了一些描绘天主事迹的插图，这样中国人在读《天主降生出像经解》的时候如同亲历到天主的言行。读者也可以通过观看和默想图像，从中得到安慰。[106]由此可见，《天主降生出像经解》是基于《福音故事图集》和《天主降生言行纪略》而产生的，《天主降生言行纪略》又是关于《圣经》四福音书的内容。

比较《天主降生出像经解》的 57 幅插图、《天主降生言行纪略》的 163 则圣迹故事，以及《福音故事图集》153 幅铜版插图，可以得出以下结论：1. 除去首尾共四幅插图，《天主降生出像经解》的 53 幅插图的主题是从《天主降

---

104 倪怀纶：《道原精萃》，上海慈母堂，1887，第 2-4 卷。
105 《天主降生出像经解》（BAV. Raccolta Prima III. 339. Fol. 2v.）
106 "于是图画圣像与其灵迹，时常寓目，以稍慰其极怀焉。"《天主降生出像经解》（BAV. Raccolta Prima III. 339. Fol. 1v.）

生言行纪略》中挑选出来的，除了个别标题，如第一幅插图"圣若翰先天主而孕"对应《天主降生言行纪略》的标题为"天主许生若翰将为前驱"，《天主降生出像经解》大部分插图的题目与《天主降生言行纪略》圣迹故事的标题相同。可见，《天主降生出像经解》插图的标题并非是从《福音故事图集》标题翻译而来，而是采纳或略修改《天主降生言行纪略》圣迹故事的标题。2.《天主降生出像经解》的这 53 幅插图选择了《天主降生言行纪略》里记述的，并有对应的《福音故事图集》插图范本。也就是说，如果在《天主降生言行纪略》中记述的圣迹故事，在《福音故事图集》中没有对应的插图；或是《福音故事图集》有对应的插图，但《天主降生言行纪略》并无记载，这样的主题就不会出现在《天主降生出像经解》中。3.《天主降生出像经解》的前两幅插图"耶路撒冷地图"和"天主降生圣像"的西方范本是巴托洛米欧·里奇（Ricci Bartholomeo, 1542-1613 年）1607 年在罗马出版的《耶稣生平故事》的前两幅插图。[107]最后两幅关于圣母死后的插图"圣母卒三日复活升天"、"圣母端冕居诸神圣之上"是以《福音故事图集》为范本，其中"圣母卒三日复活升天"的文字叙述内容来源于高一志的《圣母行实》。

### 1. 《天主降生出像经解》与《福音故事图集》

我们先来看一下《天主降生出像经解》与《福音故事图集》的关系。除了书前两页"耶路撒冷地图"和"天主降生圣像"以及某些本子最后页一幅新增补的"耶稣被钉十字架"插图外，《天主降生出像经解》的木刻版画模仿了《福音故事图集》铜版画的版式（Layout）。插图分为三个部分：最上方的方框内是此幅插图的标题，它标明了插图的主题，中文标题并不是西方范本拉丁语标题的翻译。方框还省去了《福音故事图集》方框内标注插图对应的《圣经》出处、天主教礼仪年历以及耶稣年龄和时间顺序的文字。占据整页最大面积的是插图部分，相较《诵念珠规程》只选取描绘了《福音故事图集》插图中多个场景中的一个场景，《天主降生出像经解》则模仿了《福音故事图集》一幅插图描绘多个场景的特点。此外，《福音故事图集》中用来标注场景阅读顺序的大写阿拉伯字母在《天主降生出像经解》中变为汉字天干。插图下方的方框内是由天干所引导的对一幅画面不同场景的描述，中文内容也不完全对应西方范本的拉丁文内容。

---

107 Ricci Bartholomeo, *Vita D. N. Iesu Christi. Exucrbis Euangeliorum in ipfifmet concinnata.* 1607 Rom.

如果不算某些印本增补的"耶稣被钉十字架"一图，现存《天主降生出像经解》最完整本子共含 57 幅插图。艾儒略在《天主降生出像经解引》中说，这只是西方范本的一小部分："天主无穷圣迹，岂笔墨所能绘其万一？而兹数端，又不过依中匠刻法，所及翻刻西经中十分之一也。"[108]艾儒略所说的"十分之一"是虚指，并非西方范本《福音故事图集》总插图数量的十分之一。事实上，《天主降生出像经解》的插图数量是《福音故事图集》153 幅插图数量的三分之一多。此外，艾儒略还在《天主降生出像经解引》中提到"中有绘出于言行记所未载者，盖更详圣传中别纪悉绘之，以见其全也。"[109]也就是说，《天主降生出像经解》还绘有《天主降生言行纪略》所未记载的插图，例如最后倒数第二幅插图"圣母卒三日复活升天"就是源自高一志（Alfonso Vagnone, 1568-1640 年）在山西绛州出版的《圣母行实》，由此可见《天主降生出像经解》的内容更为全面。

## 2. 《天主降生出像经解》与《天主降生言行纪略》
### 2.1. 《天主降生言行纪略》

除了前两幅"耶路撒冷地图"、"天主降生圣像"和最后两幅插图"圣母卒三日复活升天"、"圣母端冕居诸神圣之上"，以及一些印本增补插图"耶稣被钉十字架"这几幅插图之外，《天主降生出像经解》每幅插图文字描述的末尾都标注了插图对应《天主降生言行纪略》的位置，[110]可见，《天主降生言行纪略》对《天主降生出像经解》插图主题和文字内容有重要影响。

《天主降生言行纪略》是早于《天主降生出像经解》两年，并同为艾儒略在福建晋江景教堂出版的一部总结四部福音书的八卷论述。[111]以法国国家图书馆藏《天主降生言行纪略》（Chinois 6709）为例，全书首页标题为"天主降生言行纪略"随后接小字曰"即万日略圣经大旨"，第二行为"极西耶稣会士艾儒略述"，之后为标题"万日略经说"及其七页具体论述，"万日略"是意大利语"vangelo"（福音）的音译，如标题所言，艾儒略在《万日

---

108 《天主降生出像经解》（BAV. Raccolta Prima III. 339. Fol. 2v.）
109 《天主降生出像经解》（BAV. Raccolta Prima III. 339. Fol. 2v.）
110 其中插图"圣母领上主之报"文字部分结尾为"圣人云卷一第二章"，其他插图为"见行纪卷□□章"。
111 艾儒略：《天主降生言行纪略》，1635 年，福建晋江景教堂。

略经说》中简述了《新约》四福音书内容主旨。紧随其后的是二十页的《天主降生言行纪略条目》，《条目》分八卷例举了《天主降生言行纪略》记述从"天主许生若翰将为前驱"一直到"圣徒敷教万方"共 165 则事迹，这其中 163 则故事出自《圣经》。[112]此后，便是具体详述：第一卷共 13 章，记录了耶稣的出生和童年；第二卷共 23 章，讲述从耶稣的洗礼（《路加福音》3，1-21）到耶稣挑选十二位门徒（马太福音 10，1-4）的故事；第三卷的 15 章描述了从耶稣山园祈祷（《马太福音》5-7）到五饼二鱼喂饱五千人的神迹（约翰福音 12，1-11）；第四卷共 21 章，以加利利河岸的奇迹（《马太福音》14，22-36）开始，关于好牧人比喻的讲道结束（《约翰福音》10，1-16）；第五卷共 26 章，包含耶稣派遣 72 个门徒（《路加福音》10，17-22）以及伯大尼受膏（《约翰福音》12，1-11）等故事；第六卷共 27 章，从法利赛人决定杀害耶稣（《约翰福音》11，47-57）这一节开始，一直到寓言最后审判（《马太福音》25，31-46）；第七卷有 26 章，记录了耶稣的受难；第八卷的 14 章讲述了从耶稣复活到门徒去往世界各地传教（《使徒行传》2，14-36）。全书最后一页说明了《天主降生言行纪略》的刻印信息："遵教规，几译经典诸书，必三次看，详方允付梓。兹垃镌订阅姓名于后：耶稣会中同学毕方济、阳玛诺、伏如望共订，天主降生时候一千六百三十五年，崇祯八祀岁次乙亥孟秋，晋江景教堂敬梓。"值得注意的是，艾儒略在每卷标题后一行都接续"西极耶稣会士艾儒略译述"，他在"万日略经说"则用了"述"而非"译述"，可见《天主降生言行纪略》是对一部西文著作的译著。《天主降生言行纪略》是对《圣经》四福音书的翻译吗？还是另有其他西文著作作为其翻译底本？艾儒略和同时期耶稣会士选择这部著作翻译的原因又是什么？

耶稣会在中国的传教早期，中国人便经常要求提供中译本《圣经》，但这一要求却时常被拒绝。[113]金尼阁（Nicolas Trigaults, 1577-1628 年）受耶稣会总长龙华民（Niccoló Longobardi, 1559-1654 年）的安排，在 1613 年至 1615

---

112 潘凤娟：《述而不译？艾儒略〈天主降生言行纪略〉的跨语言叙事初探》，载于《中国文哲研究集刊》，2009 年第 34 期，第 123 页。

113 In dem Brief am 12. Mai 1605 von Matteo Ricci an Anquaviva.
　Cf. Jonathan Spence, *The momory palace of Matteo Ricci.* New York: Viking Press, 1984. p. 60.
　Cf. Pietre Tacchi Venturi（Hrsg.）, *Opere storiche del P. Matteo Ricci S.J.*, 2 Bde. Macerata 1911-1913. In: Bde. I, *Comitato per le onoranze nazinali con prolegomeni note e tavole di P Pietro Tacchi Venturi S.J.* vol 2. p. 283.

年从中国去往欧洲的行程中得到了教宗保罗五世（Paul V. 1552-1621 年，任期 1605-1621 年）和圣职部允许，同意将《圣经》翻译成文言文，并在宗教仪式中放弃使用拉丁语，而改用古汉语。[114]尽管得到了许可，耶稣会还是没有着手翻译《圣经》，他们迟疑的一个原因是这项任务是长期而艰巨的。17 世纪历史学家及耶稣会士巴尔托利（Daniello Bartoli, 1608-1685 年）认为："因为他们花了二三十年甚至更多的时间来学习，那里的神父能很好地说和写优雅的中文。但由于这是一项十分困难、危险、非常漫长和几乎不必要的工程，上级没有批准进行这项工程。"[115]

此外，对耶稣会对翻译的选择也有优先顺序。相较《圣经》翻译，耶稣会士更愿意翻译一些关于信仰教义和礼拜礼仪的著作。[116]而且，自 1622 年建立所谓"传信部"借以管理传教区域的工作以来，《圣经》翻译也受其越来越严格地控制。[117]1634 年，罗马教廷正式宣布："主教们应该注意让孩子们学习教义问答和基督教教义（罗伯特·白敏），并且特别是在周日的弥撒中，教导所有人救世的必要性。因此，没有必要重新翻译《圣经》。"（Bishops should watch that children learn the Catechism and the Doctrina Christiana（of Bellarmin）and that all are taught the necessities for salvation, especially during Sunday Masses. Therefore, a new translation of the Holy Scripture was not necessary.[118]）但正如钟鸣旦（Nicolas Standaert, 1959-）所指，"《圣

---

114 François Bontinck, *La lutte autour de la liturgie chinoise aux XVIIe et XVIIIe siècles*. Louvain. Paris 1962. p. 31, 40.

115 Joseph Jennes, *A propos de la liturgie chinoise: le bref Romanae Sedis Antistes de Paul V（1615）*. In: Neue Zeitschrift für Missionswissenschaft 2. Luzern 1946. p. 248. Cf. Daniello Bartoli, *Dell'Historia della Compagnia di Giesu: La Cina. Terza Parte. Dell'Asia*. Roma 1663. p. 123.

116 Cf. Nikolaus Kowalsky, „Die Sacra Congregatio 'de Propaganda Fide' und die Übersetzung der Hl. Schrift." pp. 29-33. In: Johannes Beckmann（ed.）, *Die Heilige Schrift in den katholischen Missionen*. Neue Zeitschrift für Missionswissenschaft, Supplementa XIV; Schöneck-Beckenried, Schwitzerland: Administration der Neuen Zeitschft für Missionswissenschaft, 1966. p. 30.

117 Nicolas Standaert, SJ., "The Bible in Early Seventeenth-Century China." pp. 31-54. In: Irene Eber（ed.）, *Bible in modern China. The literary and intellectual impact*. Monumenta serica monograph series, 43. Insitut Monumenta Serica, Sankt Augustin – Nettetal: Steyler Verlag, 1999. p. 38.

118 Cf. Nikolaus Kowalsky, „Die Sacra Congregatio 'de Propaganda Fide' und die Übersetzung der Hl. Schrift." pp. 29-33. In: Johannes Beckmann（Hrsg.）, *Die Heilige Schrift in den katholischen Missionen*. Schöneck-Beckenried, Schweiz: Neue Zeitschrift für Missionswissenschaft, 1966. p. 30.

经》全译本的阙失并不意味着根本就没有任何译本。"[119]

这可能就是为什么艾儒略在 1635 年首先出版了《天主降生言行纪略》的一个原因。正如他在此书的序言所说，它不是一部《圣经》，而是四福音书的概述。[120]通过总结四福音书中耶稣的言行，耶稣会士第一次向中国人介绍了耶稣的一生，[121]同时也避免了违反教廷的规定。

在《福音故事图集》第一版发行后的一年，纳达尔又增加了关于默想的注释，并以《福音书的注释与默想》(Adnotationes et Meditationes in Evangelia)为题在安特卫普出版。[122] 结果，人们常常将《天主降生言行纪略》与《福音书的注释与默想》混为一谈，[123]事实上，《天主降生言行纪略》并非《福音书的注释与默想》的中文译本，在明代，《天主降生出像经解》和《天主降生言行纪略》也是两本分开出版的书籍，直到 1738 年成书的《言行纪略》才将两本书合并装订在一起，[124]接下来到 19 世纪，它们还再次合并出版于《道原精萃》中。[125]

---

119 钟鸣旦（Nicolas Standaert, SJ.）：《〈圣经〉在十七世纪的中国》，载于《世界汉学》，2005 年第一期，第 70 页。

120 Cf. Nikolaus Kowalsky, „Die Sacra Congregatio 'de Propaganda Fide' und die Übersetzung der Hl. Schrift." pp. 29-33. In: Johannes Beckmann（Hrsg.）, *Die Heilige Schrift in den katholischen Missionen.* Schöneck-Beckenried, Schweiz: Neue Zeitschrift für Missionswissenschaft, 1966. p. 7.

121 关于《天主降生言行纪略》中按时间顺序对耶稣生平的描述参见
Roman Malek（ed.）, *The Chinese Face of Jesus Christ.* Institut Monumenta Serica and China-Zentrum. Vier Bände. Sankt Augustin – Nettetal. Steyler Verlag, 2002.

122 Jerome Nadal, SJ. *Adnotationes et Meditationes in Evangelia: Quae insacrosancto missae sacrificio toto anno leguntur, cum evangeliorum concordantia, historiae integritati sufficienti.* Antwerp: Martinus Nutius, 1594; second edition 1595.

123 Cf. Joseph Dehergne S.J., „Une vie illustrée de Notre-Seigneur au temps des Ming." pp. 103-115. In: *Neue Zeitschrift für Missionswissenschaft. Nouvelle Revue de science missionnaire.* XIV. Jahrgang. Luzern: Beckenried, 1958.

124 北京宣武门天主堂重刊本，台湾"中央研究院"历史语言研究所傅斯年图书馆（053R）。
Cf. Adrianus Cornelis Dudink, „The Zikawei Collection in the Jesuit Theologate Library at Fu Jen University（Taiwan）: Background and draft catalogue." In: David E. Mungello（ed.）, *Sino-Western cultural relations journal.* Vol. 18. 1996. p. 19.

125 倪怀纶：《道原精萃》，上海慈母堂，1887，第 2-4 卷。
Cf. Sun, Yuming, „Cultural Translatability and the Presentation of Christ as Portrayed in Visual Images from Ricci to Aleni." pp. 461-498. In: Roman Malek（ed.）, *The Chinese Face of Jesus Christ.* Monumenta Serica Monograph Series L/2. vol. 2. Sankt Augustin - Nettetal: Steyler Verlag, 2003. p. 484.
Cf. Shin, Junhyoung Michael, „The reception of Evangelicae Historiae Imagines in

根据钟鸣旦的研究，无论是耶稣会士的往来通信记载，还是《天主降生言行纪略》的内容都证明其乃是基于萨克森的鲁道尔夫（Lodolph von Sachsen，约 1295-1378 年）的《耶稣生平》（*Vita Jesu Christi e quatuor Evangeliis et scriptoribus orthodoxis concinnata*）写成。[126]其内容包括对四福音书和《使徒行传》中耶稣生平故事的总结，以及拉丁教父如俄利根（Origenes Adamantius，185-254 年）、安博（Sanctus Ambrosius, 340-397 年）、奥古斯丁（Saint Augustine, 354-430 年）等对耶稣言行的描述。在 15 世纪初，大多数修道院图书馆都有《基督生平》（*Vita Jesu Christi e quatuor Evangeliis et scriptoribus orthodoxis concinnata*）一书。1472 年，在巴黎和科隆首先印刷了这部书。15 世纪以来，这部书已经被译成各种欧洲语言。该作品对耶稣会也产生了特殊的影响，因为依纳爵正是在阅读这本书后才皈依基督教的。此外，依纳爵的《神操》也是在鲁道尔夫这部著作的影响下完成的，因为这两部作品的每一章都包含对某一段基督教救赎历史的描述，对其的一段解释和结尾部分的祈祷。读者通过思想耶稣的生活，让自己和上主建立联系，并沉浸于默想中，以此将基督教的救赎历史与个人联系起来。[127]可以想象，耶稣会士把这部当时在欧洲、特别是对耶稣会产生巨大影响的书带到中国，并翻译成中文。

## 2.2. 《天主降生出像经解》与《天主降生言行纪略》

除了头尾几幅插图，《天主降生出像经解》的其他 53 幅插图主题完全对应《天主出像言行纪略》的主题。其中 8 幅关于耶稣出生和童年的插图出于

Late Ming China: Visualizing Holy Topography in Jesuit Spirituality and Pure Land Buddhism.“ pp. 303-333. In: *Sixteenth Century Journal*. XL/2（2009）. pp. 303-304, p. 306, 314.

Cf. Shin, Junhyoung Michael, „The supernatural in the Jesuit adaptation to Confucianism: Giulio Aleni's Tianzhu jiangsheng chuxiang jingjie. 天主降生出像经解（Fuzhou, 1637）.“ pp 329-361. In: *History of Religions*, Vol. 50, No. 4, Jesuit Missionaries in China and Tibet. May 2011. p. 338.

126 Lodolph von Sachsen, *Vita Jesu Christi e quatuor Evangeliis et scriptoribus orthodoxis concinnata*, Mainz, 1348-1368.

Cf. Nicolas Standaert, SJ., "The Bible in Early Seventeenth-Century China." pp. 31-54. In: Irene Eber（ed.）, *Bible in modern China. The literary and intellectual impact.* Monumenta serica monograph series, 43. Insitut Monumenta Serica, Sankt Augustin – Nettetal: Steyler Verlag, 1999. p. 40-43.

127 Nicolas Standaert, SJ., "The Spiritual Exercises of Ignatius of Loyola in the China mission of the 17th and 18th centuries." pp. 73-124. In: Paul Oberholzer（ed.）, *Archivum Historicum Societatis Iesu*. Vol. LXXXI, Fasc. 161. Rome 2012/I. p. 80.

《天主出像言行纪略》的第一卷；8 幅插图出于《天主出像言行纪略》的第二卷，7 幅插图出于《天主出像言行纪略》第三卷，6 幅插图出于《天主出像言行纪略》第四卷，以及 4 幅插图对应于《天主出像言行纪略》第五卷，共 25 幅插图描绘了耶稣生平故事、讲道和所行神迹；5 幅描绘耶稣受难故事的序幕（从犹大的背叛到最后审判的预言）对应《天主降生言行纪略》第六册；9 幅描绘从"最后的晚餐"到"耶稣下十字架"的耶稣受难故事的插图对应《天主降生言行纪略》第七卷；最后 5 幅关于耶稣的复活、升天和圣灵降临的插图对应《天主降生言行纪略》的第八卷。

　　《天主降生纪略》的内容并没有令人惊讶的中国化的改编。因为该书的主要目的是向中国人介绍福音，而使福音的信息适应中国文化则是次要的。尽管如此，与严格的福音书翻译相比，《天主降生言行纪略》的作者艾儒略并不是简单翻译了耶稣的生平故事，他还是为中国读者做了一些相应的改动，以期把福音故事放在明代信徒实际生活的背景下，希望他们实践一种既是以耶稣为榜样，又能体现儒家思想的道德美德。艾儒略在《天主降生言行纪略》中这种适应中国文化的改编也同样反映在《天主降生出像经解》中。例如《天主降生言行纪略》第一卷 13 章"耶稣十二龄讲道"就是一个例子。按照《圣经》的描述，当耶稣十二岁时，他和父母去耶路撒冷过逾越节。节后，耶稣父母回家了，但小耶稣还住在耶路撒冷，他的父母对此却并不知道。当他们在家中找不到他之后，就返回耶路撒冷寻找耶稣。三天后，他们和文士们才在圣殿里找到了正在讲道的小耶稣。之后，耶稣和父母回到拿撒勒，并"顺从"他们。[128]《天主降生言行纪略》的文本突出了儒家"孝道"思想，将《圣经》文本中的"顺从"做了儒家化的扩展，描述了耶稣是如何孝敬父母，成为世人孝敬的表率："自后十有八年，家居纳襍勒郡。孝敬圣母若瑟，以立人世孝敬之表。"[129]《天主降生出像经解》的插图"耶稣十二龄讲道"的最后一句释文"庚　问归纳匝勒郡至孝圣母与若瑟"也同样强调了儒家的"孝"。

　　除此以外，为了使读者了解《圣经》故事的上下文，艾儒略还在《天主降生言行纪略·万日略经》中补充增加了一些对人名和地名的评论和注

---

128 参见和合版《圣经》《新约·路加福音》2: 41-52。

129 参见艾儒略：《天主降生出像经解》，1635 年，第 13 页（ARSI. Jap. Sin. I. 76.）。

释。[130]《天主降生出像经解》的人名和地名翻译与《天主降生言行纪略》略有差异。

## 五、书名

在一些《天主降生出像经解》的封面上，除了记录有中文题目和图书馆标号，还有书名不同的拉丁文或法文翻译，不同本子的拉丁文翻译亦不一样。伯希和（Paul Pelliot, 1878-1945 年）将其统称为《图绘我主生平》（Vie illustée de Notre Seigneur），[131]所以近年的许多外文研究文章也称《天主降生出像经解》为《图绘我主生平》。

中文题目全称为"天主降生出像经解"。其中"天主降生"也出现在早于《天主降生出像经解》两年出版的《天主降生言行纪畧》一书中。[132]"天主降生"在这里指明了耶稣降世为人这一神学概念。"出像"一词是"选出的图像"或是"部分描绘"的意思，与之相对应的"全像"则表示"全部描绘"。"出像"和"全像"常常出现在晚明的木版插图书籍的题目中。[133]《天主降生出像经解》题目中"出像"一词也符合艾儒略前言所述："天主无穷圣迹，岂笔墨所能绘其万一?而兹数端，又不过依中匠刻法，所及翻刻西经中十分之一也。"[134]艾儒略所说的"十分之一"是指中国木版插图是西方铜版插图的一小部分。事实上《天主降生出像经解》的插图是《福音故事图集》的三分之一余。

不同于晚明同时期木刻版画书籍的题目，比如《养正图解》[135]、《帝鉴图

---

130 关于"万日略经"，"天主"、"依撒伯尔"、"堂"等参见艾儒略：《天主降生言行纪略·万日略经说》，福建晋江，1635 年，第 2，5，1、1、页。

131 Paul Pelliot, *Inventaire sommaire des manuscrits et imprimés chinois de la Bibliothèque Vaticane. A posthumous work, révisé et édité par Takata Tokio*, Kyoto, Scuola di Studi sull'Asia Orientale,（Italian school of East Asian studies references series; 1）1995.

132 一套两本，艾儒略于 1635 年在福建晋江景教堂出版。藏于 Archivum Romanum Societatis Iesu, Rome（耶稣会档案馆，罗马）：Jap. Sin. I, 76.

133 参见: Sun Yuming, "Cultural Translatability and the Presentation of Christ as Portrayed in Visual Images from Ricci to Aleni". pp. 461-498. pp. 477-478. In: Roman MALEK（Hg.）: The Chinese Face of Jesus Christ. Monumenta Serica Monograph Series; Bd. L/2. 2 Bde. Sankt Augustin, Nettetal: Steyler Verlag, Bd. 2. 2003.

134 《天主降生出像经解引》Bibliothèque nationale de France, Paris（法国国家图书馆，巴黎）：Chinois 6750，第二页。

135 焦竑，丁云鹏（绘），黄奇（刻）：《养正图解》，金陵（南京）奎壁斋，1594 年。

说》[136]或是《闺范图说》[137]，《天主降生出像经解》书名中的"经解"让人联想到《礼记》第 26 章的题目同样是"经解"。《礼记》是中国古代一部重要的典章制度书籍，是儒家经典《五经》之一。在中国传教初期，耶稣会士就熟悉中国儒家经典。早在 1626 年耶稣会士金尼阁（Nicolas Trigault, 1577-1628 年）就翻译了《五经》，并以"Pentabiblion Sinense"为题在杭州刊刻发行。[138] 这里耶稣会士没有采用晚明版画书籍常用的书名，比如"图说"或是"图解"，而是采用了儒家经典书名，这正表明了耶稣会传教士希望以此建立与中国正统儒家思想的联系。

## 六、插图

### 1. 新增的插图主题——"圣若翰先天主而孕"

《福音故事图集》以"圣母领报"主题作为第一幅铜版画，然而《天主降生出像经解》中耶稣生平故事却是以《福音故事图集》中未出现的"圣若翰先天主而孕"题材作为第一幅木版画的（图 58）。这个故事的主题出现在《路加福音》第一章，描述了祭祀匝加利亚和他的妻子依撒伯尔都上了年纪，但依撒伯尔素不能生育，一次，正逢撒迦利亚进上主的圣所献香，有天使站在香坛右边向他显现，并向他说，他的祈祷已蒙应允，他的妻子以利沙伯将要生个儿子，起名若翰。[139]

以圣若翰诞生作为耶稣生平故事书的第一幅插图是非同寻常的，因此艾儒略没有西方铜版画作为此插图的范本。尽管如此，为了能表现这个主题，艾儒略选取了《福音故事图集》中的第 90 幅铜版画"法利赛人和税吏的比

---

136 张居正（编纂），胡贤（刻）：《帝鉴图说》，纯忠堂，1573 年。

137 吕坤（辑、注），黄伯符（刻）：《闺范图说》，1590 年。

138 参见：费赖之（Louis Pfister）（著），冯承钧（译）：《在华耶稣会士列传及书目》。中华书局，1995 年，第 124 页，脚注 15。
根据 Claudia von Collanis 教授在意大利罗马国家图书馆（Biblioteca Nationale Centrale di Roma），法国巴黎国家图书馆（Bibliothèque nationale de France）和意大利罗马耶稣会档案馆（Archivum Romanum Societas Iesu）的查校，此书可能已经遗失。参见：Claudia von Collani, „The first Encounter of the West with the Yijing. Introduction to an Edition of Letters and Latin Translations by French Jesuits from the 18th Century." pp. 227-387. In: Monumenta Serica Journal of Oriental Studies. LV. Sankt Augustin – Nettetal: Steyler Verlag. 2008. pp. 13-14.

139 和合本《圣经》《新约·路加福音》1：5-25。

喻"（图59）作为"圣若翰先天主而孕"插图的范本。[140]画面将法利赛人和税吏在圣殿换做天使在圣殿向祭祀匝加利亚预报神的应允的场景。画面中圣殿呈鸟瞰视角，因此得以呈现建筑物和内中故事场景的面貌：按释文，圣殿分为三进，最下方是外堂，中间为内堂，最上方位于圣殿的最里面的为天主古殿。与《福音故事图集》第90幅插图"法利赛人和税吏的比喻"不同，插图"圣若翰先天主而孕"在内堂的祭坛旁增加了两个人物，即祭祀匝加利亚和天使迦百列。画面描绘了以下场景：众百姓在外堂瞻礼仰候；祭祀撒迦利亚在内堂的祭坛前烧香的时候，有主的使者站在香坛的右边向他显现，主的使者向他宣告他年老的妻子以利沙伯将生一个儿子，即耶稣的先驱施洗若翰。

艾儒略选择"圣若翰先天主而孕"作为《天主降生出像经解》的第一幅插图，其中一个原因是因为它和孔子生平故事的联系。[141]根据"尼山致祷"的传说，颜氏嫁给叔梁纥以后，曾经向尼山的山神祈祷，祈求尼山神保佑使自己生个男孩，之后天上麒麟口衔一块玉书，来到孔子父母家中，预报孔子的母亲圣人孔子的降生。[142]这段传说也常出现在孔子生平故事《孔子圣迹图》的插图中（图60）。

明末的中国儒家文人很难理解，为什么晚于孔子出生的耶稣是唯一的上帝。如果这样，又怎样在基督教语境下理解"至圣先师孔子"？其中的一个解释就是同施洗约翰一样，孔子是耶稣的先驱。《天主降生出像经解》第一幅插图，施洗约翰的父亲撒迦利亚在圣殿向神祈求儿子，让中国读者联想到孔子生平故事中"尼山致祷"的传说。通过对预表施洗约翰诞生的描绘，耶稣会士让中国读者能够更好地在基督教上下文中理解孔子，这位中国的儒家的至圣先师。[143]

---

140 和合本《圣经》《新约·路加福音》18：9-14。

141 关于孔子生平故事插图参见：Julia Murray, "The Temple of Confucius and Pictorial Biographies of the Sage." pp. 269–300. In: *The Journal of Asian Studies.* Vol. 55. No. 2. 1996.
Julia Murray, "Illustrations of the Life of Confucius: Their Evolution, Functions, and Significance in Late Ming China." pp. 73-134. In: *Artibus Asiae,* 57 no. 1-2. 1997.
Julia Murray, *Mirror of Morality: Chinese Narrative Illustration and Confucian Ideology.* Honolulu: University of Hawai'i Press, 2007.

142 参见司马迁：《史记》，第47章《孔子世家》。

143 耶稣会士卫匡国（Martino Martini，1614-1661）第一次在著作中提出孔子是耶稣的先驱。
Cf. Martino Martini, *Sinicae Historiae Decas Prima.Res à gentis origine ad Christum*

　　艾儒略选择"法利赛人和税吏的比喻"作为"圣若翰先天主而孕"插图范本的另一个原因在于两个故事主题都涉及对圣殿的描绘。《天主降生出像经解》一书第一次出现圣殿的描绘是在仿照里奇的"耶路撒冷地图"中，中文名为"天主圣堂"的圣殿位于地图中间，它是一个近正方形的平面鸟瞰图，除了中殿被分为两进，圣殿内部几乎是均分九宫格形制，圣殿外墙由飞扶垛支撑。插图"圣若翰先天主而孕"又再次出现了鸟瞰视角的圣殿，这是一个分为外院、内院和天主古堂的三进建筑物。值得注意的是，在倒数第四幅插图"耶稣升天"（图 61）的背景中甚至增加了《福音故事图集》（图 62）中没有的圣殿。《马太福音》、《路加福音》和《使徒行传》都记录了耶稣升天，[144]只有《路加福音》[145]和《使徒行传》[146]提到耶稣升天后，他的门徒回到耶路撒冷城，在圣殿内祈祷称颂神。《福音故事图集》和《天主降生出像经解》的文字部分都描述了使徒回到圣殿内称颂神的情节，[147]但《福音故事图集》的插图则省去了对圣殿的描绘（"quod non potuit exprimere imago"），《天主降生出像经解》为了描绘圣殿选择模仿《福音故事图集》第 117 幅插图"耶稣被押解到彼拉多前，犹大上吊自尽"背景中的圣殿，对圣殿的重复描绘加深明人的印象。《天主降生出像经解》还有另外八幅插图模仿《福音故事图集》在背景中描绘了圣殿："入都城发叹"、"囿中祈祷汗血"、"负十字架登山"、"耶稣被钉灵迹叠现"、"耶稣复活"、"耶稣升天施命"、"耶稣升天"和"圣神降临"。

　　此外，圣殿室内场景还一再出现在《天主降生出像经解》一书中，因此可以赋予读者一个连续和统一的耶路撒冷圣殿的面貌。这一方面指明了历史故事发生的地点，并通过再现历史上真实存在的圣殿，赋予读者耶稣及其故事是同样真实的印象。对艾儒略而言，圣殿形象不仅是一个宗教象征，也是

*natum in extremâ Asiâ, sive Magno Sinarum Imperio gestas complexa.* Monachii, 1658. p. 131.

　　Cf. Claudia von Collani, „Jesus of the Figurists." pp. 553-582. In: Roman Malek（ed.）, *The Chinese Face of Jesus Christ.* Vol. 2 Monumenta Serica Monograph Series. L/2. Sankt Augustin – Nettetal: Steyler Verlag, 2003. pp. 565-566.

144 和合本《圣经》《新约·马太福音》16：19-20，《新约·路加福音》24：50-53，《新约·使徒行传》1：6-11。

145 和合本《圣经》《新约·路加福音》24：52-53。

146 和合本《圣经》《新约·使徒行传》1：12-14。

147 戊：宗徒暂归，时聚堂赞颂主恩，盼望耶稣所许圣神之降临。

　　F: redeunt domun, e sunt assidue in tem: plo, laudantes e benedicentes deum, quod non potuit exprimere imago.

一个重要的历史遗存。可以推测，对圣殿的描绘能消除当时中国人对耶稣存在于早他们 1500 年前的怀疑，这样他们可以进一步相信艾儒略在书中所描述的耶稣生平故事，并且逐渐接受基督教信仰。另一方面，耶稣会士希望通过重复出现的场景让人对场景及其位置留下印象，并记住这些地理位置及其周边环境，直到最后能因此记住发生在相关地点的故事情节。这就是耶稣会所谓"场所构建"（compositio loci）的记忆方法。

### 2. 新增屏风——"濯足垂训"

插图"濯足垂训"表现了在耶稣被出卖的前夜，与门徒最后晚餐之后，他为门徒洗脚的一系列故事（图 63）。[148]画面按照时间顺序，共表现了三个场景：画面左上方在一扇打开的门内，是耶稣和门徒最后晚餐的房间。门前方画面左前方是刚刚结束最后的晚餐，耶稣腰束洗脚布，从餐桌边起身，在他身后是其门徒。画面中心是围坐着的耶稣的十二个门徒，他们在等待耶稣为其洗脚。画面右前方是耶稣跪在一个洗脚盆前，请求为他的门徒彼得洗脚。

值得注意的是画面上的中国装饰，比如水瓶、脚盆上的花纹装饰，墙上的梅花和竹子主题等。其中最为引人注目的是一块三段的屏风。屏风上描绘的天空上的飞鸟、山与水、水面上的渔船和渔人等主题，构成了典型中国田园风格的山水画。

正如巫鸿在《重屏》中对屏风所做的定义，屏风不仅作为三维物体对空间起到分割作用，同时也是最受欢迎艺术表现媒体之一。[149]雷德侯（Lothar Ledderose, 1942-）认为屏风上的风景描绘是世俗人物较高社会地位的图像学象征。[150]唐代山水风景发展成为屏风绘画的重要主题之一。[151]南唐王齐翰的短幅横轴"勘书图"是现存最早的手卷之一。画面上一位文人坐于案几前，其身后是一扇三折屏风。屏风上的山水画体现了文人脱离世界现实烦扰、追求内在心灵理想的精神。[152]屏风上的风景画描绘在宋朝的文人画中得到延续

---

148 和合本《圣经》《新约·约翰福音》13：1-11。

149 "a screen can be an object, a painting medium, a pictorial representation, or all three." Wu Hung, *The Double Screen: Medium and Representation in Chinese Painting*. Chicago: University of Chicago Press. 1996. p. 9.

150 Cf. Lothar Ledderose, *Ten Thousand Things: Module and Mass Production in Chinese Art*. Princeton: Princeton University Press. 2000. p. 180.

151 Cf. Wu Hung, *The Double Screen: Medium and Representation in Chinese Painting*. Chicago: University of Chicago Press. 1996. p. 135.

152 参见同上，第 147 页。

和发展。此时画面的屏风前不再只是单个文人，而是常常描绘了一组文人。文人融于风景画的描绘演变成为复杂文人传统一般性形式。[153]在传为南宋画家刘松年（约 1155-1218 年）的"十八学士图"上，唐太宗（626-649 年在位）宫廷中的一组文人位于画面的一座屏风前，他们在庭院凉台上修习文人雅士陶冶情操的四艺，即琴、棋、书、画。南宋时期，儒家经典文献插图中也出现了描绘有山水风景的屏风。例如传为南宋画家马和之（1131-1162 年）为《孝经》第十三章"广至德"所绘的横轴，屏风占据画面上方的大部分区域。屏风上绘有由山、水、树木、平坦的水岸和岸边草屋构成的一片田园山水风光。田园风景寓意了一个由儒家道德规范指导下社会和谐的景象。

　　正如利玛窦敏锐地观察到，17 世纪中国人热衷于古代文物和对其的复制。[154]明代画家摹画了许多早期艺术家横轴上的风景屏风。比如传为唐寅根据 10 世纪顾闳中的横卷所绘的"韩熙载夜宴图"；仇英根据传为王维（701-761 年）所作的"高仕棋图"（彩图 69）；还有佚名画家根据 13 世纪画家刘贯道所作的"消夏图"（彩图 70）等。这些画面的屏风上不仅呈现了山水景色，而且山水景色连接了屏风前文人的精神世界。然而明代画家都或多或少地改变了前人风景的主题。巫鸿认为，明代画家保留了画面中的人物形象，同时却更新画面的内部陈列。[155]通过对古代大师有变化的模仿，明代画家将大师原作放在现实情景中，这也反映了明代的审美情趣。耶稣会士也一定了解明代画家的这一绘画实践思想。他们通过在插图"濯足垂训"上增加典型的中国屏风，将耶稣为门徒洗脚这一圣经题材故事，时间上更新放置在 17 世纪，地点上则转移到明代儒家文人的环境中。

---

153 Cf. Lothar Ledderose, *Ten Thousand Things: Module and Mass Production in Chinese Art.* Princeton: Princeton University Press. 2000. pp. 164–185.

154 "In this kingdom they make much of antique things; and yet they have no statues nor medals, [⋯]. But more than all these things are valued paintings by famous persons, without colour, but in ink alone; or letters by ancient writers on paper or on cloth, with their seals to confirm that they are genuine."
引自：Craig Clunas, *Superfluous things. material and social status in early modern China*. Cambridge: Polity Press: 1991. pp. 151-156.
Cf. Pasquale M. D'Elia, *Fonti Ricciane. Documenti originali concernenti Matteo Ricci e la storia delle prime relazioni tra l'Europa e la Cina（1579–1615）*. Vol. 1: Libri I - III, da Macao a Nanciam（1582-1597）. Roma: Libreria dello Stato. 1942. 1:91.

155 Cf. Wu Hung, *The Double Screen: Medium and Representation in Chinese Painting*. Chicago: University of Chicago Press, 1996. p. 187.

木刻插图"濯足垂训"上的山水屏风承接了南宋以来的传统，画面上的儒家文人则换成了耶稣和他的门徒。[156]这里屏风代表了此住宅为文人士大夫的身份地位，屏风上田园诗意的风景描绘进一步表明了和谐的儒家社会。在此处这些儒家元素都放在了基督教的背景中。耶稣会士了解中国许多不同的宗教传统，他们也熟知儒家思想作为中国最古老的哲学传统和政治思想几百年来对中国文化和社会的影响。

### 3. 增加动物母题——"立圣体大礼"

《圣经·新约》三部福音书都记载了耶稣受难前同他的十二个门徒最后的晚餐的故事。[157]有意思的是《天主降生出像经解》的插图"立圣体大礼"（图 64）中，在最后晚餐的餐桌下增加了一只狗，它在圣经中没有记载，也没有出现在《福音故事图集》对应的插图中（图 65）。在明代木版画上所增加狗的主题，可以从中国绘画传统中找到原因。唐代（618-907 年）佚名画家的"宫乐图"可能是最早描绘桌子下面"狗"题材的绘画作品之一（彩图 71）。画面上许多妇女围坐在桌子旁，她们有的弹奏乐器，有的饮酒。整个画面流露出和谐宁静的音乐气氛，以至桌子下方的狗在安静的睡着。"狗"母题的出现增加了画面安宁舒适的氛围。

明代画家仇英册页中的一幅"竹林品古图"上也出现了对"狗"的描绘。这次是出现在画面右上角两条嬉戏的小狗。画面被两块屏风划分为两个空间。屏风内，几位文人围坐在一张桌旁，通过他们的服饰可以辨识出他们的身份地位。他们身后的另外三张桌上和画面前景的地面上都是古代青铜器。仆人们正不断呈上陶瓷、画卷等。画面上方，屏风之外和围栏之后，是一片竹林。右上角一位男仆正在石棋桌边备茶。两条小狗正围绕着石桌嬉戏。赏古画，品茶和下棋是中国文人典型的陶冶修养的活动。画面上的屏风、假山和竹林也符合文人活动的氛围，而嬉戏的小狗也与消遣时光的画面主题相呼应。

与这两幅画面所表现的安逸休闲的场景不同，"最后的晚餐"是耶稣即将被钉十字架之前，他同门徒最后举行圣餐的时间，是一个严肃的场景，之后将要发生的是一个紧张的故事。插图"立圣体大礼"上增加的小狗减弱了

---

156 Cf. William Reynolds Beal Arcker, *Some T'ang and Pre-T'ang Texts on Chinese Paintings.* 2. vols. Leiden: Brill（Sinica Leidensia, Bd. 8），1954.

157 和合本《圣经》《新约·马太福音》，26：17-30；《新约·路加福音》，22：7-14；《新约·约翰福音》13：21-30。

最后的晚餐严肃和忧伤的气氛，唤起一种安宁的氛围。在基督教语境下，这是只有通过耶稣受难才能达到的理想。

### 4. 增加图案装饰——"赦悔罪妇"、"贫善富恶死后殊报"、"濯足垂训"、"立圣体大礼"

《天主降生图像经解》的中国刻工一定非常努力地致力于用中国图案去装饰插图上器物的表面。比如插图"赦悔罪妇"上的桌布（图 66），[158]"贫善富恶死后殊报"上的床单（图 67），[159]"濯足垂训"上的脚盆（图 63），[160]和"立圣体大礼"（图 64）的窗帘。[161]

这些器物有两种装饰图案：第一为出现在纺织物，比如窗帘、桌布和床单上的花卉纹样。同明代晚期木版画中常常出现的、用清晰轮廓勾勒的花卉纹样不同，《天主降生出像经解》出现在纺织物上的花卉纹样没有花瓣或花蕊，而是用如同松针般交叉线条描绘的。第二为出现在瓷器，比如水罐和脚盆上的植物纹样。明代晚期瓷器上常常用植物纹样做装饰，比如以花朵为主题，枝叶为辅题的装饰纹样。《天主降生出像经解》也保留晚明器物装饰风格的传统。最常出现的是缠枝莲花纹等，它们与纺织物上的花卉纹样不同，瓷器上的植物纹样是用饱满、柔和的线条所描绘的。[162]

并不是所有瓷器表面上都绘有装饰纹样。《天主降生出像经解》插图"婚宴示异"（图 68）和"西加汲水化众"（图 69）同《福音故事图集》一样，画面上酒罐和水罐的表面就没有任何装饰纹样。如同乔迅（Jonathan Hay）所说，明代器物上的装饰含有重要的意义，因为它代表了其拥有者的社会地位，借以将他们同穷人、未受教育之人相区分。[163]与这两幅插图不同，《天主降生出像经解》的其他插图的器物上增加了《福音故事图集》中原本没有的装饰主题，藉此增加了器物的珍贵性，暗示了画面的环境背景。比如，在插图"赦悔罪妇"上，膏油瓶增添了花纹图案。这暗示了妇人用头发沾上涂抹耶稣脚

---

158 和合本《圣经》《新约·路加福音》，17：36-50。
159 和合本《圣经》《新约·路加福音》16：19-31。
160 和合本《圣经》《新约·约翰福音》13：1-11。
161 和合本《圣经》《新约·马太福音》，26：17-30；《新约·路加福音》22：7-14；《新约·约翰福音》，13：21-30。
162 Jonathan Hay, *Sensuous Surfaces: The Decorative Object in Early Modern China.* Honolulu: University of Hawai'i Press. 2010. p. 146.
163 同上，第 21 页。

的膏油是非常珍贵的；或是在插图“贫富死后殊报”上，通过增添床上被单和床单装饰丰富的图案纹样，暗示了此处是富人的房间。[164]

插图“濯足垂训”和“立圣体大礼”的室内是耶稣受难前最后和门徒相聚的房间。室内窗帘和桌布上的花纹装饰让人联想到儒家上层阶级的房间装饰。因此，这可能会向中国观众暗示耶稣较高的社会地位。耶稣会士了解晚明社会器物的装饰能反映其拥有者的社会地位，所以他们将此考虑放入《天主降生出像经解》的插图中。此外《天主降生出像经解》上新增的装饰纹样也透露了大航海以来，西方人最早对中国纺织品和瓷器上装饰纹样的注意和兴趣。

## 七、结论

通过对《诵念珠规程》的研究，我们了解晚明来到中国的耶稣会士在艺术中使用了“适宜性”（Convenevolezza）的方式，即在绘画中，用当时代的服装和场景再现历史题材故事。[165]许多研究者认为，相较于《诵念珠规程》，《天主降生出像经解》书中的木版插图缺少中国元素和缺乏中国绘画传统。[166]事实上《天主降生出像经解》插图上出现了许多的晚明服饰、家具、装饰等素材，呈现出耶稣会的儒家适应政策。

在插图“濯足垂训”的室内，画面增加了一扇描绘了山水画的中式屏风。这遵循了自南唐以来的一个普遍的传统：士大夫文人们雅集于屏风前，屏风上的自然山水也暗示了以儒家道德所培育的和谐社会。[167]在“濯足垂训”一图中，儒家学者被耶稣及其门徒所取代，屏风上所绘的田园风光同样指向一个和谐的儒家社会，在这里，它与基督教故事情节相融合。另外，在“濯足垂训”和“立圣体大礼”两幅插图上，窗帘和桌布上添加的花卉图案唤起了观者对儒家上层士大夫官员家庭室内陈设的联想。无论是在“濯足垂训”上

---

164 和合本《圣经》《新约·路加福音》16：19-31。

165 Reiner Haussherr, *Convenevolezza. Historische Angemessenheit in der Darstellung von Kostüm und Schauplatz seit der Spätantike bis ins 16. Jahrhundert*. Akademie der Wissenschaften und der Literatur, Abhandlungen der geistes- und sozialwissenschaftlichen Klasse; Nr. 4. Wiesbaden: Steiner. 1984. p. 11.

166 Gianni Criveller, "Chinese Perception of European Perspective: A Jesuit Case in the Seventeenth Century." In: *The Seventeenth Century*, （1996）24.1, p. 239.
Nicolas Standaert, SJ., *An Illustrated Life of Christ Presented to the Chinese Emperor. The History of Jincheng shuxiang*（1640）. Monumenta Serica Monograph Series; Bd. LIX. Sankt Augustin, Nettetal: Steyler Verlag, 2007, pp. 14-15.

167 William Reynolds Beal Arcker, *Some T'ang and Pre-T'ang Texts on Chinese Paintings*. 2. vols. Leiden: Brill（Sinica Leidensia, Bd. 8）, 1954.

增加屏风，还是在室内增加中式装饰，这都表明耶稣会士知道如何用装饰物品来反映晚明时期人物的社会地位，他们在《天主降生出像经解》插图上考虑到这一点而做出改动，向中国人传达了一个具有更高社会地位的耶稣。在《福音故事图集》中，"最后的晚餐"描绘的是一个紧张严肃的场景，耶稣和他的门徒在最后一顿晚餐后，即将迎来随后的受难。相比之下，《天主降生出像经解》"立圣体大礼"桌下增加小狗母题，从而减少了最后晚餐的悲剧性，为画面增添了一个宁静的氛围。借助明代风格的室内陈设、装饰纹样和新的母题，耶稣生平故事逾越了历史文化的距离，1500多年前耶路撒冷附近发生的耶稣生平故事第一次被放置在17世纪中国晚明社会中。《天主降生出像经解》反映了基于儒家思想的适宜性艺术现象。

《天主降生出像经解》的"经解"让人联想到《礼记》第26章的题目同样是"经解"。书名并未选择晚明同时期木刻版画书籍的题目，如"图说"或是"图解"，而是采用了儒家经典书名。此外，"天主降生圣像"的赞文也遵循了中国艺术史上为儒家圣贤人物画像并配以"赞文"的悠久传统。这些都表明耶稣会传教士期望通过一些面向儒家的适应性调整，建立与中国正统儒家思想的联系。

在插图的选择上，艾儒略将"圣若翰先天主而孕"作为《天主降生出像经解》的第一幅插图，这其中一个重要原因就是为了将圣约翰和孔子相联系。插图上圣约翰的父亲撒迦利亚在圣殿向神祈求儿子，让中国读者联想到孔子生平故事中"尼山致祷"的传说。通过对预表圣约翰的描绘，耶稣会士让中国读者能够更好地在基督教上下文中理解中国儒家至圣先师孔子，以回应明末儒家文人对于为什么晚于孔子出生的耶稣是唯一的上帝的问题。此外，《天主降生出像经解》也在一些主题的文字叙述中融合了儒家思想和价值观，例如为了迎合"孔子降诞"时天上奏以和乐，将"天主耶稣诞生"空中天使赞颂改为"奏乐赞颂"；小耶稣十二岁在圣殿讲道符合对中国人圣人少年早慧的描写；通过将"顺从"一词改为"孝"，将小耶稣塑造成了符合儒家伦理道德的典范。

《天主降生出像经解》反映了耶稣会士对在晚明社会中占主导地位和影响的儒家思想、伦理和美学的亲近，是其"文化适应"和"自上而下"的传教策略在艺术领域的体现。通过这种方法，耶稣会希望首先得到明代社会中文人士大夫对基督教的接受，并通过他们推动其在中国的传教事业。

# 德礼贤神父与明末基督教版画艺术研究

随着 17 世纪下半叶耶稣会士开始在中国的传教事业，欧洲的基督教艺术作品也开始作为传教工具逐渐被晚明人所认识。虽然现在大部分早期基督教艺术作品已经不存于世，但版画则因为其制作成本低廉、便于大量复制和广泛传播而流传至今。正是传教士从欧洲带来的基督教题材版画，开启了中西艺术的相遇与交流。

中国最早基督教题材版画是明末以插图的形式收录在书籍中的。它们分别是明人程君房的《程氏墨苑》（1606 年，安徽新安）、耶稣会士罗如望（João da Rocha, 1566-1623 年）的《诵念珠规程》（约 1620 年，南京）、耶稣会士艾儒略（Giulio Aleni, 1582-1649 年）的《天主降生出像经解》（又《天主降生言行纪像》，1637 年，晋江）以及耶稣会士汤若望（Johann Adam Schall von Bell, 1592-1666 年）的《进呈书像》（1640 年，北京）。

明末这四本含基督教插图的书籍中，除了《程氏墨苑》是由明人出版，其他三本均为在华耶稣会士出版发行，内容是用图像和文字说明如何诵念《玫瑰经》和介绍耶稣基督的生平，这三本书的原刻本都被保存在欧美不同图书馆和档案馆。法国东方学家亨利·考迪埃（Henri Cordier，1849-1925 年）最早将法国国家图书馆（Bibliothèque nationale de France, Paris）收藏的这三本书收录在图录词条中。[168]20 世纪 30 年代，德礼贤（Pasquale D'Elia, 1890-1963 年）神父发现了罗马耶稣会档案馆的《诵念珠规程》，并确定了其西方模板是耶稣会纳达尔（Jerónimo Nadal, 1507-1580 年）1593 年在罗马出版的《福音故事图像》（Evangelicae historiae imagines）。1939 年，德礼贤用意大利文撰写了《中国基督教艺术的起源（1583-1640）》一书，[169]开启了后人对明末基督教版画艺术研究的先河。

德礼贤于 1890 年 4 月 2 日出生于意大利坎伯巴索省（Campobasso）的皮耶特拉卡泰拉（Pietracatella），是一位天主教神父、汉学家和耶稣会士（图 70）。他于 1904 年进入耶稣会，1907 年立耶稣会誓愿。1909 至 1913 年，德礼贤就读于坎特伯雷（Canterbury）的圣玛丽学院和泽西的圣丹尼斯。在他 22 岁的时候，德礼贤决定服务中国的天主教工作。1913 至 1917 年，德礼贤在上海徐

---

168 Henri Cordier, *L'imprimerie sino-européenne en Chine*, Paris: Leroux, 1901.

169 Pasquale M. D'Elia, S.J., *Le Origini Dell'Arte Cristiana Cinese 1583-1640*, Reale Accademia d'Italia, Studie Documenti 9, Roma 1939.

家汇学习中国文化和历史。1918 年，德礼贤返回欧洲，直至 1921 年，他在马里兰（Maryland）的德伍德斯托克（Woodstock）和黑斯廷斯（Hastings）完成神学学习，之后他先在法国的帕赖勒莫尼亚勒（Paray-le-Monial）服务。1922 年，德礼贤再次被派往中国。1923-1925 年，他先在安徽蚌埠传教，随后他又在耶稣会上海震旦大学工作至 1926 年。此后，德礼贤被调往上海徐家汇的汉学中心，在那里他主要从事学术翻译和写作的工作。1934 年，他被任命为罗马宗座额我略大学教授，其余生的 29 年岁月，德礼贤在那里教授传教史和汉学。从 1941 年开始，他也同时是罗马大学汉语与中国文学教授。

在中国期间，德礼贤首次将孙中山的《三民主义》翻译成法文，并产生了极大反响。[170]南京国民政府特意印刷了五千册，并要求将其转译为英文，以便增加在国际社会的影响力。[171]

回到欧洲后，德礼贤运用其深厚汉学功底，撰写了很多关于传教与汉学的著作。[172]白佐良（Giuliano Bertuccioli，1923-2001 年）称德礼贤为"意大利最后一位传教士汉学家"（the last missionary sinologist），[173]在其中国出版著作中，最负圣名的就是他倾注大量心血，历时数载，在 1942 至 1949 年校订的《利玛窦全集》（三卷本）。[174]这是德礼贤在参阅大量中国典籍、古今著作和在欧洲保存的历史文献的基础上，将意大利耶稣会士、历史学家文图里（Pietro Tacchi Venturi, 1861-1956 年）于 1909 年夏在耶稣会档案馆发现的利玛窦手稿补充成为有标注汉字、详细注释、考据以及索引的利氏手稿全集。[175]

---

170 Pasquale M. D'Elia, S.J., *Le triple démisme de Suen Wen*. Shanghai: Editioins Tou-Sè-Wè, 1929.

171 参见刘国鹏：《天主教与国家整合——以南京国民政府执政初期天主教教育和教会教产问题为例》。载于：《宗教学研究》，2011 年第四期。

172 关于德礼贤的著作参见: Roman Malek, *The Legacy of Pasquale d'Elia, S.J. [...]* （1890-1963）: *Mission Historian and Sinologist In: Sino-Western Cultural Relations Journal* 32., Cedar Rapids, Iowa, 2010. pp. 36-61.
   对德礼贤研究的更正参见方豪：《故意大利汉学家德礼贤著作正误》，载于《方豪六十自定稿》，台湾学生书局，1969 年。第 1721-1738 页。

173 Giuliano Bertuccioli, "Sinology in Italy 1600-1950", in: *Europe Studies China. Papers from and International Conference in the History of European Sinology*（London 1995）.

174 Pasquale M. D'Elia, S. J., Fonti Ricciane: documenti originali concernenti Matteo Ricci e la storia delle prime relazioni tra l'Europa e la Cina（1579-1615），3 volumes（Roma, Libreria dello Stato, 1942-1949）.

175 对德礼贤译本的修订和补充参见:
   黄一农:《两头蛇: 明末清初的第一代天主教徒》，新竹: 清华大学出版社，2005。

德礼贤的贡献还在于他运用陆续新发现的罗马耶稣会档案馆（Archivum Romanum Societas Iesu, Rome）的中文文献所做的研究。1934年，德礼贤发现了罗明坚（Michele Ruggieri, 1543-1607年）与利玛窦著的手稿《葡汉辞典》（1584-1588年），辞典包含约6,000个葡萄牙语的标题词，按字母顺序安排，这是目前所知第一本汉语和外国语言的辞典。

除了中文文献材料，德礼贤还发现了耶稣会档案馆的明代基督教木版画，撰写了关于中国基督教艺术的著作。尽管在德礼贤之前，德裔美国东方学家、汉学家与人类学家劳弗尔（Berthold Laufer，1874-1934年）已于1910年英文出版了《中国耶教艺术》，[176]然而劳弗尔在时间跨度明清的著作中仅介绍了五件中国基督教作品，即他在20世纪初在陕西西安府发现的、现藏于菲尔德自然历史博物馆的"中国圣母"和一套六页传董其昌的册页；《程氏墨苑》中的四幅基督教题材版画；18世纪耶稣会士制作的乾隆平定西域的系列铜版画；以及19世纪翻译成中文《天路历程》的插图。

德礼贤关于中国基督教艺术的著作则集中在1583至1640年的晚明时期，在劳弗尔新发现材料的基础上，德礼贤确定了"中国圣母"的意大利罗马的模板以及《程氏墨苑》中"天主像"（图187）的西班牙塞维利亚的模板（图188）。而全书的最大贡献在于1939年德礼贤在耶稣会档案馆发现的《诵念珠规程》，并确定了其西方模板是耶稣会纳达尔（Jerónimo Nadal, 1507-1580年）1593年在罗马出版的《福音故事图像》（Evangelicae historiae imagines）。这开启了中西版画交流研究的先河。马力克（Roman Malek, 1951-2019年）在目前对德礼贤生平和著作最全面介绍的文章中，将德礼贤的中国基督教艺术研究誉为其最大的三项贡献之一。[177]

继德礼贤之后，法国耶稣会士裴化行（Henri Bernard-Maître, 1889-1975年）、荣振华（Joseph Dehergne, 1903-1990年）、荷兰传教士燕鼐思（Jozeph Jennes, 1903-1990年）陆续发现这两部著作的其他收藏地，并开展进一步研究。事实上，直到20世纪末，才有除传教士之外的大批中外学者关注明末基

---

Po-chia Hsia, A Jesuit in the Forbidden City: Matteo Ricci 1552-1610. Oxford University Press, USA., 2012.

176 Berthold Laufer, Christian Art in China, Exact from "Mitteilungen des Seminars für Orientalische Sprachen. Yahrgang XIII. Erste Abteilung. Ostasiatische Studien." 1910.

177 Roman Malek, *The Legacy of Pasquale d'Elia, S.J. [...] （1890-1963）: Mission Historian and Sinologist.* Pp.18-62. In: Sino-Western Cultural Relations Journal 32., Cedar Rapids, Iowa, 2010. p. 27.

督教版画，并从传教史、艺术史等方面展开学术研究。[178]

因为德礼贤并非艺术史学家，他笼统地认为《诵念珠规程》的版画全部采用中国化的风格，并推测其作者可能是董其昌。[179]事实上，虽然菲尔德自然历史博物馆的"中国圣母"上有唐寅（1470-1524年）的题名，六页一套的册页亦有"玄宰笔意"（董其昌，1555-1636年）的题名，但董其昌一生并未画过人物画。中国早期基督教艺术是委借晚明著名画家之名，以期望获得人们对基督教艺术更多关注。

尽管如此，如果没有德礼贤在罗马发现这套版画，并首先撰书研究，就不会有后来中外学者对明末基督教版画的关注。虽然德礼贤神父承认自己没能说服任何一个中国人入教，但他在传教史、汉学、中国基督教艺术等学术领域的贡献，奠定了这些学科的研究基础。我们相信德礼贤毕生的工作不仅像蜜蜂传播花粉一样，为中西文化传播做出贡献，它亦为上帝的国度觅得了丰盛的果子。

## 明末的天主教圣像及其传播与接受

在16世纪宗教改革的背景下，以茨温利（Huldrych Zwingli, 1484-1531年）和加尔文为代表的新教改革派积极推行反圣像运动。耶稣会作为罗马反宗教改革最重要的修会，自1534年成立初始，便使用艺术作为其灵修和传教的工具，推行华丽的宗教仪式，以此抵抗宗教改革、护卫天主教，从而促进了巴洛克艺术在欧洲的发展和兴盛。耶稣会在其海外的传教活动中，也大量使用艺术作品。这其中的教堂建筑、雕塑、壁画等随着历史变迁，大多遭到毁坏或历经改建和重建；而圣像作品随着需求的剧增，很快便在当地以不同媒介被复制传播。

明末，当耶稣会士到达中国的时候，他们也使用圣像作品来传播信仰。随着信徒的增加，对圣像的需求也与之俱增，中国人便模仿西方圣像作品制作完成了许多便于大量复制、广泛传播的版画作品，其中不少保存至今，它们直观地透露"圣母"与"上帝"形象在明末社会的建构、传播与接受情况。

关于明清时期圣像在中国的传播和接受情况，钟鸣旦（Nicolas Standaert）、梅欧金（Eugenio Menegon）、陈慧宏、孙育明（Sun Yuming），申潽炯（Junhyoung

---

178 关于明末基督教版画研究文献参见：Chinese Christian Texts Database.

179 参见：P. Pasquale M. d'Elia, Le Origini Dell' Arte Cristiana Cinese（1583-1640）. Reale Accademia d'Italia, Studie Documenti 9, Roma 1939. Reviewed by: J. J. L. Duyvendak, In: T'oung Pao, Second Series, Vol. 35, Livr. 5（1940）, pp. 385-398.

Michael Shin）、褚潇白、肖清和等国内外学者已从历史学、宗教学等角度有所探讨。[180]至今研究仍疏于对现存圣像作品本身，如媒介（油画、卷轴画、版画、祭坛画等）、形式风格（虽然大部分中国木版画都有明确的西方范本，但它们都具有明显的中国绘画风格）、主题等角度的分析阐述。本文将在梳理、区分明末圣像的不同主题的基础上，通过对比这些图像与其西方范本在形式风格上的异同，并结合传教士信札、明末士大夫文集等文献资料，探究传教士们如何向明末中国人传播怎样的"上帝"的形象，以及中国人对这些图像作何反应与如何理解。

## 一、明末文献中的天主圣像

据文献记录，圣像最早是由欧洲的旅行家们带到大明王朝疆域的周边岛屿。1542 年至 1548 年间，葡萄牙旅行家平托（F.M. Pinto，1510-1583 年）在《远游记》中记录了他在宁波双屿港看到的圣母像。[181]1564 年 11 月 30 日，

---

180 ─ Sun Yuming, "Cultural Translatability and the Presentation of Christ as Portrayed in Visual Images from Ricci to Aleni", in Roman Malek（eds.）, *The Chinese Face of Jesus Christ,* Monumenta Serica Monograph Series L/2. Sankt Augustin – Nettetal: Steyler Verlag, 2003, vol.2, pp. 461-498.

─ Nicolas Standaert, *An illustrated life of Christ presented to the Chinese Emperor: The History of Jin cheng shu xiang（1640）.* Monumenta Serica Monograph Series LIX. Sankt Augustin – Nettetal: Steyler Verlag, 2007.

─ Eugenio Menegon, "Jesuit Emblematica in China: The Useof European Allegorical Images in Flemish Engravings Described in the *Kouduorichao*（ca. 1640）", *Monumenta Serica* LV（2007）：389-437.

─ 陈慧宏：《耶稣会传教士利玛窦时代的视觉物像及传播网络》，《新史学》2010 年第 3 期。

─ 陈慧宏：《两幅耶稣会士的圣母圣像——兼论明末天主教的〈宗教〉》，《台大历史学报》2017 年 6 月第 59 期。

─ 褚潇白：《明清基督宗教画像流布状况综述》，《世界宗教研究》，2011 年第 2 期。

─ 萧清和：《诠释与歧变：耶稣形象在明清社会里的传播及其反应》，《广东社会科学》，2011 年第 4 期。

─ Chen Huihung, "A Chinese Treatise Attributed to Xu Guangqi（1615）: How the Jesuits in China Defined 'Sacred Images'", in Shu—jyuan Deiwiks, Bernhard Führer, Therese Ceulen（eds.）, *Europe meets China, China meets Europe. The Beginningsof European—Chinese scientificexchange in the 17thcentury*, Sankt Augustin – Nettetal: Steyler Verlag, 2014, pp. 71-102.

181 "代理主教跪在无染受孕圣母之前，眼望图像，双手高举，（……）对圣像说道："……"参见平托（F.M. Pinto）：《远游记》，金国平译，澳门基金会等，1999 年版，第 201 页。

耶稣会修士安德烈·平托（Andre Pinto）在给印度耶稣会士们的信中提及，他在大屿山看到一幅圣米迦勒画像。[182]

文献记载，最早将基督宗教画像带入中国内地的是方济各会传教士阿尔法罗（Pierre Alfaro）等人。1579 年，这些传教士抵达肇庆时的行李中就有手绘圣像："其中……还有几张笔致精妙，五光灿烂的手绘圣像。"[183]我们并不知道方济各会传教士这里所说的"圣像"具体指的是哪种主题，但一些耶稣会士的文献和信札透露了出现在明末土地上丰富的圣像主题。

1584 年，罗明坚（Michele Ruggieri，1543-1607 年）入华后不久，便写信给耶稣会总长阿奎维瓦（Claudio Acquaviva，1543-1615 年）神父，要求他寄来一些圣母像与救世主圣像，因为"这是中国官吏所希望的"。[184]明万历二十八年（1600），利玛窦（Matteo Ricci，1552-1610 年）从南京启程赴北京，在他准备进贡给万历皇帝的礼品中就有天主圣像和圣母圣像。[185]

除了敬献给皇帝和官吏的礼物，耶稣会士也在布道和弥撒中使用圣像。利玛窦记载了 1599 年下半年见到龙华民在讲道后为信徒拿出"救世主像"（the Image of the Savior）敬拜的场景[186]。阳玛诺（Manuel Dias，1574-1659年）也在介绍宁波本地信仰传播情况的信札中描述了人们在悬挂"the Image

---

182 "我们从阿妈港（Amacau）这个港口出发，两天后到达这个大屿山（Pinhal）岛与港口。……于是，他们当中有些人就登了岸，就在半夜三更在海滩上搭起一座教堂……摆上了圣米迦勒的一幅画像，……曼努埃尔·特谢拉神父马上就给他们做弥撒。"

参见罗理路：《澳门寻根》，文献之六《安德烈·平托修士给印度耶稣会士们的信》，澳门海事博物馆中译本，1997 年，第 89 页。转引自：汤开建：《澳门——西洋美术在中国传播的第一站》，《美术研究》2002 年第 4 期。

183 裴化行：《天主教 16 世纪在华传教志》，萧浚华译，商务印书馆，1936 年版，第166 页。

184 利玛窦：《利玛窦全集》第 4 册《利玛窦书信集（下）》，刘俊余、王玉川译，光启出版社，1986 年版，第 457 页。

185 "谨以天主像一幅，天主母像二幅，天主经一本，珍珠镶嵌十字架一座，报时钟二架，万国图志一册，雅琴一张，奉于御前。物虽不腆，然从极西贡来，差足异尔。"

参见向达：《明清之际中国美术所受西洋之影响》，《新美术》，1987 年第 4 期。

186 Pasquale M. D'Elia（ed.）, *Matteo Ricci e la storia delle prime relazione tra l'Europa e la Cina（1579–1615）*.3 vols., Rome: Libreria dello Stato, 1942-1949, Vol. 2, pp.193-194.

Cf. Junhyoung Michael Shin, "The Jesuits and the Portrait of God in Late Ming China", *Harvard Theological Review*. Vol, 107, Issue 02,（2014）: pp. 194-221.

of the Savior"前跪拜[187]。阳玛诺还记载了费乐德（Rodrigo de Figueiredo 1594-1642 年）如何用圣像传播创造天地和万物的"造物主"以及其道成肉身、降世为人的教义的。[188]

德礼贤（Pasquale M. D'Elia, 1890-1963 年）和柏理安（Liam Matthew Brockey）认为耶稣会士信札里提到的"the Image of the Savior"就是"救世主像"（Salvator mundi）[189]。德礼贤认为这些图像可能是耶稣会总长阿奎维瓦让人从罗马带到中国的，也可能是在日本的长崎的耶稣会画院仿照西方救世主圣像制作，然后再传入中国的。事实上，传教士很早便将"救世主像"带到日本。一扇日本南蛮屏风用图像的形式记录了在日本的葡萄牙人和日本人在救世主像前敬拜的珍贵场景（彩图 72）。[190]

除此以外，嘉靖四十四年（1565 年），安徽人叶权游澳门时，还看到了耶稣被钉十字架木雕像和一幅绘有上帝、耶稣诞生、圣家族和圣母怜子等主题的祭坛画[191]。

从上述文献看，传教士带到明末中国的圣像大致有：圣母圣像、救世主圣像、基督圣像、天使像以及耶稣被钉十字架、圣母怜子等图像主题。但因为这些来自西洋的绘画、塑像数量有限，随着皈依天主教的中国人越来越多，对圣像的需求越来越大，很快就散发光了，仿照欧洲圣像原型制作的中国圣像应运而生。

---

187 Manuel Dias the Younger's annual letter of 1627 from Shanghai, dated May 9, 1628; Jap-Sin 115-I, 145r, Archivum Romanum Societatis Iesu, Rome; transcription by Prof. Maria João Amaral.
Cf. Junhyoung Michael Shin, "The Jesuits and the Portrait of God in Late Ming China", *Harvard Theological Review*. Vol, 107, Issue 02, （2014）: pp. 194-221.

188 Cf. Junhyoung Michael Shin, "The Jesuits and the Portrait of God in Late Ming China", *Harvard Theological Review*. Vol, 107, Issue 02, （2014）: pp. 194-221.

189 Pasquale M. D'Elia（ed.）, *Matteo Ricci e la storia delle prime relazione tra l'Europa e la Cina（1579-1615）*.3 vols., Rome: Libreria dello Stato, 1942-1949,Vol. 2, pp. 193-194. n. 9.
Liam Matthew Brockey, *Journey to the East, The Jesuit Missonto China, 1579-1724*. Cambridge: The Belknap Press of Harvard University Press, 2007, pp 302-309.

190 Junh young Michael Shin, "The Jesuits and the Portrait of God in Late Ming China", *Harvard Theological Review, Vol. 107. Issue 2, （2014）: 194-221.

191 "其所事神像，中悬一檀香雕赤身男子，长六七寸，撑挂四肢，钉着手足。""上三格有如老子像者，中三格是其先祖初生，其母抚育之状，下三格及其夫妇室家之态，一美妇人俯抱裸男子。"
叶权：《贤博编》之《游岭南记》，中华书局，1982 年版，第 45 页。

## 二、现存明末圣母子圣像

### 1. "中国圣母"

"Salus populi Romani" 意为"罗马人民保护者"。在这一主题的圣母像中，圣母左手拿着一块仪式性的织绣手绢，作为君王的象征，虽然她并未带有皇冠，却可以此强调圣母玛丽亚天国女王（Regina caeli）的地位。小耶稣眼睛望着玛丽亚，他右手是祝福的姿势，左手拿着一本圣经。

1569 年，耶稣会第三任总长方济·博日亚（Francisco de Borgia，1510-1572 年）得到教皇保禄五世（Paul V.，1555-1621 年）的准许，在欧洲内外都可以为传教制作罗马圣母大教堂的"罗马人民保护者"（彩图 73）的复制品[192]。很可能 1578 年 3 月，与利玛窦一同从里斯本乘船前往亚洲的耶稣会士就带着这件复制品[193]。人们甚至猜测，明万历二十八年（1600），利玛窦进贡给明神宗皇帝的"圣母像"就是一幅复制的"罗马人民保护者"。[194]

1910 年，汉学家贝特霍尔德·劳佛尔（Berthold Laufer，1874-1934 年）在西安发现了一幅水墨淡彩挂轴——"中国圣母"（彩图 74）。[195]它被归为是明代画家唐寅的作品，但根据落款处明显的白色摩擦痕迹可以推测，此款很可能是擦去原有文字后再写上去的，此画作因此极可能是伪藉唐寅之名。[196]根据劳

---

192 Paolo Broggio, "Gesuiti spagnoli a Roma durante il generalato di Francesco Borgia: cultura, politica, spiritualità", in Enrique García Hernán & María del Pilar Ryan（eds.），*Francisco de Borja y su tiempo. Política, religión y cultura en la Edad Moderna.* Valencia and Rome: Albatros Ediciones and Institutum Historicum Societatis Iesu, 2011. pp. 597-608.

193 Midori Wakakuwa, "Iconography of the Virgin Mary in Japan and its transformation: Chinese-buddhist sculpture and Maria Kannon", in Üçerler, M. Antoni J.（eds.），*Christianiy and cultures. Japan and China in Comparison 1543-1644.* Volume 68, Roma: Bibiotheca Instituti Historici Societatis Iesu, 2009, p. 228-252.

194 Midori Wakakuwa, "Iconography of the Virgin Mary in Japan and its transformation: Chinese-buddhist sculpture and Maria Kannon", in Üçerler, M. Antoni J.（eds.），*Christianiy and cultures. Japan and China in Comparison 1543-1644.* Volume 68, Roma: Bibiotheca Instituti Historici Societatis Iesu, 2009, p. 228-252.

195 Berthold Luafer, "The Chinese Madonna in the Field Museum", *The Open Court,* 26, no. 1,（1912）: pp. 1-6.

196 —Sepp Schüller, *Die Geschichte der christlichen Kunst in China*, Berlin: 1940, pp. 20-21.
　　—方豪：《中西交通史》下册，台北中国文化大学出版社，1983 年版，第 907 页。
　　—Chün-fang Yü, "Guanyin: The Chinese Transformation of Avolokiteshvara", in Marsha Weidner（eds.）*Latter Days of the Law: Images of Chinese Buddhism 850-1850,* Lawrence: Spencer Museum of Art and the University of Kansas, 1994, pp. 151-181.
　　—Lauren Arnord, *Princely Gifts and Papal Treasures - The Franciscom Mission to*

佛尔此款可能添加于 18 世纪中叶的推测，陈慧宏认为它可能是雍正禁教时期此画的护身符。[197]早期研究者甚至根据利玛窦和董其昌（1555-1636 年）可能见过面，而推测"中国圣母"出于董其昌之手[198]，但鉴于利玛窦是否与董其昌有过会面并不能证实，而董其昌也并没有人物画传世，此种论点可被推翻。

　　早在 20 世纪初，学界便确立了这幅称为"中国圣母"与"罗马人民保护者"的关联性[199]。其原型可以推测为博日亚会总长时期耶稣会士朱塞佩·瓦莱里亚诺（Giuseppe Valeriano，1542-1596 年）所绘的"罗马人民保护者"（彩图 75），而它的直接摹本很可能是弗兰德斯铜版画家威尔克斯（Hieronymus Wierix，1553-1619 年）根据瓦莱里亚诺的这幅油画制作的铜版画（图 71）。虽然"中国圣母"与罗马两个版本以及铜版画有诸多相似性，并且我们可以通过这些相似性确定其其为"罗马人民保护者"的图像主题，但"中国圣母"区别于欧洲版本的特点也显然可见。首先，"中国圣母"是全身像立轴，圣母白色外袍一直垂到她的脚面，并微微向右方飘起，而西方"罗马人民保护者"像皆为半身像油画；其次，两位人物衣服的颜色完全不同与其西方范本，"中国圣母"身着米白色外袍，小耶稣则是红色外袍；再者，"中国圣母"上的小耶稣没有头光，"罗马人民保护者"像上圣母外袍上方的十字架不见于"中国圣母"。除此之外，"中国圣母"的面容是东方

---

*China and ist Influence: 1250-1350,* San Francisco: Desiderata Press, 1999.

—《两幅耶稣会士的圣母圣像——兼论明末天主教的〈宗教〉》，《台大历史学报》2017 年 6 月第 59 期。

只有美国学者罗兰·阿诺德（Lauren Arnold）不同于上述观点，他联系扬州出土的 14 世纪刻画有圣母怀抱小耶稣的墓碑，认为"中国圣母"为 15 世纪唐寅真迹，其范本是早年方济会带来的圣母像。

Cf. Lauren Arnord, *Princely Gifts and Papal Treasures - The Franciscom Mission to China andItsInfluence: 1250-1350,* San Francisco: Desiderata Press, 1999.

197 《两幅耶稣会士的圣母圣像——兼论明末天主教的〈宗教〉》，《台大历史学报》2017 年 6 月第 59 期。

198 Pasquale M. d'Elia, "La Prima Diffusione nel Mondodell'Imagine di Maria 'Salus Populi Romani'", *Fede e Arte*（October 1954）: 1-11.

199 G. Anichini, "La 'Madre di Dio' di S. Maria Maggiore Reprodotta nell' Antica Arte Cinese," *L'Illustrazione Vaticana* anno III, num. 1（January 1932），pp. 37-38;

Pasquale M. d'Elia, *Le Originidell' Arte Cristiana Cinese（1583-1640），*Rome: Reale Accademiad'Italia, 1939, pp. 48-51.

Pasquale M. d'Elia, "La Prima Diffusione nel Mondodell'Imagine di Maria 'Salus Populi Romani'", *Fede e Arte*（October 1954）: 1-11.

《中西交通史》下册,台北中国文化大学出版社, 1983 年版,第 907 页。

式的，比如她细长的眼睛；相对西方高挺的鼻梁，中国圣母的鼻子则较为平宽。小耶稣的中国特点就更为明显：他不再有卷曲浓密的头发，而是明末中国儿童前额上方的一小撮刘海，对他面容的描绘也具有明末男孩的特点；他左手拿的书不再是硬壳封面、两个金属扣的西方书籍，而是明代的线装书，书的标题则是在封面左边竖排。无论是玛丽亚还是耶稣都是用细致线条勾勒出的，只有在衣纹处有颜色晕染，而并没有西方油画或铜版画的立体感和光线感。"中国圣母"的中式风格和元素让人不禁联想到中国图像传统中的白衣观音，省去了圣母头巾上的十字架以及小耶稣的头光，更加削减了画面基督教含义，对于那些不了解基督教的中国人，此幅挂轴与白衣观音立轴无异。

另外需要提及的是画作挂轴的形式。挂轴适合悬挂于教堂或是信徒家中，所谓圣像崇拜使用，根据比利时学者高华士（Noël Golvers）的研究，清初传教士鲁日满的账本里面就多次记载其为装裱圣像画的支出[200]。这说明，至少在清初，用卷轴画传教的方式已经很普遍。由此我们可以推测，明末以卷轴形式出现的圣像画也不会少见。

## 2. 《程氏墨苑》"天主图"（图 72）

除了卷轴画，传教士们还大量印制了以欧洲圣像为原型的版画，它们或是分发到"天主教堂、深宅大院和穷苦人家"，[201]或是刊印在附有此类画像的书籍中。1605 到 1606 年间，程大约编辑出版的《程氏墨苑》[202]就有四幅天主教"宝像图"，这标志着中国木刻雕版印刷和欧洲铜版画的第一次相遇。

第四幅插图"天主图"也是一幅"圣母抱子像"，它的图像主题是一种向圣母祈祷的"圣母古像"（La Virgen de la Antigua）。在这一图像主题中，圣母是全身像，她身穿长袍，一件披风覆盖其头部，她的头部略微向其左侧下方慈祥地倾向婴孩耶稣，眼睛望着前方的观者。圣母的左手怀抱着婴孩耶稣，右手将玫瑰花拿在胸前；小耶稣右手呈祝福的手势，左手则抚摸着落于其腿上象征受难流血的金翅雀。

---

200 高华士（Nöel Golvers）：《清初耶稣会士鲁日满常熟账本及灵修笔记研究》，赵殿红译，大象出版社，2007 年版，第 388 页。

201 周萍萍：《十七、十八世纪天主教在江南的传播》,社会科学文献出版社，2007 年版，第 178 页。

202 程君房：《程氏墨苑》，安徽新安,1605。参见《中国古代木刻版画丛刊二编》,上海古籍出版社,1994 年版。

"天主图"的最上方是拉丁标题注音——"Tiēn choù"(tian zhu 天主)。画面下方的拉丁文意为:"这幅图画是为了纪念卡斯提耳的费尔丁南德三世国王从摩尔人手中夺得塞维利亚,因此它表现13世纪西班牙反抗伊斯兰势力的一系列伟大战役的顶峰。"根据这些文字的信息我们可以肯定这幅圣母圣像源自塞维利亚圣母主教座堂的礼拜堂中的"圣母古像"湿壁画(彩图76)。[203]但这些拉丁字母刻法生疏,其中也不免一些错误,显然是由于中国刻工不认识拉丁字母的原因。

"圣母古像"被视为对异教展现神迹,为基督教在远方赢得胜利的象征,因此它通过铜版画的形式在南北美洲和亚洲被大量复制并广为流传。根据《程氏墨苑》圣母像下方的拉丁文末行所写"in sem Japo 1597"("sem""Japo"分别是"画院"和"日本"的缩写)可得知,"圣母古像"的复制品先是到达日本的耶稣会画院,而《程氏墨苑》中的"天主图"是经过1597年在日本翻刻的版画为蓝本制作完成的(图71)。[204]

### 3. 《东夷图说》"天竺图"

1584年成书的《东夷图像》中有"天竺"条,并一幅"天竺图"。虽然《四库全书总目》作者对《东夷图像》予以全盘否定,称"其图像悉以杜撰,亦毫无所据。"[205]但根据汤开建的考证,此书的作者蔡汝贤长期任广东布政司参政,执掌邦交贡赐之务,汤开建认为蔡汝贤完全能够利用其地理与职务之便,对来华外国人观察和纪录,所以《东夷图像》所描绘来华外国人并非杜撰和毫无根据,相反它为我们提供了16世纪来华外国人的图像[206]。

---

203 Lin Li-Chiang, *The proliferationof Images: The Ink-Stick Designs andthePrintingofthe Fang-Shih Mo-P'uandtheCh'eng-Shih Mo-Yüan*, Diss. of Princeton University, 1998, pp. 211-212.

据传,当费尔丁南德三世(Ferdinand III., 1199-1252)大军保卫塞维利亚城时,一天晚上他在军营中跪拜在圣母像前,祈求圣母的保佑。然后圣母叫了他的名字并许诺他,当战争胜利后,天使会带他来到清真寺墙外,看到这幅圣像。1248年,在费尔丁南德三世收复塞维利亚时,神迹果然应验。后来这幅画被运往塞尔维亚大教堂,这幅圣像上天使手捧手卷上面的拉丁文就是"Ecce Maria venit ad Templum"(玛丽亚来到这座教堂)。

204 林丽江:《徽州墨商程君房与方于鲁墨业的展开与竞争》,《法国汉学》2010年第十三辑《徽州:书页于地域文化》。

205 纪昀:《四库全书总目·东南夷图说二卷岭海异闻一卷续闻一卷》提要。

206 汤开建:《中国现存最早的欧洲人形象资料——〈东夷图说〉》,《故宫博物院院刊》2001年第1期。

　　"天竺图"描绘了一个深目高鼻落腮胡的男人跪拜在一个挂有桌布的供桌前，供桌上有一小香炉，上方是一幅描绘了一个女人怀抱着一个婴孩哺乳的画像。这个女人身穿束腰长袍，长袍上裹着头部，双腿盘坐于形似莲花的宝座上，前胸袒露，正在给拥在其左胸前的小男孩哺乳。从 14 世纪开始，在欧洲便出现了"圣母哺乳"的绘画主题（彩图 77），这类图像主题突出圣母柔和的母性形象。

　　《东夷图像》里的"天竺"是指印度，而天竺僧就是指从欧洲到达印度和之后到达澳门的欧洲传教士，文字部分还记载了天竺僧在 15 世纪末期信奉天主教的事实[207]。"天竺图"上的画像应该就是"圣母哺乳"，只是蔡汝贤可能对圣母像还很陌生，描绘得酷似中国的观音像，圣母宝座也酷似佛教的莲花宝座。然而，在中国从未出现过袒胸露乳的哺乳观音图像，这幅"天竺图"很可能反映的是到达澳门的欧洲传教士在"圣母哺乳"画前敬拜的情景。

### 4. 《中国图说》"仁慈圣母"

　　明末另一种圣母像主题为"仁慈圣母像"（Eleusa）。在这一图像主题中，圣母为半身像，她一手怀抱耶稣，充满慈爱地将头侧向她身边的小耶稣脸上，两人的脸亲密地倚偎在一起；她的另一只手则轻轻触摸着小耶稣，眼睛望着观者，小耶稣则是亲密地望着圣母（彩图 78）。

　　德国耶稣会士基歇尔（Athanasius Kircher，1602-1680 年）的《中国图说》[208]书中的一幅铜版画很可能真实再现了明末皈依天主教的士大父徐光启同耶稣会士利玛窦在耶稣会士住所或礼拜堂相遇的场景（图 73）。在两个人背后祭坛上方的墙上挂着一幅"仁慈圣母像"，画像下用生硬的篆书写着"耶稣"二字。可以推测，明末耶稣会的住所或小礼拜堂就有类似的小祭坛，上面供奉着十字架座像，在墙上则挂着圣母像。可能是怕中国人的误解，添加了"耶稣"两字。有意思的是，如同中国刻工在《程氏墨苑》所刻的生硬的

---

207　"天竺僧自彼国渡海远来，历三年始达濠镜。诸夷信其法，送奉之，以要束诸夷"
　　　"每七日一礼拜天，食辄诵经，食已复诵，谓谢天也。……左右前后，坐卧器具，各置天竺。"
　　　《东夷图说》之"天竺"条。

208　Athanasius Kircher, *China monumentis, qua sacris qua profanis, nec non variisnaturae et artisspectaculis, aliarumquererummemorabiliumargumentisillustrata*, Amstelodami, 1667, p. 162.

拉丁文字，西方刻工显然也对汉字书写并不熟悉，但用篆书书写的"耶稣"两字透露他们已认识到中国书法的不同书体。

## 三、明末的"救世主像"

明末现存另一种圣像的图像主题是"救世主像"（Salvator mundi）。在这一主题中，耶稣是半身像，他的左手托住一个上面有十字架的球体，右手则是祝福的姿势。"救世主像"首先从中世纪的尼德兰发展出来，[209]一直到文艺复兴盛期，都是经常被表现的题材。

一些关于明末救世主圣像的记载说明，17世纪初，耶稣会士已经向中国人展示救世主圣像，并成为在布道、弥撒等宗教活动敬拜的图像[210]。现今仅有两幅明末"救世主像"，它们出现在两本含插图的耶稣生平故事书中，即1637年艾儒略在福建晋江出版的《天主降生出像经解》（后称《天主降生出像经解》）[211]的第一幅插图"天主降生圣像"（图74）和1640年汤若望在北京出版的《进呈书像》的第二幅插图"天地总归一主像"（图75）。

### 1. "天主降生圣像"

《天主降生出像经解》是以1593年由耶稣会会士纳达尔（Jerónimo Nadal, 1507-1580年）在其去世后出版的《福音故事图像》（*Evangelicaehistoriaeimagines*）为范本，第一次通过木版画插图向中国人介绍了耶稣生平[212]。完整的《天主

---

209 Engelbert Kirschbaum & Wolfgang Braunfels, Lexikon der christlichen Ikonographie. Erster Band. Allgemeine Ikonographie, Rom: Herder, 1968, pp. 423-424.

210 参见本文第一部分。

211 以下图书馆、档案馆保存有此书：Archivum Romanum Societatis Iesu, Rome（耶稣会档案馆，罗马）：Jap. Sin. I, 187, 188；Bibliothèque nationale de France, Paris（法国国家图书馆，巴黎）：Chinois 6750; OE 166; Bodleian Library, Oxford（牛津大学博德利图书馆，牛津）：Sinica 60; Franciscan Archive, Madrid（方济各会档案馆，马德里）：26/2；Biblioteca Apostolica Vaticana（梵蒂冈图书馆）：Raccolta Prima III 339；Rossiani Stampati 3476; Borgia Cinese 410；Borgia Cinese 443 [1]；Barberini Oriente III, 134 [1]；Raccolta Generale Oriente III 226 [3], III 247 [6], [7]。

212 研究现状见: Nicolas Standaert, *An Illustrated Life of Christ Presented to the Chinese Emperor. The History of Jinchengshuxiang（1640）. Monumenta Serica Monograph Series; Bd. LIX. Sankt Augustin, Nettetal: Steyler Verlag, 2007. p. 14. footnote 10. 2008年后的研究情况见:

－Chen Hui—Hung, "A European Distinction of Chinese Characteristics: A Style Question in Seventeenth—century Jesuit China Missions", *Taiwan Journal of East Asian Studies* 5.1（2008）: 1-32.

降生出像经解》一书包含 58 幅木版画，这使其成为中国传教史上最大的木刻工程[213]。

虽然《天主降生出像经解》的构图和题材都是依据《福音故事图集》完成的，但"天主降生圣像"有不同的西方范本。"天主降生圣像"的整体构图模仿了《福音故事图像》第一幅插图的构图（图 76）。"天主降生圣像"画面四角的福音书作者则是以另一本书，即耶稣会士巴托罗密欧·里奇（Bartolomeo Ricci，1542-1613 年）于 1607 年完成的《耶稣生平》（*Vita D. N. Iesu Christi*）为范本（图 77）。《天主降生出像经解》通过增加四福音书作者像，表明它是以《圣经》的四福音书为基础、叙述并描绘耶稣生平的书籍。除此之外，不同于《福音故事图集》与《耶稣生平》第一张插图，描绘了手脚上都有钉痕的"耶稣升天像"，"天主降生圣像"选择了"救世主像"为图像主题。画面下方的圣像赞传递了创造天地万物、无始无终的上帝降世为人，为了向世人彰显神的爱。[214]

## 2. "天地总归一主像"

1614 到 1618 年，金尼阁（Nicolas Trigault，1577-1628 年）回到欧洲，为传教获取一些相关的科学书籍和仪器。在这期间，他从不同欧洲皇室赞助人那里得到了捐赠。其中之一就是巴伐利亚的马克西米连一世（Maximilian I of

---

－Shin Junhyoung Michael, "The Reception of the 'Evangelicae historiae imagines' in Late Ming China: Visualizing Holy Topography in Jesuit Spirituality and Pure Land Buddhism", *The Sixteenth Century Journal* 40.2（2009）: 303-333.

－Shin Junhyoung Michael, "The Supernatural in the Jesuit Adaptation to Confucianism: Giulio Aleni's Tianzhu jiangsheng chuxiang jingjie 天主降生出像 天主降生出像经解（Fuzhou, 1637）", *History of Religions* 50.4（2011）: 329-361.

－José Eugenio Borao Mateo, "La version china de la obrailustrda de Jerónimo Nadal 'Evangelicae historiae imagines'", *Revista Goya* 330（2010）: 16-33.

－Qu Yi, "Konfuzianische Convenevolezza in den chinesischen Illustrationen des Lebens Jesu Christi", *Asiatische Studien / Études Asiatiques*. Bd. 66, 4（2012）: 1001-1029.

213 其插图数量直至 1887 年才被收录在《道原精萃》的同名著作的 146 幅插图所超越。此版本的《天主降生出像天主降生出像经解》是根据 Abbé Pierre Florentin Lambert Brispot 翻印 Jerónimo Nadal 的 Evangelicaehistoriaeimagines（《福音故事图像》）刻印的。

214 立天地之主宰，肇人物之根宗。推之于前无始，引之于后无终。弥六合兮无间，超庶类兮非同。本无形之可拟，乃降生之遗容。显神化以溥爱，昭劝征以大公。位至尊而无上，理微妙而无穷。

Bavaria，1573-1651 年）赠送给崇祯（1611-1644 年）皇帝的礼物——一本关于耶稣生平的彩绘本。[215]汤若望为此绘本撰写了解释性的文字《书像解略》，对 48 幅图画进行了简单说明与解释。[216]

手绘本原本现已不存，但汤若望在进呈崇祯之后，重新刻印了这些图画，并配上《书像解略》，合成一册，于 1640 年在北京出版《进呈书像》。书中 48 幅图画的底本来自于不同的作品，其中至少有 10 幅来自纳达尔的《福音故事图像》。[217]《进呈书像》的第三幅插图"天地总归一主像"的图像主题也是救世主像。现在还没有找到这幅插图的西方范本。汤若望对这幅图的文字说明也传达了创造、主宰并保佑天地的全能天主为救赎世人而降世为人。[218]

尤其引人注意的是两幅"救世主像"左手下的球体，上面有太阳、月亮和星星。之前看到欧洲文艺复兴时期的救世主像，上面的球体大多是透明的。而在《诵念珠规程》和《天主降生出像经解》的最后一幅插图"荣福五：满被诸德"和"圣母端冕居诸神圣之上"也可以看见圣父手中的球体以及球体上的日月星辰（图 78），但在其西方范本《福音故事图像》上圣父手上的球体也没有日月星辰。然而这不能说明这些元素是中国人的发明[219]，在 17 世纪上半叶，弗兰德斯铜版画家马尔滕·德·沃斯的"救世主像"（图 79）上，就已经出现绘有日月星辰的球体。

215 Vita Dni nri Jesus Christ Filij Dei Filij virginis, è sacro sanctis quatuor Evangelijs delibata & Maximo potentissimoq. Sinarum Imperatori & Monarcha transmissa à Maximiliano Comite Palatino rhenium utriusq. Bauvaria Duce Anno Dni M.DCXVII.

216 汤若望：《进呈书像自序》，载于 Nicolas Standaert, *An Illustrated Life of Christ Presented to the Chinese Emperor: The HistoryofJinchengshuxiang（1640）*, Monumenta Serica Monograph Series LIX. Sankt Augustin – Nettetal: Steyler Verlag. 2007, p.101.

217 目前仅有 4 部《进呈书像》存世。巴黎国家图书馆 1 部、罗马国家中央图书馆 1 部、奥地利国家图书馆 2 部。但据相关书目，巴黎国家图书馆还藏有 1 部（Courant7276），台北中研院傅斯年图书馆藏有 2 部（610 和 067R），这两部书原先藏于上海徐家汇藏书楼，现已制成光盘。另外，笔者曾在耶稣会档案馆看到 1 部复印本。中国国家图书馆也藏有 1 部《进呈书像》（索书号 21368），但并不完整，只有《天主正道解略》2 页，（重）刻于 1661 年（辛丑孟夏武林昭事堂刻）。

218 天主造成天地，且主宰之，且辅佑之，此其像也。置天地于掌，示有全能，至易面不劳也。天神感主造成，欢然辈从之，上下左右皆是也。然而天主本非有形，此盖像取降生为人之像，以示救赎之主。原即造成之主，唯一不二云尔。

219 Paul Rheinbay, "Nadal's Religious Iconography Reinterpreted by Aleni for China", in Tiziana Lippiello & Roman Malek（eds.），*Scholar fromthe West: Giulio Aleni S.J.（1582-1649）and the Dialogue Between Christianity and China*, Nettetal, Germany, 1997, p. 330.

《帝京景物略》就有载"耶稣基督像"及其左手上的"浑天图"[220]。这里应该就是一幅"救世主像"，而"浑天图"应该是一个球体。天为球体的理论对于中国人并不陌生，东汉天文学家张衡就在《浑天仪注》中指出"天之包地，犹壳之裹黄"。到了明末，耶稣会士向中国人传达上帝创世为球体的理论，艾儒略就曾引用奥古斯丁将上帝比喻为一个圆心无处不在而圆周无边的圆球。[221]"天主降生圣像"上的球体绘有日月星辰，一方面，符合耶稣会士将上帝比喻为圆球的学说，另一方面也符合传教士宣讲"上帝创造天地星辰"的创造论。[222]

## 四、中国人对圣像的反应

1603 年，徐光启在南京的时候，罗如望（Jean da Rocha，1566-1623 年）给他看了一幅圣路加所绘圣母怀抱婴孩耶稣的画像，徐光启被这幅图深深感动，他让罗如望为他介绍中国天主教信仰，并最终决定领洗。[223]

其他中国人对待圣母圣像的记录表明，他们对西方绘画的立体感和真实性印象深刻，也表达出对西方画工技巧的赞叹"利玛窦所携西域天主像，乃女人抱一婴儿，眉目衣纹，如明镜函影，踽踽欲动。其端严娟秀，中国画工，无由措手。"；[224]"画以铜板为帧，而涂五彩于上，其貌如生。身与臂手，俨然隐起帧上，脸之凹凸处正视与生人不殊。"[225]。史景迁推测，中国人在一定程度上是因为肖像所展示的美貌才接受圣母的。[226]然而，圣母像也给中国人带来困扰。一方面是因为圣母像和佛教观音像之间的相似性。万历皇帝在见

220 "（利玛窦）邸左建天主堂，供耶稣基督像其上，画像也，望之如塑，貌三十许人。左手把浑天图，右叉指若方论说。"参见刘侗、于奕正:《帝京景物略》卷四，北京古籍出版社，1981 年版，第 152 页。

221 Claudia von Collani, "Did Jesus Christ reallycometo China?", *Sino-Westen cultural relations Journal* 20,（1998）: 34-48.

222 Chen Hui-Hung: "The Human Body as a Universe: Understanding Heaven by Visualization and Sensibility in Jesuit Cartography in China," *The Catholic Historical Review* 93（3），（July 2007）: 534-535.

223 李问渔:《徐文定公行实》，载于《增订徐文定公集》，1908，1962 重印版，第 8 页。

224 姜绍书:《无声诗史》卷七《西域画》，《四库全书存目丛书》子部 072 册，第 789 页上。

225 顾起元:《客座赘语》卷六《利玛窦》，《续修四库全书》子部 1260 册，上海古籍出版社，1995 年版，第 192 页下。

226 Jonathan D. Spence, *The memory palace of Matteo Ricci*, Penguin Books Ltd.,1986, p.265.

到圣母像的时候，就惊叹见到了"活菩萨"；耶稣会传教士在初次见到观音像时，也曾将其与圣母像混淆[227]。另一方面，大量的"圣母子像"也导致 17 世纪的中国人认为天主教是崇拜圣母的宗教[228]。（"利玛窦所携西域天主像，乃女人抱一婴儿。"，[229]"所画天主，乃一小儿，一妇人抱之，曰'天母'。"[230]）利玛窦曾记载，1583 年耶稣会在肇庆小教堂立的"圣母抱子像"很快就被"救世主像"所替代，因为当时有传言天主教的上帝是女人。所以很可能为了向中国人明确说明圣母像的身份，耶稣会士在一些圣母像上也增加了中文文字"天主"或"耶稣"两字。利玛窦认为产生如此误解的原因是，中国人还没能很快了解圣母抱子像的意涵，意即，尚未理解耶稣降生救赎的故事。[231]

　　早期的耶稣会士的著作，如《天主实义》强调天主的无声无形、全知、全能、创造万物等属性[232]。利玛窦也承认，他首先的目的是让中国人认识到"在天上有一天地万物的创造者——天主"。[233]另一方面，他们还将中国古代儒家经典所塑造的上帝移植到天主教的上帝形象，即"吾国天主，即华言上帝"，"夫即天主，吾西国所称'陡斯'是也。"[234]但对于充满奥秘的耶稣诞生、受难、复活、救赎等内容，并无介绍。这也是利玛窦被批评过分宣传"上帝论"，而忽视"基督论"的原因[235]。

227 Jonathan D. Spence, *The memory palace of Matteo Ricci*, Penguin Books Ltd., 1986, p.250.

228 Craig Clunas, *Art in China*. Oxford: Oxford University Press, 1997, pp. 128-130.

229 姜绍书：《无声诗史》卷七《西域画》，《四库全书存目丛书》子部 072 册，第 789 页上。

230 顾起元：《客座赘语》卷六《利玛窦》，《续修四库全书》子部 1260 册，上海古籍出版社，1995 年版，第 192 页下。

231 Pasqual M D'Elia, *Fonti Ricciane: Documenti originali concernenti Matteo Ricci e la storia delle prime relazioni tra l'Europa e la Cina（1579-1615）. Storia dell'introduzione del Cristianesimo in Cina scritta da Matteo Ricci*, 3. Vols. Roma, 1942-1949, Vol. 1, pp. 193-194.
参见《两幅耶稣会士的圣母圣像——兼论明末天主教的〈宗教〉》，《台大历史学报》2017 年 6 月第 59 期。

232 利玛窦：《天主实义》，载《天学初函》第一册，台北学生书局，1964 年版，第 415 页。

233 利玛窦（著），刘俊余、王玉川（译）：《利玛窦全集》，第四册《利玛窦书信集》（下），台北：光启出版社，1986 年，页 168。

234 利玛窦：《天主实义》，载于《天学初函》第一册，台北：学生书局，1964 年，页 381。

235 柯毅霖：《晚明基督论》，四川人民出版社，1999 年版，第 4，97 页。
孙尚扬：《基督教与明末儒学》，东方出版社，1994 年版，第 79-80 页。
参见萧清和：《诠释与歧变：耶稣形象在明清社会里的传播及其反应》，《广东社会科学》，2011 年第 4 期。

随着传教的展开，中国人对上帝、耶稣有更多的疑问：为什么无声无形的上帝会有画像？如果上帝有画像，为什么不是中国人，而是高鼻、深目，有着浓密胡子的外国人？[236]为了解释耶稣降生救赎的故事，耶稣会士借用了另一图像主题——"救世主像"。[237]徐光启第一次见到天主教圣像就是郭居静从罗马带来的"救世主像"（savior），1596年，他在广西韶州看到这尊"救赎主像"后非常感动："……心栗然，辄为顶礼。"[238]利玛窦之后的传教士，如艾儒略、汤若望通过描述耶稣生平故事的著作（《天主降生出像经解》和《进呈书像》），尤其借用两幅救世主像，以及辅助的文字说明，介绍上帝道成肉身，降世救人的基督论，从而向中国人构建和传播上帝作为"造物主"和"救世主"的形象。

## 五、小结

明末出现的圣母像主题丰富，就存留下的图像信息可知其中包括"罗马人民的保护者"、"圣母古像"、"圣母哺乳"和"仁慈圣母"等。陈慧宏仅分析西安的"中国圣母"和《程序墨苑》中的"天主像"，便认为特伦托公会后，天主教教会更加强调天后之尊及圣母之崇的圣母形象。[239]事实上，通过另外两种主题的圣母像，即"圣母哺乳"和"仁慈圣母"我们可以得知耶稣会士不仅向中国人展现了尊崇与庄严的天后圣母形象，也传达圣母温柔母性的一面和圣母子亲密的关系。

---

236 "《诗》云：'上天之载，无声无臭。'子曰：'天何言哉。'天虽有主，从未尝指何者为天之主，故疑天主不必有降生之像。"参见艾儒略：《口铎日抄》，载于《罗马耶稣会档案馆明清天主教文献》，卷七，台北利氏学社，2002年版，第495-496页。

"比吾筑家庙奉先，而西土见过，谓予：'此君家主，当更有大主公知之乎？'予笑谓：'大主则上帝也，吾中国惟天子得祀上帝，余无敢干者。若吾儒性命之学，则畏天敬天，无之非天，安有画像？即有之，恐不是深目、高鼻、一浓胡子耳。'"参见蒋德璟：《破邪集序》，载《明朝破邪集》卷三，页361上。

237 正如陈慧宏所指出的，中国人最多是对"圣母抱子像"做出响应，而且即使发生了1583年的肇庆误解事件，在利玛窦用"救世主像"替换下"圣母抱子像"后，也没有停止使用这一图像主题。

参见《两幅耶稣会士的圣母圣像——兼论明末天主教的〈宗教〉》，《台大历史学报》2017年6月第59期。

238 李问渔：《徐文定公行实》，载于《增订徐文定公集》，1908，1962重印版，第2页。

239 陈慧宏：《两幅耶稣会士的圣母圣像——兼论明末天主教的〈宗教〉》，《台大历史学报》2017年6月第59期。

如果说利玛窦通过套用儒家"上帝"概念，向明末上层人士描述了创造天地、无始无终、无声无形、至高全能的创造主的形象；那么"救世主像"则透露出稍晚的耶稣会士，如艾儒略和汤若望等在利玛窦描述创造主的基础上，向更多普通中国人传达了天主通过道成肉身、降世为人，而成为彰显博爱、救赎世人的"救世主"形象。

耶稣会从欧洲带来圣像的初衷是向中国人介绍天主教，从而开展在中国的传教活动。这些欧洲的圣像作品同时也引起了中国人对西方艺术的兴趣，为了"本土人士也能更好地接受这些图像，天主教艺术也存在本土化的问题，耶稣会的到来开启了中西艺术交流的新篇章。中国人仿制的圣像或是增加了汉字、或是融合了中式风格及元素，采取和本土艺术相适应的政策能让中国人对天主教产生亲近感，但也会造成误解和困扰。可以说，耶稣会在中国用圣像传教活动中，一直致力于一方面基于纯粹的天主教教义，另一方面又采用适应中国文化的传教策略，向中国人构建天主教尊崇庄严且温柔美善的圣母形象以及至高上帝作为"造物主"和"救世主"的形象。

此外，"圣母像"和"救世主像"都有其欧洲原型，同一欧洲原型还随着耶稣会的传教事业，在日本、印度、南美洲等地区被复制和传播。例如《程氏墨苑》中的"天主像"是以西班牙萨维利亚圣母主教座堂的"太古圣母像"为原型，它又在墨西哥、巴拿马、秘鲁和日本等地区流传并模仿。耶稣会可谓全球艺术史网络形成之开先河者。